Kurt Palm

Bringt mir die Nudel von Gioachino Rossini

Kurt Palm

Bringt mir die Nudel von Gioachino Rossini

Kein Spaghetti-Western

Residenz Verlag

Bibliografische Information der Deutschen Bibliothek
Die Deutsche Nationalbibliothek verzeichnet diese Publikation in der Deutschen Nationalbibliografie; detaillierte bibliografische Daten sind im Internet über http://dnb.dnb.de abrufbar.

www.residenzverlag.at

Umschlaggestaltung: Michaela Mandel
Typografische Gestaltung, Satz: Lanz, Wien
Schrift: Minion Pro
Lektorat: Günther Eisenhuber
Gesamtherstellung: CPI Moravia Books

ISBN 978 3 7017 1604 3

Für meine Sattelgefährten

Wenn du merkst, dass du auf einem toten Pferd reitest, steig ab.

Sprichwort der Dakota-Indianer

Der Sturm

Der Dreimaster hieß Helvetia und lag vor dem Hafen von New York auf Reede. Dreiundvierzig Tage zuvor war das Schiff mit 212 Auswanderern an Bord von Le Havre aus in See gestochen und hatte für die 5665 Kilometer lange Route nur zwei Tage länger gebraucht als ursprünglich vorgesehen. Grund für die Verzögerung war ein gewaltiger Sturm gewesen, der das Schiff beinahe zum Kentern gebracht hätte. Kein Wunder also, dass sich die meisten Passagiere bei ihrer Ankunft in New York fühlten, als hätten sie während ihrer Überfahrt einen Abstecher in die Hölle gemacht. Oder zumindest ins Fegefeuer. Jetzt warteten die Auswanderer auf die Abfertigung durch die Zoll- und Gesundheitsbehörden, was ihre Geduld ein weiteres Mal auf eine harte Probe stellte. Gioachino Rossini kauerte in seinem Holzverschlag und ließ die Ereignisse der letzten Tage noch einmal Revue passieren.

»Der Sturm wird stärker!«, schrie ein Matrose, der die Passagiere im Zwischendeck aufforderte, ihre Kisten und anderen Habseligkeiten mit Tauen festzubinden. Zu diesem Zeitpunkt waren die meisten Reisenden allerdings schon längst nicht mehr in der Lage, der Aufforderung des Matrosen nachzukommen.

»Was hat er gesagt?«, fragte Rossini den neben ihm liegenden Franzosen.

»La tempête est plus forte!«, antwortete dieser mit gepresster Stimme und schaffte es gerade noch, sich außerhalb des Bretterverschlags zu übergeben. Sofort näherte sich ein Schiffsjunge und streute Sägespäne über das Erbrochene. Aus den Augenwinkeln sah Rossini, wie der Junge leichtfüßig zum nächsten Seekranken eilte.

Während Rossini versuchte, seine Liegeposition zu verändern, spürte er, wie das Schiff von einer gewaltigen Welle in die Höhe geschleudert wurde. Wie auf ein Kommando hin begannen die Passagiere wild durcheinanderzuschreien. Es war ein vielstimmiger Chor aus Hilferufen, Gebeten und Flüchen. »Maman, ouvre l'écoutille!«, rief ein alter Mann, dessen Mutter sicher schon längst tot war. Und ein Auswanderer aus Schwaben jammerte: »Muddrr, Muddrr, i han di älleweil gernghet!« In Augenblicken wie diesen wurden Männer zu Kindern.

Wie durch Geisterhand kam das Schiff am Gipfelpunkt der Welle für ein paar Sekunden zum Stillstand und Rossini musste an eine Passage aus seinem *Stabat Mater* denken:

»Durch die Seele voller Trauer,
Seufzend unter Todesschauer,
Jetzt das Schwert des Leidens ging.«

Rossini konnte sich nicht erinnern, wann er sich zuletzt so elend gefühlt hatte. Dabei hatte der Sturm seine volle Stärke noch gar nicht erreicht. Er schloss die Augen und versuchte, an etwas Schönes zu denken. An einen heißen Sommertag in Polverigi, zum Beispiel, oder an ein Bootspicknick in Venedig. Als ihm dabei aber der getrüffelte Truthahn einfiel, den ein ungeschickter Gondoliere im Canale Grande versenkt hatte, wurde ihm so übel, dass ihm beinahe das Mittagessen hochkam. Und das hatte – wie jeden Mittwoch in den vergangenen fünfeinhalb Wochen – aus geräuchertem Speck, Sauerkraut und Kartoffeln bestanden.

Als das Schiff im freien Fall ins Wellental stürzte, klammerte sich Rossini an der Matratze fest und wünschte sich zu sterben. Dabei hatte er panische Angst vor dem Tod. Er erinnerte sich, dass er als kleines Kind beim Schaukeln einmal unfreiwillig einen Überschlag gemacht hatte und überrascht war, als er wenig später unverletzt wieder neben der Schaukel stand. Ähnlich erging es ihm jetzt, als er nach dem Aufprall des Schiffes begriff, dass er nicht gestorben war. Er war aber offenbar nicht der Einzige, der die Sturmattacke überlebt hatte, denn auch der links neben ihm liegende Scherenschleifer und Zuhälter Adam Kaltenbacher wimmerte wie ein kleines Kind. Unter anderen Umständen hätte sich Rossini über Kaltenbachers missliche Lage gefreut, aber jetzt tröstete es ihn nur wenig, dass es diesem unausstehlichen Menschen genauso schlecht erging wie ihm.

Während es im Gebälk bedrohlich knirschte und krachte, drang durch eine der Deckluken Wasser ein. Diese Luken, die das Zwischendeck eigentlich mit Frischluft versorgen sollten, waren in den letzten Tagen wegen des hohen Seegangs nur noch sporadisch geöffnet worden. Der Gestank hier unten war fast unerträglich. Es roch nach Fäkalien, verdorbenen Lebensmitteln und menschlichen Ausdünstungen.

Neuerlich wurde die Helvetia nach unten gedrückt und schlug hart auf dem Wasser auf. Es dröhnte, als wäre sie auf einen Felsen aufgelaufen. Aber merkwürdigerweise hatte das Schiff noch immer keine Schlagseite bekommen, und als das Geschrei der Frauen, Kinder und Männer im Rhythmus der Wellenbewegungen zu- und wieder abnahm, wurde Rossini bewusst, dass der Sturm wohl noch länger andauern würde.

Natürlich hatte Rossini damit gerechnet, dass das Wetter während der Überfahrt auch unfreundlich werden könnte, aber dass ein Sturm derart heftige Schmerzen auslösen könnte, hätte er nie für möglich gehalten. In seinem Kopf stach es, in den Ohren rauschte es, im Bauch rumorte es, und seine Knochen fühlten sich an, als wären sie in einen Schraubstock eingespannt. Als Adam Kaltenbacher in Tränen ausbrach und wimmernd nach seiner

Hedwig rief, kam Rossini eine Szene seiner Oper *Wilhelm Tell* in den Sinn, in der Tells Frau Hedwig vom Ufer des Vierwaldstättersees aus mit ansehen muss, wie ihr Mann in einem peitschenden Sturm fast ums Leben kommt:

»Im Sturm die Berge rund erbeben!
Alles wankt, ich zittre für sein teures Leben,
Er schaut nicht mehr den Tag!«

Der Lärm hinderte Rossini, sich die Musik zu dieser Stelle in Erinnerung zu rufen, aber er war sich sicher, dass sie nicht im Entferntesten dem entsprach, was er jetzt gerade durchmachte.

Als es Rossini kurz einmal gelang, den Kopf zu heben, bot sich ihm ein chaotisches Bild. Der Inhalt zahlreicher Gepäckstücke lag verstreut in einem Gemisch aus Erbrochenem, Sägespänen und Asche auf dem nassen Boden und war mit unappetitlichen Schlieren überzogen. Neben einem Kleiderbündel in einer Wasserlache entdeckte er ein Buch, das er vom Titel her kannte. Es hieß *Uncle Tom's Cabin or Life among the Lowly,* und er erinnerte sich, dass er in der Zeitschrift *La Gazette* kurz vor seiner Abfahrt sogar eine Rezension darüber gelesen hatte.

Rossini wollte gerade wieder die Augen schließen, als er einen Mann auf dem Boden knien sah, der seine Hände zum Himmel hob und schrie: »Ich aber sage euch, Leviathan lässt das Meer brodeln, und erschrecken werden selbst die Starken. Aus seinem Maul fahren brennende Fackeln, feurige Funken schießen hervor. Rauch dampft aus seinen Nüstern, wie aus einem kochenden, heißen Topf.«

Rossini erkannte in dem Mann den Prediger Kasimir Steinmetz, der als »Gesandter Gottes« in Amerika eine Weltuntergangssekte gründen wollte. So wie es aussah, war es durchaus möglich, dass sich seine Prophezeiungen bereits während der Überfahrt erfüllten. Mit seinen wirren Predigten hatte sich Steinmetz auf dem Schiff wenig

Freunde gemacht, und auch jetzt forderten ihn die Reisenden auf, ruhig zu sein. »Ta gueule!«, riefen die einen und »Halt's Maul!« die anderen. Aber Steinmetz ließ sich nicht beirren und fuhr fort: »Ihr Frevler, Gott kennt eure Taten! Kein Dunkel gibt es, keine Finsternis, wo ihr Übeltäter euch verstecken könnt.«

Plötzlich wurde es still, und Rossini spürte, wie der Sturm zu einer neuen Attacke gegen das Schiff ansetzte. Sein Herz raste und er war sich sicher, dass die Helvetia in den nächsten Sekunden in den Tiefen des Meeres versinken würde. Hatte der verrückte Prediger mit seinen Prophezeiungen also doch recht?

Aber wieder entkam das Schiff auf unerklärliche Weise den anstürmenden Wassermassen. Was auf dem Deck vor sich ging und wie es die Besatzung unter diesen Umständen überhaupt schaffte, das Schiff nicht nur über Wasser, sondern auch auf Kurs zu halten, war Rossini ein Rätsel. Ein flüchtiger Blick auf seine Taschenuhr zeigte ihm, dass seit dem Beginn des Sturms gerade einmal dreißig Minuten vergangen waren. Er ahnte, dass ihm wohl eine Nacht bevorstand, in der die Zeit so langsam dahinkriechen würde wie bei jenen Krankheiten, bei denen man im Halbschlaf dahindämmerte und sich nichts sehnlicher wünschte, als einzuschlafen, um irgendwann gesund wieder aufzuwachen.

In einem kurzen Augenblick der Ruhe überlegte Rossini, ob er sich auf den Bauch drehen sollte, aber noch während er darüber nachdachte, brach unter den Reisenden neuerlich Lärm los. Nach einem heftigen Aufprall wurden Tische und Stühle aus ihren Verankerungen gerissen, und Rossini sah im fahlen Licht der Öllampen, wie einige Passagiere von herumfliegenden Teilen getroffen wurden. Nicht genug damit, war auch noch ein Krautfass umgekippt, dessen stinkender Inhalt sich gurgelnd über den Boden ergoss. Mitten im Kraut trieb eine tote Ratte von der Größe einer Katze, und Rossini traute seinen Augen nicht, als der Prediger nach dem aufgeblähten Kadaver griff und ihn triumphierend in die Höhe hielt. Wegen des Lärms konnte Rossini nicht verstehen, was der Verrückte brüllte, aber er glaubte, die Worte »Gericht« und »Verderben« gehört zu haben.

Trotz des herrschenden Chaos versuchten die im Zwischendeck arbeitenden Matrosen und Schiffsjungen die Tische und Stühle wieder in den Seitenhecken zu vertäuen, was ihnen aber nicht gelang.

In seinem Verschlag kauernd, verfluchte Rossini den Tag, an dem er sich entschlossen hatte, für die Überfahrt ein Segelschiff und nicht ein Dampfschiff zu nehmen. Hätte er doch bloß nicht die Zeitungsberichte über den Untergang der Amazon und der Birkenhead gelesen, dann befände er sich schon längst in New York und müsste nicht leiden wie ein Hund.

Der Raddampfer Amazon war im Januar 1852 auf seiner Jungfernfahrt im Nordatlantik explodiert und hatte 104 Passagiere und Besatzungsmitglieder mit in den Tod gerissen. Viele Reisende waren in ihren Kabinen verbrannt, andere, die in ihrer Panik auf die Schaufelräder geklettert waren, waren von diesen erdrückt oder ins Meer geschleudert worden. Sechs Wochen später starben beim Untergang des Dampfschiffes Birkenhead vor der Küste Südafrikas 445 Menschen, von denen einige von Haifischen angefallen wurden. Rossini hatte damals kurz überlegt, eine Oper über einen menschenfressenden Hai zu schreiben, hatte die Idee aber wieder verworfen.

Auch der in Paris ansässige Reiseagent Washington Finlay hatte Rossini in seiner Entscheidung bestärkt, mit dem Segelschiff von Le Havre nach New York zu fahren. Da die Reise mit einem Dreimaster wie der Helvetia im Durchschnitt sechs Wochen dauerte, konnte Finlay dafür natürlich mehr Geld verlangen als für eine bloß fünfzehn

Tage dauernde Überfahrt mit dem Dampfschiff. Außerdem bot Finlay die Überfahrt als Pauschalreise an, was bedeutete, dass er sich nicht nur um das Ticket, sondern auch um den Aufenthalt in Le Havre und um die Verpflegung auf dem Schiff kümmerte. Und sogar eine Reisegepäcksversicherung war im Preis eingeschlossen.

Bereits bei seiner Ankunft in Le Havre musste Rossini dann aber feststellen, dass es Finlays Agentur mit den vertraglich zugesicherten Leistungen nicht allzu genau nahm. Finlay war damit aber nicht der Einzige, da in Le Havre jeder Agent, Hotelbesitzer oder Wirt vom Massenandrang der Auswanderer zu profitieren versuchte. So geschah es nicht selten, dass ein Schiff mit tagelanger Verspätung auslief, sodass die Reisenden gezwungen waren, während der Wartezeit an Land die horrenden Preise für Kost und Logis zu bezahlen. Auch gab es Fälle, in denen das gebuchte Schiff gar nicht existierte.

Rossini konnte sich also glücklich schätzen, dass er im Hotel Les Gens De Mer überhaupt einen Schlafplatz bekam. Das von ihm bezahlte Einzelzimmer gab es nämlich nicht, stattdessen musste er sich ein Zimmer mit sechs schwäbischen Auswanderern teilen. Diese entpuppten sich zu allem Überfluss auch noch als Saufkumpane, die stundenlang deutsche Volkslieder sangen. Da war es für ihn auch nur ein schwacher Trost, dass sie für die Überfahrt nach New York die Gallia und nicht die Helvetia nahmen.

Nicht weiter überrascht war Rossini von der Verpflegung im Hotel, die in keinster Weise den vertraglichen Vereinbarungen entsprach. Das Essen, das den Gästen in einem großspurig als *Salle à manger* bezeichneten Kabuff vorgesetzt wurde, bestand im Wesentlichen aus Resten, die man einfach auf einen Haufen geworfen hatte. Als Rossini sah, wie sich Männer und Frauen um Fleischstücke, halbgare Kartoffeln und abgenagte Knochen stritten, suchte er das Weite und kaufte sich am Hafen einen völlig überteuerten *Salade de viande exotique*, was nichts anderes als ein ordinärer Wurstsalat war, und *une petite baguette*, das seinem Namen alle Ehre machte.

In der Nacht vor der Abfahrt hatte sich Rossini in der Nähe des Bassin de la Barre auf eine Bank gesetzt und sich gefragt, ob er überhaupt die richtige Entscheidung getroffen hatte. Aber tief in seinem Inneren sagte ihm eine Stimme, dass er bei seinem Entschluss bleiben und sich auf das Abenteuer einlassen sollte. Was konnte er denn schon verlieren? In Florenz, wohin er nach den politischen Unruhen in Bologna vier Jahre zuvor geflohen war, langweilte er sich zu Tode, und seine Frau Olympe hatte nach seinen vielen überstandenen Krankheiten nichts dagegen, einmal für längere Zeit alleine zu sein. Die Mitteilung, dass er von seinem Onkel Tommaso Guidarini in Missouri einen Saloon und ein großes Stück Weideland geerbt hatte, kam also gerade zur rechten Zeit. Und dass er diesen Brief ausgerechnet am 29. Februar, an seinem 60. Geburtstag, erhalten hatte, betrachtete Rossini als Wink des Schicksals. *La forza del destino.* Alles in allem würde die Reise ein dreiviertel Jahr dauern, dann würde er weitersehen.

Musik aus einem nahe gelegenen Gasthaus riss ihn aus seinen Gedanken. Rossini stand auf und horchte. Das Stück klang wie ein Walzer, der von einer betrunkenen Kapelle gespielt wurde. Vielleicht sollte ich in Zukunft nur noch solche Stücke schreiben, dachte er. Wie würde ich eine solche Komposition nennen? *Gefolterter Walzer?* Als zwei Männer an ihm vorbeitorkelten und ausgiebig husteten, kam Rossini eine weitere Idee für einen Titel: *Asthmatische Etüde.* Er ging zurück zum Hotel, wo ihn seine deutschen Zimmergenossen bereits mit dem Lied »Es geht ein dunkle Wolk herein, mich deucht, es wird ein Regen sein« erwarteten.

Zwei Tage später betrat Rossini die Helvetia, und es überraschte ihn nicht mehr, dass »die bequeme innere Schiffsausstattung« nichts anderes als eine Schlafkoje für drei Personen war. Der Verschlag maß etwa zweimal zwei Meter und erinnerte eher an einen Schweinekoben als an eine Kajüte. Dass Rossini laut dem »Schiffs-Contract« nicht nur für die Matratze und die Decke, sondern auch für das Besteck und das Ess- und Trinkgeschirr selbst zu sorgen hatte, hätte ihn eigentlich schon stutzig machen müssen. Auch das Essen an Bord war alles andere als »hinreichend und wohlschmeckend«. Gab es anfangs noch manchmal frisches Obst und Gemüse, wurde den Passagieren ab der zweiten Woche nur noch gesalzenes Ochsen- und Schweinefleisch sowie Speck vorgesetzt. Lediglich freitags gab es Stockfisch, der allerdings genauso scheußlich schmeckte wie das Fleisch. Die Beilagen bestanden aus Kartoffeln, Gerste, Erbsen und Bohnen, die meist als Brei serviert wurden. Die Erbsen und die Bohnen stammten aus Konservendosen. Als einzige Süßspeise gab es sonntags einen Mehlpudding, dessen Konsistenz hart und dessen Geschmack schwer zu bestimmen waren.

Ab der vierten Woche musste dann auch noch das Wasser mit Branntwein und Essig versetzt werden, damit es überhaupt noch genießbar war. Als sich einige Frauen bei der Mannschaft über die schwarze Brühe, in der bereits Würmer schwammen, beschwerten, reagierte man darauf bloß mit Achselzucken. Und selbst als einige Kinder an der Ruhr erkrankten, meinten die Matrosen nur, dass man das Wasser weiterhin gefahrlos trinken könne.

In dieser Situation machten jene Reisenden ein gutes Geschäft, die sich in Le Havre mit Lebensmitteln eingedeckt hatten, die sie jetzt zu Wucherpreisen weiterverkauften. Der größte Gewinn wurde dabei mit alkoholischen Getränken gemacht, die mit Fortdauer der Reise immer teurer wurden. Einer der gerissensten Geschäftemacher an Bord war Adam Kaltenbacher, der vom ersten Tag an ausschließlich über Geld redete. Als sein Bettgenosse hatte Rossini nicht nur erfahren, in welchem Viertel von New York sich Kaltenbacher niederlassen wollte, sondern auch, dass es sein erklärtes Ziel war, als Zuhälter das große Geld zu machen. Dabei war Kaltenbacher kaltschnäuzig genug, die Dienste seiner Frau Hedwig bereits auf dem Schiff einigen Männern anzubieten.

Wieder schlingerte das Schiff, und Rossini spürte, wie es ihm den Magen aushob. Krampfhaft versuchte er, sich abzulenken. Er dachte an die Oper *Demetrio e Polibio,* die er als Siebzehnjähriger geschrieben hatte, und erinnerte sich, dass er damals in Polverigi von der 27-jährigen Sängerin Emanuela Bertani verführt worden war. Als sie ihm einmal ihre *fica* zeigte und er fast in Ohnmacht gefallen wäre, war sie von diesem Umstand derart hingerissen gewesen, dass sie Rossini eine Woche lang täglich Unterricht in Liebesdingen gab. Danach musste Emanuela leider abreisen, und die beiden hatten einander nie wieder gesehen.

Jetzt, in seiner Koje liegend, fragte sich Rossini mit einer gewissen Wehmut, weshalb er nie versucht hatte, Emanuela wiederzusehen. Rückblickend war sie die mit Abstand beste Liebhaberin, die er je gehabt hatte. Oder bildete er sich das aus der zeitlichen Distanz von dreiundvierzig Jahren bloß ein? Während Rossini erfolglos versuchte, sich Emanuelas Gesicht vorzustellen, spürte er plötzlich einen Schlag auf den Kopf. Um ihn herum drehte sich alles, und er hatte auf einmal das Gefühl, über Polverigi zu schweben. Im nächsten Augenblick lag er neben der nackten Emanuela im Bett, die ihm gerade zeigte, wo sich ihre *clitoride* befand. Aber noch bevor er ihre glitzernde Perle berühren konnte, saß er schon im Theater von Polverigi, wo das Orchester die Ouvertüre zu Carl Maria von Webers Oper *Peter Schmoll und seine Nachbarn* spielte.

Empört verließ Rossini den Saal, um sich unversehens in einem Labyrinth aus Gängen wiederzufinden, die im Nirgendwo endeten. Panisch suchte er nach einem Ausgang, wurde zu seiner Beruhigung aber von seiner Mutter am Arm genommen und in die Küche des Sommerhauses geführt. Dort stand seine Großmutter bis zu den Knöcheln in zerstampften Tomaten und wusste nicht so recht, was sie mit dem vielen Sugo anfangen sollte.

Der Geruch, den Rossini wahrnahm, erinnerte ihn an das Zwischendeck der Helvetia, allerdings war er nicht ganz so unangenehm. Auch bildete er sich ein, Stimmen zu hören, die er von irgendwoher kannte. Es war ein Gemisch aus Deutsch und Französisch, aus dem sich langsam einzelne Wörter herausbildeten. Rossini hielt den Atem an, und erst jetzt wurde ihm bewusst, dass er sich in der Schlafkoje befand. Aber weshalb schwankte das Schiff nicht mehr? Und weshalb hatte er so höllische Kopfschmerzen? Rossini wagte es nicht, die Augen zu öffnen. Er tastete vorsichtig seinen Kopf ab und spürte auf der linken Seite eine große Beule. Er brauchte einige Minuten, um zu begreifen, dass er durch einen Schlag bewusstlos geworden war.

Nachdem er langsam seine Augen geöffnet hatte, bot sich ihm ein Bild, das ihn ungemein beruhigte. Durch die offenen Dachluken drangen Licht und frische Luft in das Zwischendeck, auch sah er, dass der Boden gereinigt worden war. Aber am verblüffendsten war, dass das Schiff ruhig dahinglitt. Der Sturm war offenbar vorbei. Rossini rappelte sich auf und warf einen Blick auf seine Taschenuhr. Es war jetzt acht Uhr morgens, er hatte also den Sturm verschlafen. Auch wenn ihn sein Kopf immer noch schmerzte, hatte es das Schicksal doch gut mit ihm gemeint.

Rossini betrachtete seine beschmutzte Kleidung und vergewisserte sich, dass das ins Hemd eingenähte Geld noch da war. Allerdings fehlte das Glücksmedaillon, das ihm seine Frau Olympe vor der Reise geschenkt hatte. Rossini suchte die Matratze ab, konnte aber den Anhänger mit den zwei Fischen nirgends finden. Olympe hatte gemeint, dass ihm sein Sternzeichen auf dem Wasser Glück bringen würde. Vielleicht war das das Opfer, das er bringen musste, um den Sturm zu besänftigen. Er suchte auch auf dem Boden, aber ohne Erfolg. Dabei bemerkte er Adam Kaltenbacher, der sich vor der Nachbarskoje mit zwei Männern unterhielt.

»Ich habe mich genau erkundigt«, sagte der Zuhälter selbstgefällig. »Als Scherenschleifer verdiene ich in New York zwei bis drei Dollar am Tag, wenn ich aber meine Hedwig auf die Straße schicke, verdiene ich das Fünffache.«

»Woher weißt du das so genau?«, wollte einer der Männer wissen.

»Da habe ich schon meine Erfahrungen, das kannst du mir glauben.« Kaltenbacher zündete sich eine Zigarette an und sah, dass Rossini in seine Richtung blickte. Er machte einen Schritt auf ihn zu. »Ah, endlich sind Sie aufgewacht. Ich dachte schon, Sie würden die Reise verschlafen.« Kaltenbacher deutete auf Rossinis Schläfe. »Eine ganz schöne Beule haben Sie da.« Genüsslich zog er an seiner Zigarette und wandte sich wieder den beiden Männern zu.

Rossini ärgerte sich über Kaltenbachers angeberische Art und erwog, den Zuhälter beim Kapitän anzuschwärzen, ließ den Gedanken aber gleich wieder fallen. Irgendwie hatte er nämlich ein wenig Angst vor ihm. Insgeheim hoffte er, dass die Verbindung zwischen Kaltenbacher und seiner Hedwig eine reine Zweckgemeinschaft war und sie den Scherenschleifer nur benutzte, um bei der Einreise keine Schwierigkeiten zu bekommen. Im »Schiffs-Contract« wurde nämlich ausdrücklich darauf hingewiesen, dass »Frauenzimmer ohne Ehemänner« nicht in die USA einreisen dürften.

Rossini machte sich auf den Weg zu den Abtritten, um endlich seine Blase zu entleeren. Als er das Ende des Zwischendecks erreicht hatte, sah er vor einer Koje eine Gruppe von Frauen, die aufgeregt auf jemanden einredeten.

»Was ist denn hier passiert?«, fragte Rossini einen Mann.

»Ich glaube, ihr Kind ist gestorben«, antwortete der Angesprochene achselzuckend.

Rossini stellte sich auf die Zehenspitzen. Er sah eine weinende Frau auf einem Bett sitzen, die die Wangen eines kleinen Mädchens streichelte, dessen Kopf auf ihrem Schoß lag. Neben ihr kauerte ein Mann, der sein Gesicht in den Händen vergrub. Rossini machte instinktiv einen Schritt zurück, weil er befürchtete, das Mädchen könnte eine ansteckende Krankheit gehabt haben. »Woran ist sie gestorben?«, fragte er den Mann neben sich.

»Vermutlich an der Ruhr. Kein Wunder bei diesem verdreckten Wasser.«

Jetzt war Rossini froh, dass er in den letzten zwei Wochen nur das mit Essig und Branntwein versetzte Wasser getrunken hatte, das zwar scheußlich schmeckte, aber weniger gefährlich als das unbehandelte Wasser war.

Auf der Toilette merkte Rossini zu seinem Schrecken, dass er beim Urinieren leichte Schmerzen hatte. »Madonna mia«, seufzte er. Immer wieder war er in den letzten Jahren von Entzündungen der Blase und der Harnröhre geplagt worden, und obwohl er ein halbes Dutzend Ärzte aufgesucht hatte, hatte ihm keiner wirklich helfen können. Rossini nahm sich vor, sich warm zu halten und bei nächster Gelegenheit unten gründlich zu waschen.

Als er von der Toilette zurückkam, sah er, wie zwei Matrosen das tote Mädchen wegtrugen und sich die

Gruppe langsam auflöste. Die weinende Mutter und ihr Mann blieben alleine in ihrer Koje zurück.

»Die Bestattung des Mädchens findet in einer Stunde statt!«, rief ein Schiffsjunge, der hinter den Matrosen herging.

Nach dem Abklingen des Sturms waren viele Passagiere immer noch damit beschäftigt, ihr Hab und Gut zu kontrollieren. Die meiste Arbeit hatten diejenigen, deren Koffer oder Kisten aus den Seitenhecken herausgeschleudert und dabei beschädigt worden waren. Rossini war heilfroh, dass er sich in Paris einen schweren Koffer gekauft hatte, der, von ein paar Dellen abgesehen, kaum etwas abbekommen hatte. Er überlegte, ob er frische Kleider anziehen sollte, ließ es aber sein, da er nicht wusste, ob das Schiff nicht noch einmal in einen Sturm geraten würde. Er überprüfte das Schloss und stellte erleichtert fest, dass es noch intakt war.

Eine Stunde später stand Rossini mit etwa fünfzig anderen Passagieren am Oberdeck und wartete darauf, dass der Kapitän mit der Bestattungszeremonie begann. Trotz des traurigen Anlasses freute sich Rossini, endlich wieder einmal frische Luft atmen zu können. Beim Anblick der ruhigen See konnte er gar nicht glauben, dass noch vor wenigen Stunden ein Sturm die Helvetia fast zum Kentern gebracht hätte. Er sah sich um und wunderte sich, dass der verrückte Prediger nirgends zu sehen war. Der Tod eines jungen, unschuldigen Mädchens musste doch ganz im Sinn seiner Prophezeiungen sein, denn wie heißt es in der Bibel: »Und die Unschuldigen werden verdammt, aber die Schuldigen werden losgesprochen.«

Zwei Matrosen standen an der Reling und hielten den Lukendeckel fest, auf dem der in ein Segeltuch eingenähte Leichnam des Mädchens lag. An ihren Füßen war mit einem Seil ein großer Stein befestigt. Rossini fragte sich, ob jedes Passagierschiff solche Steine mit sich führte.

»Notre Père qui est aux cieux! / Que ton nom soit sanctifié«, murmelte der Kapitän, woraufhin einige das Vaterunser auch in anderen Sprachen mitbeteten. Die Mutter des Mädchens weinte herzzerreißend und sie musste von ihrem Mann gestützt werden. Zwei Kinder klammerten sich an ihre Beine und wussten nicht, was das alles zu bedeuten hatte.

Der Kapitän bekreuzigte sich und gab den beiden Matrosen ein Zeichen. Der Lukendeckel wurde langsam angehoben und der Leichnam verschwand nach wenigen Sekunden im Wasser. Die Mutter des Mädchens beugte sich über die Reling und streckte die Hände nach ihrem Kind aus. Der Kapitän wollte der Frau sein Beileid ausdrücken, diese wandte sich aber demonstrativ von ihm ab. Rossini glaubte, das Wort »Mörder« gehört zu haben. Der Kapitän machte eine Geste des Bedauerns und verließ gemeinsam mit den Matrosen das Deck.

Von einem Mitreisenden erfuhr Rossini, dass das Mädchen am sogenannten »Schiffsfieber« gestorben war, das in erster Linie durch verunreinigtes Trinkwasser verursacht wird.

Es dauerte drei weitere Tage, ehe die Helvetia am Montag, dem 21. Juni 1852, auf der Reede von New York endlich vor Anker ging. Auch wenn man vom Schiff aus die Silhouette des südlichen Teils von Manhattan und die drei vorgelagerten Inseln Bedloe's Island, Ellis Island und Governor's Island sehen konnte, bedeutete das noch lange nicht, dass man am Ziel seiner Reise angelangt war. Die Passagiere durften das Schiff nämlich erst verlassen, wenn sie die entsprechenden Kontrollen erfolgreich hinter sich gebracht hatten. Aus diesem Grund gehörten die letzten Stunden an Bord zu den nervenaufreibendsten der ganzen Reise.

»Die Vertreter der Einreisebehörden und die Ärzte kommen erst morgen früh an Bord!«, hörte Rossini einen Matrosen rufen. Sofort brach unter den Passagieren ein

Tumult los, was nach dreiundvierzig Tagen auf engstem Raum auch nicht weiter verwunderlich war. Nachdem sich die Gemüter wieder beruhigt hatten, suchte Rossini den Kapitän auf, um zu fragen, ob er die letzte Nacht an Deck verbringen dürfe. Zu Rossinis großer Überraschung lehnte der Kapitän sein Ansinnen aber kategorisch ab, da es Passagieren strengstens verboten sei, in der Nacht das Zwischendeck zu verlassen. Und das gelte selbstverständlich auch für die Zeit, in der das Schiff auf Reede liege.

Enttäuscht setzte sich Rossini an einen der Holztische im Zwischendeck. Er hatte gar nicht gemerkt, dass die Mutter des toten Mädchens und Kaltenbachers Frau dort ebenfalls Platz genommen hatten. Sofort stand Rossini wieder auf und sah, dass ihm Hedwig einen merkwürdigen Blick zuwarf. Der Blick war ängstlich und passte irgendwie nicht zu einer Prostituierten.

Auf dem Weg zu seiner Koje fiel Rossini auf, dass die Stimmung unter den Passagieren noch gereizter war als in den Tagen davor. Die Menschen regten sich über jede Kleinigkeit auf und stießen dabei die wildesten Flüche aus. Auch bemerkte er, dass sich Adam Kaltenbacher und einige seiner Kumpane mit einer Flasche Kognac in eine Koje zurückgezogen hatten, wo sie sich flüsternd miteinander unterhielten. Dabei deutete Kaltenbacher immer wieder in Richtung seiner Frau.

Rossini sperrte seinen Koffer auf und holte den mit dem Reiseagenten Washington Finlay abgeschlossenen »Schiffs-Contract« hervor. Noch einmal las er die Einreisebestimmungen durch, die unter Punkt 9 zusammengefasst waren:

»In Amerika werden nur gesunde, mit keinem körperlichen Gebrechen behaftete, überhaupt nur solche Personen angenommen, welche fähig sind, sich selbst zu ernähren, und haben demnach diejenigen, deren Aufnahme aus diesen Gründen bei den amerikanischen Behörden

Schwierigkeiten finden oder welche wegen Gebrechlichkeit, ansteckender Krankheit, Blödsinn oder sonstiger Hilflosigkeit schon hier von der Aufnahme auf das Schiff ausgeschlossen werden müssen, die Folgen davon selbst zu tragen und sind zu keinerlei Ansprüchen berechtigt; ebensowenig als diejenigen, welche die Abfahrt des Schiffes versäumen. Verbrecher und Sträflinge dürfen generell nicht aufgenommen werden.

Darüber hinaus haben die New Yorker Behörden in Bezug auf die Zulassung von Auswanderern verschärfte Maßregeln erlassen, denen zufolge nun auch den folgenden Personen Schwierigkeiten wegen ihrer Aufnahme in New York gemacht werden:

1. Personen, die über 60 Jahre alt sind
2. Witwen mit Familie
3. Frauenzimmer ohne Ehemänner
4. Elternlose Kinder unter 13 Jahren
5. Unbemittelte Personen, bei denen die Gefahr besteht, dass sie gleich dem Staate zur Last fallen.«

Als Rossini Washington Finlay erzählt hatte, dass er am 29. Februar sechzig Jahre alt geworden sei, hatte ihn der Reiseagent beruhigt und gemeint, dass es in seinem Fall keine Probleme geben werde, zumal Rossini nicht nur über ausreichend Barmittel verfüge, sondern auch den Notariatsakt über seine Erbschaft in Missouri vorweisen könne. Jetzt, so knapp vor seinem Ziel, war er sich allerdings nicht mehr sicher, ob ihm die Behörden nicht doch noch Schwierigkeiten machen würden. Aber wahrscheinlich hing seine Skepsis mit der allgemeinen Erschöpfung zusammen, die sich nach der kräfteraubenden Überfahrt breitgemacht hatte.

Am nächsten Tag erfuhren die Passagiere um kurz nach zehn, dass das Boot mit den Ärzten und den Behördenvertretern angelegt hatte. Im Zwischendeck herrschte sofort die hellste Aufregung, und alle drängten zum Ausgang, wo der Kapitän hinter einem Tisch Platz genommen hatte. Es wurde geschoben und gestoßen, und erst als der Kapitän erklärte, dass die Passagiere namentlich aufgerufen würden, beruhigte sich die Lage ein wenig.

Die Ärzte hatten weiße Tücher vor Mund und Nase gebunden und sahen in ihren langen, weißen Kitteln wie Gespenster aus. Auch wenn Rossini einsah, dass sie sich wegen der großen Hitze bemühten, ihre Aufgabe so schnell wie möglich zu erledigen, wunderte er sich doch ein wenig, dass sie die Reisenden nur oberflächlich untersuchten. Nach einem kurzen Abhorchen mit dem Stethoskop und einem flüchtigen Blick in den Mund machten sie neben dem Namen ein Kreuz und schickten die jeweilige Person zu den Einreisebehörden auf das Oberdeck. Als der Name Kasimir Steinmetz aufgerufen wurde und sich trotz wiederholter Aufforderungen niemand meldete, wurden zwei Matrosen beauftragt, Ausschau nach dem Vermissten zu halten. Mit einem mulmigen Gefühl dachte Rossini an den Auftritt des verrückten Predigers, und seine innere Stimme sagte ihm, dass Steinmetz wahrscheinlich gar nicht mehr an Bord war.

Nachdem Rossini untersucht worden war, musste er sich auf dem Oberdeck in einer Reihe anstellen. Dabei sah er, dass von einer der Inseln Rauch aufstieg. Es waren Berge von Matratzen, die von Schiffen abgeladen und dort verbrannt wurden.

Als die Reihe an ihn kam, legte Rossini den Notariatsakt über seine Erbschaft in Missouri auf den Tisch. Die Beamten warfen einen kurzen Blick auf das Papier, gaben es ihm aber kommentarlos gleich wieder zurück. Nach einem kurzen »Okay, next« bekam er von einem Matrosen ein Zeichen, und Rossini durfte die Helvetia verlassen. Über eine Holzbrücke betrat er einen Schleppdampfer, der ihn wenig später zum Pier an der Albany Street brachte.

Heydman's Hotel and Trading Store

Jetzt, wo er endlich wieder festen Boden unter den Füßen hatte, merkte Rossini, wie unglaublich müde er war. Alles um ihn herum drehte sich, und er musste sich auf seinen Koffer setzen, um nicht umzufallen. Ihm war übel und er hatte das dringende Bedürfnis, sich zu übergeben. Er würgte, aber alles, was er heraushustete, war grüner Schleim. Massen von Auswanderern strömten an ihm vorbei, die meisten waren vor Hunger und Krieg aus Europa geflüchtet und hetzten jetzt in der Neuen Welt ihrem Glück entgegen. Rossini war froh, dass er zu den wenigen Privilegierten gehörte, die diese Reise nicht aus Not gemacht hatten, und die Freiheit besaß, nach Europa zurückzukehren, wann immer er wollte. Diese Überfahrt würde er allerdings auf einem Dampfschiff machen, soviel stand fest.

»New Dutch Church, New Dutch Church!«, hörte er einen Mann rufen, der am Pier mit einem Bauchladen herumging.

»Calvinist Reformed Church!« rief ein anderer, der wahllos Flugblätter verteilte und auch Rossini eines in die Hand drückte. Rossini hatte keine Ahnung, was die Slogans auf dem Flugblatt zu bedeuten hatten:

»Total depravity. Unconditional election. Limited atonement. Irresistible grace. Perseverance of the saints.«

Darunter stand die Adresse: »Nassau Street / Maiden Lane.«

Während er das Blatt zerknüllte, hörte er noch weitere Rufe: »German Lutheran Church!«, »Baptist Church!«,

»Moravian Church!«, »Presbiterian Church!«, »Methodist Church!«, »Associate Church!«. Rossini kam sich vor wie auf einem Jahrmarkt. Er fragte sich, welcher Kirche sich wohl der Prediger Kasimir Steinmetz anschließen würde. Vorausgesetzt, dass er überhaupt noch am Leben war.

Während sich Rossini mühsam von seinem Koffer erhob, wurde er von hinten an der Schulter angetippt. Er drehte sich um und sah in das Gesicht eines Mannes, dessen Augen nervös flackerten.

»Hello Mister, mein Name ist Frank.« Der Händedruck des Fremden war so stark, dass Rossini kurz aufschrie. »Das ist Jim«, sagte der Mann und deutete auf den Burschen neben sich. »Wenn Sie Hilfe brauchen, stehen wir Ihnen jederzeit zur Verfügung.« Trotz der Hitze trug Jim eine dicke Jacke und eine Schiebermütze.

»Los, Jim, nimm dem Gentleman seinen Koffer ab. Sie haben sicher eine anstrengende Reise hinter sich. Woher haben Sie diese Beule am Kopf, Mister? Sind Sie gestürzt?«

Noch ehe Rossini antworten konnte, hatte sich Jim bereits seinen Koffer geschnappt.

»In welchem Hotel wohnen Sie, Mister?«, fragte Frank.

»Äh«, antwortete Rossini verdutzt.

»Sie verstehen doch, was ich sage, oder?«

»Si, also yes –«

»Ah, Sie sind Italiener, sehr gut. Wie heißen Sie, Mister?«

»Rossini.«

»Mister Rossini, falls Sie noch kein Hotel haben, können wir Ihnen ein erstklassiges Haus ganz in der Nähe empfehlen. Heydman's Hotel. Dort steigen sehr viele Italiener ab. Liegt bloß ein paar Gehminuten von hier entfernt. Aber wenn Sie bereits ein anderes Hotel haben, organisieren wir gerne eine Kutsche für Sie.«

Rossini sah sich hilfesuchend um, fand aber niemanden, an den er sich hätte wenden können. Überall standen Gruppen von Einwanderern, denen Einheimische alle möglichen Dienstleistungen anboten. »Hotel«, »billig«, »Kutsche«, »Restaurant«, »kein Problem« waren die Worte, die in dem babylonischen Stimmengewirr am häufigsten zu hören waren.

»Nein, ich habe noch kein Hotel«, sagte Rossini und bereute im selben Augenblick, dass er das gesagt hatte.

»Sehr gut. Wie lange bleiben Sie in New York, Mister? Oder sind Sie auf der Durchreise?« Während Frank unablässig redete, kümmerte sich Jim um Rossinis Gepäck.

»Äh, ich bleibe ein oder zwei Tage, dann fahre ich weiter.«

»Dann ist Heydman's Hotel genau das Richtige für Sie. Dort können Sie sich erst einmal ausruhen und anschließend in Heydman's Trading Store gleich alles Nötige für Ihre Weiterreise kaufen. Heydmans Preise sind unschlagbar. Wohin geht die Reise, wenn ich fragen darf, Mister?«

»He, Frank, was treiben deine Mädchen?«, rief ein rothaariger Bursche aus einiger Entfernung. »Richte Nelly einen schönen Gruß von mir aus.« Der Rothaarige trug zwei Koffer und hatte einen Mann und eine Frau mit drei kleinen Kindern im Schlepptau.

»Kümmere du dich um deinen eigenen Dreck«, antwortete Frank und hob drohend die Faust.

Der Rothaarige lachte höhnisch und verschwand in der Menge.

»Ein irischer Bastard, hören Sie nicht auf ihn«, sagte Frank und deutete seinem Kumpanen weiterzugehen.

Instinktiv tastete Rossini nach den eingenähten Geldscheinen, und er war beruhigt, als er den Wulst unter seinem Hemd spürte. Dass Frank, Jim und auch der Rothaarige zu den sogenannten *Runners* gehörten, konnte

Rossini nicht wissen. Ihre Aufgabe war es, die überforderten Neuankömmlinge in bestimmte Hotels, Gasthäuser oder Geschäfte zu lotsen, von deren Besitzern sie entsprechende Provisionen kassierten. Ihr Name kam daher, dass sie am Hafen von Schiff zu Schiff liefen, um den Einwanderern ihre Dienste anzubieten. Da sich die in Gruppen straff organisierten *Runners* auch untereinander bekämpften, kam es häufig zu Schlägereien, in die nicht selten auch Passagiere verwickelt waren.

Rossini ärgerte sich, dass er trotz der langen Wartezeit auf dem Schiff nicht daran gedacht hatte, den Stadtplan von New York aus seinem Koffer zu holen. Im Beisein seiner ungebetenen Begleiter wollte er aber den Koffer auf keinen Fall öffnen. »Hören Sie, Mister Frank«, sagte Rossini zaghaft, »ich glaube, ich werde mir besser selbst ein Hotel suchen.«

Frank neigte den Kopf ein wenig zur Seite und sah Rossini mit flackernden Augen an. In Rossinis Magen machte sich ein unangenehmes Gefühl breit. Frank kratzte sich am Ohr und sagte in sachlichem Ton: »Hören Sie, Mister, mein Freund Jim und ich möchten Ihnen nur helfen. Wir sind in drei Minuten bei Heydman's Hotel, dann können Sie immer noch entscheiden, ob Sie sich lieber ein anderes Quartier suchen. Aber für zwanzig Dollar werden Sie hier in der Gegend kein Einzelzimmer bekommen, das kann ich Ihnen jetzt schon sagen.« Jim, der Rossinis Koffer fest umklammert hielt, nickte gelangweilt.

Erst jetzt sah Rossini, dass Frank einen Revolvergurt umgeschnallt hatte. »Na ja, wenn Sie glauben«, antwortete er unsicher. Vielleicht hatte dieser Frank ja recht, und Rossini ersparte sich auf diese Weise die mühsame Suche nach einem Hotelzimmer. Außerdem wollte er sich endlich waschen und dann schlafen. Schweigend ging Rossini hinter seinen Begleitern die Albany Street entlang, die sich vom Pier, an dem der Schleppdampfer angelegt hatte, über die Thames Street bis zum Broadway erstreckte. Die Straße war vom Lärm fliegender Händler und unzähliger Pferdekutschen erfüllt, und Rossini fühlte sich fast ein wenig an seine Zeit in Paris erinnert.

Nach ein paar Minuten blieben Frank und Jim vor einem dreistöckigen Backsteinbau stehen. Henry Heydman's Hotel and Trading Store stand auf der Fassade. Rossini folgte den beiden Männern in die Lobby, wo ein ziemliches Durcheinander herrschte. Am Empfangspult stand eine Gruppe von Einwanderern, die in verschiedenen Sprachen auf den Rezeptionisten einredeten. »Non, non, *une* femme et *quatre* enfants«, sagte ein aufgebrachter Franzose, dem man ein Zimmer mit nur einem Bett gegeben hatte. Ein Italiener wiederum deutete auf ein altes Paar, das erschöpft in einer Ecke kauerte, und versuchte dem Rezeptionisten klarzumachen, dass seine Eltern unbedingt ein eigenes Zimmer bräuchten. »Sono malati«, sagte er und deutete theatralisch auf seinen Bauch. Der Mann hinter der Theke hob verzweifelt seine Hände und seufzte: »Wäre ich doch bloß in Corpus Christi geblieben.«

Frank holte einen Stuhl. »Setzen Sie sich, Mister Rossini«, sagte er. »Sie sehen sehr müde aus. Ich kümmere mich um Ihr Zimmer.« Er ging zur Rezeption und kam mit einem Formular und einem Schlüssel zurück. »Diesen Meldezettel müssen Sie ausfüllen. Ist leider Vorschrift. Aber Sie können das auch auf Ihrem Zimmer erledigen und den Zettel später an der Rezeption abgeben. Mister Heydman wird sich dann persönlich um Ihre Wünsche kümmern. Das Restaurant befindet sich im ersten Stock im rückwärtigen Teil des Gebäudes. Jim, begleite den Gentleman auf sein Zimmer.«

Frank überreichte seinem Gefährten den Schlüssel und sah Rossini erwartungsvoll an. Auch Jim signalisierte mit seinem Blick, dass er auf etwas wartete. Rossini erhob sich und zuckte mit den Schultern. Er war hundemüde und wollte nur noch schlafen.

»Tip«, sagte Frank und hielt die Hand auf.

Rossini warf ihm einen verständnislosen Blick zu.

»Tip – to insure promptness«, ergänzte Jim.

Langsam dämmerte Rossini, was die beiden von ihm wollten. »Hören Sie«, sagte er, »ich muss erst mein Geld wechseln, aber da ich annehme, dass Sie morgen –«

»Nein, nicht morgen, Mister«, unterbrach ihn Frank. »Heute Abend. Wir haben ohnehin hier zu tun. Wir erwarten Sie um sechs in der Lobby. Ist das in Ordnung?« Seine Augen flackerten noch nervöser als zuvor.

»Ja«, antwortete Rossini kleinlaut.

»Jim, bring den Gentleman jetzt auf sein Zimmer.«

Jim nahm Rossinis Koffer und murmelte etwas Unverständliches.

Rossinis Zimmer lag im dritten Stock und ging nach hinten hinaus. Es war klein und roch nach kaltem Rauch. Auf dem Tisch standen eine Petroleumlampe, eine Waschschüssel, ein gefüllter Wasserkrug und ein Aschenbecher. Daneben lag ein Zettel mit dem Hinweis, dass sich der *pisspot* unter dem Bett befinde. Rossini war überrascht, dass die Zimmer in Heydman's Hotel noch über keine Innentoilette verfügten. Dafür stand neben der Tür ein Spucknapf aus Messing, der allerdings schon längere Zeit nicht ausgeleert worden war. Angeekelt wandte sich Rossini ab und öffnete das Fenster. Draußen roch es nach Kuh- und Pferdemist, obwohl im Hof weder Kühe noch Pferde zu sehen waren. Lediglich ein paar Planwagen und Kutschen standen unten.

Rossini zog sich aus und musste zu seinem Ärgernis feststellen, dass er am ganzen Körper von Wanzen gebissen worden war. Wahrscheinlich waren sie bereits in der Matratze gewesen, die er in Le Havre um teures Geld gekauft hatte. Er hoffte, dass es im Hotel nicht so viel Ungeziefer wie auf dem Schiff gab. Die schmutzigen Kleider warf er in eine Ecke, nur das Hemd mit den eingenähten Geldscheinen legte er auf den Stuhl neben dem Tisch. Dann wusch er sich gründlich und war froh, endlich den ganzen Dreck, der sich während der Überfahrt auf seiner Haut angesammelt hatte, beseitigen zu können. Das Schmutzwasser schüttete er in die offene Dachrinne, die unter dem Fensterbrett an der Hausmauer entlang verlief. Er holte den Nachttopf hervor, und während er vorsichtig in den Topf pinkelte, stellte er zu seiner Beruhigung fest, dass die Schmerzen beim Wasserlassen nicht schlimmer geworden waren. Der Urin hatte zwar einen stark beißenden Geruch, aber vielleicht hatte er ja Glück, und die Blasenentzündung war bereits wieder im Abklingen. Auch den Urin schüttete er in die Rinne.

Rossini streifte sich sein Nachthemd über und setzte sich auf das Bett. Dabei beobachtete er zwei riesige Kakerlaken, die in einer Ritze zwischen Wand und Holzboden verschwanden. Die Küchenschaben, die er aus Paris, Rom und Neapel kannte, waren dagegen vergleichsweise klein. Rossini hoffte, dass ihn die Kakerlaken in der Nacht in Ruhe ließen.

An der Wand hing neben einer Fotografie des 13. Präsidenten der USA, Millard Fillmore, auch ein Gemälde von Napoleon III. Weshalb dieses Porträt hier hing, war Rossini allerdings ein Rätsel, da ja die Franzosen, die ihr Land aus materiellen oder politischen Gründen verließen, Napoleon III. sicher ablehnend gegenüberstanden. Nicht ganz zu den Präsidentenporträts passte ein Ölbild, das ein mittelalterliches Fachwerkhaus zeigte. Auf dem unteren Bildrand stand: »Weißgerberwalkmühle am Bleicherbach in Biberach.«

Bevor sich Rossini ins Bett legte, strich er sich über seinen Bauch. Er hatte das Gefühl, dass er auf dem Schiff ein paar Pfund abgenommen hatte.

Nach wenigen Minuten fiel er in einen tiefen, unruhigen Schlaf. Er träumte, dass er auf einem Esel saß, der sich nicht und nicht von der Stelle bewegte. Er hörte den Prediger Kasimir Steinmetz flüstern, dass der Ritt auf einem störrischen Esel auf eine unerwartete Katastrophe während einer langen Reise hindeute. Rossini versuchte das Tier anzutreiben, aber es nützte alles nichts: Der Esel blieb stehen und schlug plötzlich so heftig aus, dass Rossini vor den Augen des Predigers herabfiel. Als Rossini am Boden liegend jemanden an eine Tür klopfen hörte, wusste er nicht, was das zu bedeuten hatte. Erst als das Klopfen heftiger wurde, dämmerte ihm, dass er gerade im Begriff war, aufzuwachen. Er öffnete die Augen und brauchte ein paar Sekunden, um sich darüber klar zu werden, dass er sich in New York in einem Hotelzimmer befand. Er blinzelte zum Fenster hinaus und sah, dass es immer noch hell war.

»Mister Rossini, Mister Rossini!«, hörte er Frank von draußen rufen. »Es ist bereits halb sieben, und wir wollten uns doch um sechs in der Lobby treffen.«

Rossini quälte sich aus dem Bett und ging zum Tisch, wo er zu seiner Enttäuschung feststellen musste, dass er kein frisches Wasser mehr hatte. »Ich komme gleich!«, rief er und hoffte, dass ihn Frank und Jim wenigstens für ein paar Minuten in Ruhe lassen würden.

»In Ordnung«, sagte Frank, »Mister Heydman wartet bereits im Store auf Sie.«

»Ja, ja«, murmelte Rossini. Aus seinem Koffer holte er frische Wäsche und zog sich an. Den Gürtel seiner Hose musste er tatsächlich um zwei Löcher enger schnallen. Mit einer kleinen Schere öffnete er die Naht an der Innenseite seines Hemds und entnahm daraus das Papiergeld. Die französischen Banknoten waren auf dem Schiff feucht geworden, und Rossini hoffte, dass er beim Wechseln keine Probleme bekäme. Er breitete die Scheine zum Trocknen aus und holte aus dem Koffer ein paar Dollar-

Münzen, die er in Paris gewechselt hatte. Dass es in den USA keine Banknoten gab, hatte man ihm bereits in Paris gesagt. Die Ein-Dollar-Münzen steckte er in seine Hosentasche, den Double Eagle, der immerhin einen Wert von zwanzig Dollar hatte, verstaute er in der Innentasche seines Sakkos. Das verschwitzte Hemd warf er zur schmutzigen Wäsche in die Ecke. Dann setzte er sich an den Tisch und schrieb einen Brief an Lorenzo da Ponte. Er teilte ihm mit, dass er in New York sei und sich freuen würde, wenn er ihm einen Besuch abstatten dürfte. Auf das Kuvert schrieb er:

»Mister Lorenzo da Ponte
Pizzeria da Ponte
Mulberry Street / Grand Street
Little Italy«

Anschließend füllte er den Meldezettel aus und versteckte die getrockneten Geldscheine unter der Matratze.

In der Lobby warteten bereits Frank und Jim auf ihn. Frank deutete auf einen Tisch mit mehreren Wasserkrügen. »Den leeren Krug können Sie dorthin stellen. Die vollen Wasserkrüge stehen auf dem Tisch daneben.«

»Das sehe ich«, entgegnete Rossini schroff.

Frank hielt Rossini die offene Hand hin. »Mister Rossini, Jim und ich bekommen für unsere Vermittlungstätigkeit zehn Dollar.«

Rossini machte ein erstauntes Gesicht.

»Pro Person, versteht sich«, ergänzte Jim und hielt ebenfalls die Hand auf.

Rossini blickte sich um und wusste nicht, was er tun sollte. In der Lobby herrschte Hochbetrieb, und Frank und Jim schienen nicht die einzigen *Runners* zu sein, die von Reisenden Geld für ihre Tätigkeit verlangten. »Zehn Dollar pro Person?«, fragte Rossini. »Aber das ist ja –«

»Mister Rossini«, unterbrach ihn Frank, dessen Augen jetzt wieder nervös flackerten, »das ist unser Preis. Schließlich haben wir Sie ja auch sicher in dieses Hotel gebracht. Oder nicht?«

Rossini überlegte kurz und holte den Meldezettel hervor. »Ich weiß ja nicht einmal, wie viel ich für mein Zimmer bezahlen muss. Es ging alles so schnell. Irgendwie fühle ich mich ein wenig überrumpelt.«

Frank und Jim sahen Rossini mit einem durchdringenden Blick an. Dann kratzte sich Frank ausgiebig am Kopf und machte einen Schritt auf Rossini zu. »Mister Rossini, wir möchten, dass Sie sich in New York wohlfühlen. Wir haben Ihnen ein Hotel vermittelt und das Gepäck hierher getragen, und Sie haben unser Angebot angenommen. Außerdem habe ich Ihnen bereits am Hafen gesagt, dass das Zimmer zwanzig Dollar kostet.«

»Aber wenn das Zimmer zwanzig Dollar kostet, wie können Sie dann noch einmal zwanzig Dollar von mir verlangen?«

»Mister Rossini, was hat das eine mit dem anderen zu tun?« Frank machte nicht den Eindruck, als würde er von seiner Forderung abrücken wollen.

Rossini überlegte kurz und holte den Brief aus der Tasche. »In Ordnung, ich bin damit einverstanden. Aber nur, wenn Sie diesen Brief noch heute Abend zu Mister Lorenzo da Ponte in Little Italy bringen.«

Frank und Jim warfen einander einen erstaunten Blick zu. »Sie meinen Don Lorenzo?« Frank klang verunsichert.

»Don Lorenzo?« Rossini verstand nicht genau, was Frank meinte. »Ich meine Lorenzo da Ponte, den Librettisten, der in Little Italy eine Pizzeria betreibt.«

»Sie kennen Don Lorenzo?«, wollte Jim wissen.

»Ja, gewissermaßen. Aber weshalb interessiert Sie das?«

»Don Lorenzo ist – also, wie soll ich sagen?« Frank druckste herum. »Sie möchten also, dass wir diesen Brief zu Don Lorenzo bringen?« Frank nahm den Brief zögernd an sich.

»Ja, und ich möchte auch, dass Sie gleich auf eine Antwort warten.«

»Wenn das so ist, dann schulden Sie uns natürlich nichts«, sagte Frank und machte eine leichte Verbeugung. »Es ist uns eine Ehre, für jemanden arbeiten zu dürfen, der Don Lorenzos persönlicher Freund ist.«

Rossini hatte keine Ahnung, weshalb sich Frank und Jim plötzlich so devot verhielten, vor allem, weil er gar nicht behauptet hatte, ein persönlicher Freund da Pontes zu sein. In Wirklichkeit hatte er da Ponte nie getroffen, sie hatten nur indirekt Kontakt miteinander gehabt, nachdem da Ponte in New York Rossinis *Barbier* auf die Bühne gebracht hatte. Aber Frank und Jim musste etwas anderes beeindruckt haben, da sie nicht so aussahen, als würden sie sich für Opern interessieren.

»Wenn Sie damit einverstanden sind, werden wir uns sofort auf den Weg machen.« Frank hielt den Brief wie eine Trophäe in die Höhe.

»Ja, in Ordnung«, antwortete Rossini, der noch immer nicht verstanden hatte, weshalb Frank und Jim so eigenartig reagierten.

Im Weggehen wandte sich Frank noch einmal an Rossini und deutete mit einer vagen Handbewegung nach draußen: »Mister Heydman erwartet Sie bereits im Store.« Dann verließen die beiden die Lobby und verschwanden im Menschengewimmel der Albany Street.

Hansel und Bretzel

Heydman's Hotel and Trading Store gehörten einem gewissen Heinrich Heidemann, der aus dem schwäbischen Biberach nach Amerika ausgewandert war, um hier ein neues Leben zu beginnen. Heidemann, der anfangs im Hafen von New York als Lastenträger gearbeitet hatte, hatte bald erkannt, dass man hier mit dem endlosen Strom von Einwanderern eine Menge Geld verdienen konnte. Fünf Jahre lang hatte er eisern gespart, und als ihm die Möglichkeit geboten wurde, von einem bankrott gegangenen Russen ein Backsteinhaus in der Albany Street zu kaufen, hatte er keine Minute gezögert und seine gesamten Ersparnisse in diese Immobilie investiert. Und Heidemanns Kalkül war aufgegangen. Bereits ein Jahr, nachdem er Heydman's Hotel eröffnet hatte, konnte er sich auch das angrenzende Gebäude kaufen und einen Trading Store errichten.

Das Angebot in seinem Laden richtete sich vor allem an jene Einwanderer, die von New York aus Richtung Westen weiterzogen. Die einen fuhren nach Kalifornien, wo der Goldrausch in der Zwischenzeit allerdings einer allgemeinen Ernüchterung gewichen war, die anderen versuchten auf dem Oregon Trail in die Gebiete westlich der Rocky Mountains zu gelangen, wo es noch Land in Hülle und Fülle gab. Dass dieses Land den Indianern gehörte, kümmerte die weißen Siedler nicht weiter. Natürlich blieben einige Einwanderer auch in New York, aber das war nur eine kleine Minderheit.

Als Rossini Heydman's Trading Store betrat, fiel ihm als Erstes ein Transparent auf, das hinter dem Ladentisch an der Wand hing. »In God we trust« stand darauf, wobei Rossini beim ersten Hinsehen »In Gold we trust« gelesen hatte. Die Regale waren vollgeräumt mit Fässern, Jutesäcken, Kleidern und Konservendosen, und in einem abgeschlossenen Gitterschrank waren Pistolen, Gewehre sowie die dazugehörige Munition gelagert. Es roch nach Lavendel, Kaffee, Schmieröl und getrocknetem Fisch. Als Rossini gerade herauszufinden versuchte, was es mit all den Waschrinnen, Sickertrögen und Sieben auf sich hatte, kam ein stattlicher Herr auf ihn zu.

»Mister Puccini, nehme ich an«, sagte der Mann, der einen breitkrempigen Hut und einen eleganten schwarzen Anzug trug. »Henry Heydman, sehr erfreut.« Er sprach Englisch mit einem eigenartigen Akzent, den Rossini nicht einordnen konnte.

»Äh, nein, Rossini, nicht Puccini. Aber woher wissen Sie –«

»Frank hat mir gesagt, ich würde Sie daran erkennen, dass Sie genauso gut aussehen wie ich.« Dabei deutete Heydman auf seinen dicken Bauch und lachte.

Rossini rang sich ein Lächeln ab und überlegte, ob es nicht besser gewesen wäre, erst am nächsten Tag wieder zu kommen. Denn eigentlich war er müde und wollte sich endlich einmal ausschlafen. Andererseits: Wenn er wissen wollte, wie Lorenzo da Ponte auf seinen Brief reagierte, musste er ohnehin auf die Rückkehr von Frank und Jim warten.

Heydman strich sich über seinen gepflegten Schnurrbart. »Mister Ruccini –«

»Rossini –«

»Sie müssen entschuldigen, aber bei den vielen ausländischen Namen, die ich mir täglich merken muss, kann es schon einmal vorkommen, dass ich den einen oder anderen durcheinanderbringe. Ja, äh, also, Mister Rossini, Frank hat mir erzählt, dass Sie nur zwei Tage in New

York bleiben und dann nach Missouri weiterreisen. Darf ich fragen, welchen Beruf Sie ausüben, Mister Rossini?« Heydman lächelte zufrieden, weil er sich den Namen doch noch gemerkt hatte.

»Ja, mein Beruf – also, wie soll ich sagen? Eigentlich bin ich Musiker.«

»Unterhaltungsmusiker?«, fragte Heydman neugierig. »Damit können Sie eine Menge Geld machen in Amerika.«

Rossini schüttelte den Kopf. »Nein, nein, kein Unterhaltungsmusiker. Aber das ist nicht der Grund, weshalb ich nach Amerika gekommen bin. Ich muss in Poplar Bluff eine Erbschaftsangelegenheit erledigen und werde dann wieder nach Italien zurückkehren.«

»Ah, sehr interessant«, sagte Heydman. »Ihr Englisch ist übrigens sehr gut. Die meisten Einwanderer sprechen ja kein Wort Englisch. Ein Jammer. Wo haben Sie die Sprache gelernt, wenn ich fragen darf?«

»In London.«

»Ah, verstehe. Ich bin aus Biberach nie hinausgekommen. Aus welcher Stadt in Italien kommen Sie? Ich war leider noch nie in dem Land –« Heydman überlegte angestrengt und ergänzte zufrieden: »– wo die Zitronen blühen.«

»Zurzeit lebe ich in Florenz, aber sobald es die Umstände erlauben, werde ich wieder nach Paris ziehen. Weshalb hängt in meinem Zimmer eigentlich ein Porträt des französischen Präsidenten?«

»Im vergangenen Jahr waren einige einflussreiche französische Geschäftsleute hier in New York, und da ich gehofft hatte, sie würden in meinem Hotel absteigen, habe ich in jedes Zimmer ein Porträt von Napoleon III. hängen lassen.«

»Und?«

Heydman zuckte mit den Schultern. »Na ja, leider haben sie sich für ein anderes Hotel entschieden, weil unsere Zimmer über keine Innentoilette verfügen. Ich hoffe, dass Sie trotzdem zufrieden sind.«

»Ja, ja, wobei der Preis –«

»Mister Rossini«, unterbrach ihn Heydman und klopfte ihm jovial auf die Schulter, »New York ist eine aufstrebende Stadt, und Sie wissen, wie das ist: Die Nachfrage bestimmt das Angebot, und umgekehrt. Sie fahren also wieder zurück nach Europa? Um was für eine Erbschaft handelt es sich, wenn ich fragen darf?«

»Es geht um ein Geschäft, das ich abwickeln muss«, antwortete er vage.

»Verstehe, verstehe.« Heydman dämpfte die Stimme. »Nicht dass Sie mich falsch verstehen, Mister Rossini, aber darf ich fragen, in welchem Rahmen sich die Ausgaben für Ihre Reise bewegen dürfen?«

»Na ja –«

»Mister Rossini, da können Sie sich ganz auf mich verlassen. Jetzt werden wir alles Nötige für Ihre Reise zusammenstellen. Ich schlage vor, dass wir in mein Büro gehen.«

In Heydmans Büro fiel Rossini als Erstes ein mächtiger Bisonschädel auf, der über dem Schreibtisch an der Wand hing. Darunter stand auf einer verzierten Holztafel: »Madison Buffalo Jump, May 15, 1851.«

»Diesen Büffel haben Sie erlegt?«

»Ja, natürlich. Das ist ein Präriebison.« Heydman deutete auf eine der Landkarten, die auf einem Tisch ausgebreitet lagen. »Hier, in Montana am Madison Buffalo Jump, habe ich diesen Bison erlegt. Natürlich vom Pferd aus, und zwar mit einer Enfield Rifled Musket, die ich mir eigens aus England habe schicken lassen. Sie müssen wissen, dass die Indianer in dieser Gegend die Bisons jahrhundertelang getötet haben, indem sie sie über Felsklippen jagten. Eine grausame Methode. Aber, keine Angst, Mister – Rossini, auf Ihrem Trail werden Sie keinen Bisons begegnen.«

Rossini betrachtete interessiert eine Karte und folgte mit dem Finger einer Strecke, die in New York begann und irgendwo in Missouri endete.

»Ihre Route verläuft weiter südlich«, sagte Heydman. »Hier, Sie fahren über Bethlehem, Schuylkill Haven, Breezewood und dann hinunter nach Cynthiana und Jasper. Von dort geht es über Paducah nach Poplar Bluff. Sie bekommen von mir natürlich mehrere Karten, auf denen Ihre Reiseroute genau eingezeichnet ist.«

Als Heydman Rossinis besorgtes Gesicht sah, sagte er beschwichtigend: »Keine Angst, Mister Rossini, Sie sind nicht der Erste, der sich von New York aus auf diese Reise begibt.« Heydman deutete auf eine andere Landkarte. »Hier, das ist der berühmte Oregon Trail, der in Independence, Missouri, beginnt und jenseits der Rocky Mountains in Oregon an der Pazifikküste endet. Auf diesem Trail sind alleine im vergangenen Jahr 10 000 Siedler nach Oregon, 50 000 nach Kalifornien und weitere 10 000 nach Utah gereist.«

»Und wie viele davon sind von Indianern getötet worden?«, fragte Rossini.

Heydman begann zu lachen. »Mister Rossini, Sie werden es nicht glauben, aber im letzten Jahr sind auf dem gesamten Oregon Trail gerade einmal sechzig Siedler bei Indianerüberfällen ums Leben gekommen. Die Rothäute sind weniger gefährlich als die Cholera oder die Pocken. Aber auf Ihrer Strecke werden Sie wahrscheinlich keine einzige Rothaut zu Gesicht bekommen.«

Rossini rang sich ein gequältes Lächeln ab. »Wie lange wird die Reise von hier bis Poplar Bluff dauern?« In Paris hatte Washington Finlay auf diese Frage nur eine sehr vage Antwort gegeben.

Heydman ging zu seinem Schreibtisch und wühlte in seinen Unterlagen. »Moment, hier hab ich es. Von New York nach Poplar Bluff sind es ungefähr eintausend Meilen, das heißt, dass Sie etwa sechs Wochen unterwegs sein werden. Vorausgesetzt freilich, dass es zu keinen größeren Zwischenfällen kommt, was ich nicht annehme. Die Strecke durch Pennsylvania, Ohio, Indiana und so weiter gilt allgemein als sicher.«

»Sechs Wochen?«, fragte Rossini nachdenklich. Er betrachtete die Landkarte und kam sich beim Gedanken an diese Reise wie ein Sänger vor, der ohne Probe eine neue Partie singen musste.

Als Rossini sah, dass auch Heydman einen Revolver trug, fragte er: »Mister Heydman, weshalb sind hier eigentlich so viele Männer bewaffnet?«

Heydman machte ein erstauntes Gesicht. »Der zweite Zusatzartikel zur Verfassung der Vereinigten Staaten erlaubt jedem Bürger das Tragen von Waffen. Und wie Sie vielleicht schon gesehen haben, machen die meisten von diesem Recht Gebrauch. Ja, und weil wir gerade dabei sind, Mister Rossini, sollten wir auch gleich über Ihre Waffen sprechen.«

Rossini, der zwar als Jugendlicher mit dem Gewehr seines Vaters ab und zu auf Kaninchen – und ein paar Mal auch auf Katzen – geschossen hatte, wurde schlagartig bewusst, auf welches Abenteuer er sich da eingelassen hatte. »Tja, ich weiß nicht, ich habe ja keinerlei Erfahrung im Umgang mit Schusswaffen.«

»Ach was.« Heydman klopfte Rossini gönnerhaft auf die Schulter. »Wenn es soweit ist, geht alles wie von selbst. Kommen Sie, ich zeige Ihnen ein Gewehr, das für Ihre Zwecke wie geschaffen ist.« Heydman öffnete einen Spind und entnahm ihm ein Gewehr. »Hier, das ist eine Sharps Rifle mit einem Blockverschluss. Durch die Abwärtsbewegung des verlängerten Abzugsbügels wird der Verschluss geöffnet, mit der Aufwärtsbewegung wird er wieder geschlossen. Das Gewehr wiegt gerade einmal zehn Pfund und es hat eine Reichweite von bis zu 500 Yards. Es ist sehr einfach zu bedienen und schafft acht bis zehn Schuss pro Minute.« Heydman reichte Rossini die Waffe.

Rossini griff zögernd nach dem Gewehr. Sein Holzgriff war glatt und selbst der Lauf fühlte sich besser an, als er gedacht hatte. Aber die Vorstellung, damit auf einen Menschen schießen zu müssen, machte ihm Angst. »Ich weiß nicht«, sagte er und gab Heydman die Waffe zurück.

»Mister Rossini, ohne ein Gewehr sind Sie wehrlos. Und Sie werden natürlich auch einen Revolver brauchen.« Heydman überlegte. »Hier, das ist das Navy Model von Colt, der beste Revolver, den es zurzeit auf dem Markt gibt.« Er reichte ihn Rossini, der sofort einen Schritt zurückwich. »Keine Angst, er ist nicht geladen.«

»Vielleicht sollte ich doch noch einmal alles überschlafen«, versuchte Rossini Zeit zu gewinnen.

Heydman sagte nichts und verstaute die Waffen wieder im Spind. Dann hakte er sich bei Rossini unter und ging mit ihm nach draußen. Sie betraten den großen Innenhof, den Rossini von seinem Zimmerfenster aus sehen konnte. »Mister Rossini, wenn Sie nach Missouri fahren, brauchen Sie natürlich einen Planwagen.« Heydman löste sich und blieb vor einem Wagen stehen. »Das ist ein Conestoga Wagon, der sich bei Siedlern seit vielen Jahren großer Beliebtheit erfreut. Dieses Modell ist fünfzehn Fuß lang, neun Fuß hoch und vier Fuß breit, das heißt, dass Sie genügend Platz für Lebensmittel, Futter, Werkzeug und all die anderen Dinge haben. Die Abdeckung aus hochwertigem Leinen schützt Ihre Besitztümer nicht nur vor Regen und Sonne, sondern auch vor neugierigen Blicken. Sie verstehen, was ich meine, Mister Rossini. Ein weiterer Vorteil dieses Wagens besteht darin, dass die Bodenbretter mit Teer abgedichtet sind, wodurch beim Überqueren von Flüssen kein Wasser in das Innere dringen kann. Wie Sie sehen, sind die Räder mit Eisen beschlagen, was ihre Haltbarkeit erheblich verlängert. Eine Besonderheit ist auch diese Vorrichtung, die man Flap-a-doodle nennt. Hier, sehen Sie: Sie klappen die Box an der Seitenwand auf, stellen die beiden Beine auf den Boden, und schon haben Sie einen Tisch. Aber jetzt passen Sie auf: Hinter der Box, unter dem Wagenboden, befindet sich eine abschließbare Geheimlade, in der Sie Geld, Dokumente und andere Wertsachen verstecken können. Flap-a-doodle. Dieser Wagen, Mister Rossini, stammt von einem deutschen Goldsucher, der damit von Kalifornien nach New York gefahren ist. Neu würde dieser Conestoga Wagon 3000 Dollar kosten. Sie bekommen ihn für 2000.«

»Aber –«

»Glauben Sie mir, Mister Rossini, das ist ein unschlagbarer Preis, und in zwei, drei Wochen werden Sie mir dankbar sein, dass ich Ihnen dieses Fuhrwerk verkauft habe.«

Verwirrt betrachtete Rossini den Wagen. Er hatte nicht die geringste Ahnung, wie er es mit diesem Gefährt jemals nach Poplar Bluff schaffen sollte. Conestoga Wagon? Flap-a-doodle? Teerabdichtung? Rossini begann zu schwitzen und fragte sich, ob er nicht sofort mit dem nächsten Schiff nach Europa zurückfahren sollte. Jetzt, wo es galt, Entscheidungen zu treffen, wurde ihm klar, dass er sich viel zu wenig auf diese Reise vorbereitet hatte. Andererseits: Was hätte er schon tun können? Hätte er mit einem Planwagen probehalber von Florenz nach Paris fahren sollen? Aber da es auf dieser Strecke weder Indianer noch wilde Tiere gab, wäre das völlig sinnlos gewesen. Zeichnete sich am Ende ein neues Fiasko ab?

Mit Schaudern dachte Rossini an die Uraufführung seiner Oper *Il barbiere di Siviglia* am 20. Februar 1816 im Teatro Argentina in Rom. Rossini, der die Aufführung selbst dirigierte, musste damals von seinem Pult aus hilflos mitansehen, wie der Abend mehr und mehr aus dem Ruder lief. Gerade als Graf Almaviva mit seiner Cavatina beginnen wollte, riss eine Saite seiner Gitarre, dann stolperte Basilio über eine Falltür und brach sich die Nase, und schließlich lief auch noch eine Katze über die Bühne, die eine derart große Verwirrung auslöste, dass unter dem Gejohle und

Gelächter des Publikums der Vorhang fallen musste. Rossini flüchtete daraufhin in eine nahe gelegene Cantina und ertränkte seine Niederlage im Alkohol. Und je öfter er *un altro fiasco* – eine weitere Flasche – bestellte, desto größer wurde in den Augen des Wirts Rossinis »Fiasko«.

Er schüttelte den Kopf und machte eine hilflose Geste. »Aber –« Sofort wurde er von Heydman unterbrochen.

»Kommen Sie weiter, Mister Rossini, jetzt zeige ich Ihnen die beiden Maultiere, die in den nächsten Wochen die Hauptarbeit für Sie erledigen werden.« Heydman ging durch den Hof zu einem Stall, in dem ein paar Pferde, einige Ochsen und zwei Maultiere untergebracht waren. Bei den Maultieren blieb er stehen und kraulte ihnen den Kopf. »Hier, das sind Hansel und Bretzel, zwei besonders widerstandsfähige und ausdauernde Tiere. Sie können problemlos bis zu fünfundzwanzig Meilen pro Tag zurücklegen, und Sie werden sehen, dass diese Mulis absolut gutmütig sind und Ihnen keinerlei Probleme bereiten werden.«

Rossini musste an seinen Traum vom störrischen Esel denken. »Aber wären nicht Pferde –«

»Mister Rossini, Pferde sind für Ihre Zwecke völlig ungeeignet. Sie haben eine lange Reise vor sich, und was ist, wenn eine Stute rossig wird? Die bricht Ihnen aus, ohne dass Sie etwas dagegen unternehmen könnten. Und mit einem Hengst hätten Sie noch größere Probleme. Da draußen gibt es genug wilde Hengste, die den Ihren attackieren würden, und glauben Sie mir, einige davon sind wahre Ungeheuer.«

Heydman ließ sich von Rossinis verzagtem Gesicht nicht davon abhalten, Hansel und Bretzel in den höchsten Tönen zu loben. »Mister Rossini, ich kann Ihnen versichern, dass diese Maultiere sowohl die Besonnenheit, die Ausdauer und die Trittsicherheit eines Esels als auch die Geradlinigkeit, die Kraft und den Mut eines Pferdes besitzen. Und auch für diese Mulis werde ich Ihnen einen unschlagbaren Preis machen.«

Eine halbe Stunde später saß Rossini in der Lobby von Heydman's Hotel und wusste nicht, ob er wach war oder träumte. Wenn ihn nicht alles täuschte, hatte er soeben die Hälfte seines Reisebudgets für Dinge ausgegeben, von denen er wenige Stunden zuvor nicht einmal gewusst hatte, dass es sie überhaupt gab. Darunter waren ein Conestoga Wagon (samt Flap-a-doodle-Geheimlade), zwei Maultiere, eine Sharps Rifle, ein Colt, ein Cowboyhut, ein Barchenthemd, eine Hose aus Bisonleder, ein Paar Stiefel, ein Fernrohr sowie eine Ausgabe der *New York Daily Times* vom 22. Juni 1852. Die Zeitung, die einen Cent gekostet hatte, war mit Abstand das Billigste, was er an diesem Abend gekauft hatte.

Die vielen Menschen bewegten sich wie auf einer Bühne, und Rossini musste sich kräftig in die Hand zwicken, um sich darüber klar zu werden, dass er nicht halluzinierte, sondern in New York in der Lobby von Heydman's Hotel saß und auf eine Nachricht von Lorenzo da Ponte wartete. Rossini sah auf seine Taschenuhr. Gerade als er die Treppe hinaufgehen wollte, hörte er, wie sein Name gerufen wurde. Frank schob einige Hotelgäste zur Seite und winkte. »Mister Rossini, hier, das ist die Antwort von Don Lorenzo.« Er überreichte Rossini das Kuvert und wartete gespannt auf dessen Reaktion.

»Danke«, sagte Rossini und steckte den Brief ein. Aus seiner Hosentasche holte er zwei Münzen. »Hier, das ist für Sie und Ihren Freund.« Dann drehte er sich um und verschwand.

Frank machte ein verdutztes Gesicht und kratzte sich am Kopf. Da sich Jim auf der Straße immer noch mit dieser Hedwig unterhielt, steckte er beide Münzen ein und verließ pfeifend die Lobby. Alles in allem war es ja doch ein guter Tag gewesen.

The Bank of New York

Um sieben Uhr schreckte Rossini aus einem Traum hoch und wusste nicht, wo er war. Erst nach und nach begriff er, dass er sich in New York befand. Er starrte an die vom Tabakrauch verfärbte Decke und hatte plötzlich das Gefühl, eine falsche Entscheidung getroffen zu haben. Was mache ich hier überhaupt? Er drehte sich zur Seite und warf den Porträts von Millard Fillmore und Napoleon III. einen fragenden Blick zu. Aber auch von dort kam keine Antwort.

Rossini setzte sich auf die Bettkante und atmete tief durch. Die Luft im Zimmer war stickig, das war wahrscheinlich auch der Grund für seine Kopfschmerzen. Er stand auf und öffnete das Fenster. Die hereinströmende Luft roch nach Meer und Abfällen. Der Himmel war strahlend blau, was bedeutete, dass wieder ein heißer Tag bevorstand. Irgendwo schrie ein Esel, und Rossini erinnerte sich, dass er am Vortag zwei Maultiere mit den Namen Hansel und Bretzel gekauft hatte. Er war jetzt also Wagen- und Maultierbesitzer. Um elf Uhr würde es ein weiteres Treffen mit Henry Heydman geben, der für Rossini noch ein paar Lebensmittel zusammenstellen wollte.

Rossini atmete die warme Luft ein und musste plötzlich mit einer gewissen Wehmut an Polverigi denken. »O, ihr Tage meiner Kindheit«, murmelte er und ärgerte sich im selben Augenblick über seine sentimentalen Anwandlungen. Rossini ging zum Tisch und nahm Lorenzo da Pontes Brief zur Hand. »L'aspetto venerdi alle 12.« Das war alles, was der berühmte Librettist geschrieben hatte.

103 Jahre war da Ponte jetzt alt, und Rossini fragte sich, wie ein Mann in diesem Alter überhaupt aussah. Vor vielen Jahren hatte er einmal ein Porträt da Pontes gesehen, das ihn als jungen Mann mit langen weißen Haaren, wachen Augen und einem verschmitzten Lächeln zeigte.

Rossini leerte etwas Wasser in die Schüssel und wusch sich das Gesicht. Dann pisste er in den Topf und stellte erleichtert fest, dass die Blasenentzündung im Abklingen war. Er kleidete sich an und steckte ein Bündel Francs-Scheine in die Innentasche seines Sakkos.

Im Hotelrestaurant aß er ein sogenanntes Einwandererfrühstück – Immigrant's Breakfast stand auf der Speisekarte –, das aus einem verschrumpelten Würstchen, einem harten Ei, einem alten Apfel und zwei Scheiben trockenem Brot bestand. Zu trinken gab es dünnen Kaffee, der als Special American Coffee angepriesen wurde. Für diese Leckerbissen verlangte Heydman fünf Dollar. Der Mann wusste, wie man zu Geld kam.

Rossini bemühte sich, ruhig zu bleiben, und verlangte an der Rezeption nach Frank und Jim. Der Mann hinter dem Empfangstisch griff nach einer Handglocke und bimmelte damit in einem bestimmten Rhythmus. Bereits wenige Augenblicke später betraten die beiden durch eine Tapetentür die Lobby und begrüßten Rossini mit einer leichten Verbeugung. Rossini glaubte, in ihrem Verhalten immer noch eine gewisse Unterwürfigkeit bemerken zu können.

»Mister Heydman hat gemeint, dass es besser wäre, wenn Sie mich zur Bank begleiten würden«, sagte Rossini, dem eigentlich nicht ganz klar war, weshalb ihm Heydman diesen Tipp gegeben hatte.

»Ja, selbstverständlich«, antwortete Frank beflissen und legte eine Hand auf seinen Revolver. »Ich nehme an, Sie wollen zur nächstgelegenen Filiale der Bank of New York?«

Rossini zuckte mit den Schultern. »Ich möchte Geld wechseln, das ist alles.«

Vor dem Hotel deutete Frank einem Kutscher, der sich erst mühsam seinen Weg durch den dichten Verkehr bahnen musste. Frank gab dem Fahrer als Ziel die Wall Street an.

Sie fuhren die Thames Street Richtung Osten, überquerten den Broadway und bogen in die Pine Street ein. Von dort ging es weiter zur William Street. Nach etwa einer halben Stunde hatten sie ihr Ziel erreicht. Die Kutsche hielt vor einem imposanten Gebäude, auf dessen Fassade in riesigen Lettern Bank of New York zu lesen war. Frank befahl dem Fahrer, zu warten. Links und rechts vom eisernen Eingangstor standen bewaffnete Wärter, die den Eindruck erweckten, als würden sie ein Gefängnis bewachen.

Das Innere des Gebäudes erinnerte allerdings an einen Palast, aber auch hier waren überall Wachen postiert. Es gab mehrere mit Eisenstäben gesicherte Schalter, hinter denen Männer in Uniform saßen. Sie trugen längs gestreifte Hemden mit schwarzen Ärmelschonern und Schirmmützen. Rossini warf Frank und Jim einen fragenden Blick zu, aber noch ehe sie etwas sagen konnten, stand schon ein Mann in Livree vor ihnen, der sie von oben herab musterte.

»Was kann ich für Sie tun?«, fragte er Rossini in einem Ton, der verriet, dass er nicht sehr viel von ihm hielt.

»Ich möchte gerne Francs in Dollar wechseln und –«

»Folgen Sie mir«, sagte der Mann im Befehlston und blieb vor einem Schalter stehen. Er deutete auf einen imaginären Punkt auf dem marmornen Boden: »Sie warten hier.« Ohne Rossini eines weiteren Blickes zu würdigen, drehte er sich um und durchquerte die Halle in einer Haltung, die wohl Überlegenheit ausdrücken sollte. Vor Rossini standen einige elegant gekleidete Geschäftsleute, die entweder Zeitung lasen oder sich im Flüsterton miteinander unterhielten. Worüber, konnte Rossini nicht hören.

Nach etwa einer halben Stunde war Rossini an der Reihe, und es dauerte keine fünf Minuten, bis der Geldwechsel abgeschlossen war. Rossini erhielt Münzen aus Gold, Silber und Kupfer, wobei die Zwanzig-Dollar-Goldmünze, der sogenannte Double Eagle, am wertvollsten war. Die Dollar-Münzen wurden Rossini in einem Lederbeutel ausgehändigt, die Cent-Münzen aus Kupfer wurden ihm lose übergeben. Rossini steckte den Beutel in die Innentasche seines Sakkos, wo er eine deutlich sichtbare Wölbung bildete. Jetzt war Rossini froh, dass er von Frank und Jim begleitet wurde.

Auf der Fahrt zurück fiel Rossini in der Wall Street ein imposantes Gebäude auf, das mit seinen zwölf ionischen Säulen an einen griechischen Tempel erinnerte. Es war der Sitz von Merchant's Exchange, einer der einflussreichsten Finanzinstitutionen der USA.

Während sich die Kutsche wegen der vielen Fuhrwerke nur im Schritttempo fortbewegte, deutete Jim auf ein Mädchen in abgerissener Kleidung, das auf der Straße Süßigkeiten verkaufte. »The Candy Girl«, sagte er in einem abfälligen Ton.

»Sie kennen das Mädchen?«, fragte Rossini.

»Wer kennt diese Göre nicht?«, entgegnete Jim, ohne zu erklären, was er damit meinte.

Rossini entdeckte in der Menge mehrere schwarze Buben, die mit ihrer mobilen Schuhputzausrüstung bei den vornehmen Herren meist vergeblich ihr Glück versuchten. Mehr Erfolg hatten die – ebenfalls schwarzen – Zeitungsjungen, die die *New York Daily Times,* die *New York Sun,* die *New York Tribune* und den *New York Herald* verkauften. Rossini fiel auf, dass auch die meisten Lastenträger Schwarze waren, während in den Kutschen ausschließlich Weiße saßen. In New York war die Sklaverei zwar 1827 abgeschafft worden, allerdings hatte sich die Lage der schwarzen Bevölkerung offensichtlich kaum verbessert.

Während sich die Kutsche wieder langsam in Bewegung setzte, sah Rossini einen alten Mann, der ein Schild mit der Aufschrift »Gleason's Pictorial, S. French's, 151 Nassau St.« in die Höhe hielt. Darauf sah man die Fotografie eines gut gekleideten Mannes in repräsentativer Pose. In der Wall Street gab es sicher genügend reiche Kunden, die es sich leisten konnten, von sich ein ebensolches Porträt anfertigen zu lassen.

Beim Hotel angekommen, verlangte der Kutscher zwanzig Dollar. Rossini glaubte, sich verhört zu haben. »Zwanzig Dollar?«, fragte er und warf Frank und Jim einen hilfesuchenden Blick zu. Die beiden hoben aber bloß bedauernd die Hände.

»Sie sind in New York, Sir«, sagte der Fahrer mit dem Anflug eines Lächelns.

»Ich weiß, dass ich in New York bin«, antwortete Rossini gereizt und holte widerwillig einen Double Eagle hervor. Kommentarlos drückte er dem Mann das Geld in die Hand und stieg aus dem Wagen.

Der Kutscher überreichte Frank ein paar Münzen und gab dann seinen Pferden die Zügel.

Noch immer wütend, verstaute Rossini den Beutel mit den Goldmünzen in seinem Koffer. Er nahm sich vor, in Zukunft keine Dienstleistungen mehr in Anspruch zu nehmen, ohne sich vorher nach dem Preis zu erkundigen. Rossini war kein armer Mann, aber da er nicht wusste, was ihn im Verlauf seiner Reise noch alles erwarten würde, wollte er für alle Fälle gerüstet sein. Und Geld hatte er in New York bereits genug ausgegeben. Von den Kosten für die Überfahrt ganz zu schweigen.

Bis zum Treffen mit Henry Heydman wollte sich Rossini noch ein wenig die Gegend um den Hafen ansehen und auch einen Abstecher zur Battery an der Südspitze Manhattans machen.

Auf den Straßen war jetzt noch mehr los als zuvor. Fliegende Händler priesen ihre Waren an, Pferdefuhrwerke transportierten Güter zum Hafen oder holten welche von dort ab, Kinder bettelten und Betrunkene lagen in Hauseingängen. Rossini ging die Greenwich Street hinunter, weil er hoffte, dass dort weniger los wäre als in der Albany Street. Er warf einen Blick auf seinen Stadtplan, und schon stand ein Mann vor ihm, dessen äußere Erscheinung ihn instinktiv einen Schritt zurückweichen ließ. »Mistr, kann ch nen helfn?«, fragte der Betrunkene, der sich kaum noch auf den Beinen halten konnte. Der Mann wollte sich an Rossini festhalten, hatte aber die Entfernung falsch eingeschätzt und fiel der Länge nach hin. Der Betrunkene schlief augenblicklich ein und Rossini war froh, dass ihm der Mann keine Schwierigkeiten gemacht hatte.

Am Hafen herrschte Hochbetrieb. Ein Strom von Einwanderern bewegte sich Richtung Stadt und Lastenträger schleppten ohne Unterlass Kisten und Fässer zu den wartenden Fuhrwerken. An einem Kai stehend, beobachtete Rossini, wie gerade ein Schiff mit dem Namen Cushla Machree anlegte. Neben ihm standen einige ärmlich gekleidete Männer, Frauen und Kinder, die gespannt auf die Ankunft der Passagiere warteten.

»Woher kommt dieses Schiff?«, fragte Rossini einen alten Mann, dessen schwarzer Anzug an vielen Stellen bereits fadenscheinig war.

»Aus Galway«, antwortete der Alte stolz und zeigte dabei seinen zahnlosen Mund.

Als vom Schiff drei Särge abgeladen wurden, bekreuzigten sich die Wartenden, die mit bangen Gesichtern zur hölzernen Brücke sahen. Wegen der katastrophalen hygienischen Bedingungen an Bord bekamen irische Auswandererschiffe bald den Beinamen *Coffin ships.* Da die Toten aber üblicherweise auf hoher See bestattet wurden, mussten die drei gestorben sein, während die Cushla Machree auf Reede lag.

Rossini spürte, wie sich sein Magen verkrampfte, und er ging weiter, ohne sich noch einmal umzudrehen. Er schlenderte die parallel zum Hafen verlaufende West Street hinunter zur Battery, wo er am Market Field einen Mann in einem schäbigen Cowboy-Outfit sah, der Gitarre spielte und sang:

»O bury me not on the lone prairie,
where the wild coyote will howl over me,
where the buffalo roams the prairie sea,
O bury me not on the lone prairie.«

In einem verbeulten Hut lagen ein paar Cent, und Rossini hatte plötzlich Angst, dass es ihm womöglich so ergehen könnte wie dem Mann, über den hier gesungen wurde. Er hoffte inständig, dass er nicht einsam in der Prärie sterben würde, während die Kojoten an seinem Grab heulten und die Büffel das Land durchstreiften.

Von der nahe gelegenen Old Dutch Church klangen zehn Glockenschläge herüber, die Rossini daran erinnerten, dass es Zeit war, zum Hotel zurückzukehren. Er nahm den Weg über den Broadway und ging vorbei an vornehmen Läden, in denen Lederwaren, Kleider aus Kaschmirwolle und Porzellangeschirr angeboten wurden. Wie in der Bank gab es auch hier überall bewaffnete Wachleute, die wohl Diebe oder Einbrecher abschrecken sollten.

Kaum bog Rossini aber in eine Seitenstraße ein, begegneten ihm auf Schritt und Tritt ärmlich gekleidete Menschen. Sie schliefen auf Gehsteigen oder bereiteten sich ihre Mahlzeiten auf offenen Feuerstellen zu. Hier waren die Läden weniger vornehm, und anstelle von Kleidern aus Kaschmirwolle wurden Second Hand Clothes angeboten. Auch Möglichkeiten, sich mit billigem Alkohol zu versorgen, gab es hier genügend. »Best of Liquor at 3 cts pr glass« stand auf einer Schiefertafel neben dem Eingang zu S. Graspall's Liquor Store. Anders als am Broadway stank es in diesen Straßen nach Pferdemist, Urin und Abfällen.

Auf dem Weg Richtung Thames Street sah Rossini, wie auf einem mit Müll übersäten Grundstück drei junge Kerle mit Stöcken auf einen ausgemergelten Hund einschlugen, bis dieser blutüberströmt liegenblieb. Als ein Messer aufblitzte, beschleunigte Rossini seine Schritte. Er war heilfroh, als er endlich wieder sein Hotel erreicht hatte.

Eine halbe Stunde später wurde Rossini von Henry Heydman im Store ein weiteres Mal freundlich empfangen. »Wie geht es Ihnen, Mister Crostini?«, fragte er und drückte Rossini die Hand.

Rossini war sich nicht sicher, ob ihn Heydman absichtlich mit einem falschen Namen ansprach oder ob er tatsächlich ein Problem hatte, sich seinen Namen zu merken.

»Ich habe gehört«, fuhr Heydman fort, »dass mit dem Geldwechseln alles geklappt hat. Sie wissen, New York ist eine große Stadt, und nachdem jeden Tag tausende Einwanderer wie die Heuschrecken einfallen, kann man nie vorsichtig genug sein.« Er deutete auf einen Tisch, der mit Dosen, Säcken, Flaschen sowie Pfannen und Töpfen vollgeräumt war. »Kaffee, Mehl, Zucker, Salz, Speck, Hartkäse, Whisky, Zwieback, Konservendosen – alles, was Sie für die ersten Tage brauchen. Und natürlich das nötige Geschirr. Das Wasserfass fülle ich Ihnen morgen an, und etwas Brennholz bekommen Sie als Draufgabe.«

Rossini strich sich nachdenklich über sein Kinn. Er hatte nicht die geringste Ahnung, wie er mit all diesen Dingen zurechtkommen sollte. Aber da er gleichzeitig wusste, dass er gar keine andere Wahl hatte, fragte er bloß: »Und wie viel kostet das alles?«

Heydman hob die Hände. »Für Sie, Mister Frosini, mache ich natürlich einen speziellen Preis. Außerdem bekommen Sie den Italiener-Rabatt.« Er lachte laut. »Ich habe bereits alles zusammengerechnet und schlage vor, dass wir in mein Büro gehen. Dort sind wir ungestört.«

Whip Fletcher

»Whip, mir sind in dieser Sache die Hände gebunden. Ich kann dir da beim besten Willen nicht helfen.« Edward Catlin wischte sich den Schweiß von der Stirn und legte das Blatt Papier in die Schublade. »Das Testament ist gültig, und soweit ich weiß, ist der Erbe bereits auf dem Weg hierher.«

Whip Fletchers Augen funkelten vor Wut. Er umfasste den Griff seiner Peitsche und hätte damit dem Notar am liebsten einen Hieb versetzt. »Das heißt, dass diesem Bastard jetzt tatsächlich Devil's Well gehört, obwohl er kein einziges Stück Vieh besitzt.«

»Whip, ich kann mich nur wiederholen: Auf legalem Weg gibt es keine Möglichkeit, diesem Mister Rossini die Wasserrechte streitig zu machen. Devil's Well liegt auf seiner Weide und er kann damit machen, was er will.«

»Und warum hast du mich darüber nicht schon längst informiert?«, fragte Fletcher.

»Worüber? Marshal Bowman hat in Guidarinis Auftrag das Testament verfasst und bei mir hinterlegt. Ich habe davon eine Abschrift gemacht und das Original, wie es verlangt wurde, an Rossini nach Florenz geschickt. Und dass Rossini das Erbe annehmen wird, hat er mir bereits vor einigen Wochen mitgeteilt. Aber vielleicht gibt es ja eine andere Möglichkeit, sich mit ihm zu arrangieren. Wer sagt denn, dass er –«

»Welche Möglichkeit?«, unterbrach ihn Fletcher wütend. »Du glaubst doch nicht im Ernst, dass ich mich von einem dahergelaufenen Italiener ausnehmen lasse.

Außerdem wird dieses Miststück Myra Henderson alles unternehmen, damit ich nicht an diese Wasserstelle herankomme.« Er warf dem Notar einen sarkastischen Blick zu. »Schön langsam frage ich mich, wofür ich dich eigentlich bezahle.«

Edward Catlin erhob sich und versuchte, Fletchers Blick standzuhalten. »Whip, du weißt genau, dass ich dir in den letzten Jahren geholfen habe, wo immer ich konnte. Und du weißt auch, dass ich es dabei mit dem Gesetz nicht immer sehr genau genommen habe. Erinnere dich nur an die Sache mit Brady McFlaherty. Da habe ich für dich das Grundbuch gefälscht. Aber in diesem Fall –«

»Ach, vergiss es einfach. Es gibt auch noch andere Wege.«

Ohne eine Antwort abzuwarten, verließ Whip Fletcher das Büro des Public Notary in der Main Street von Poplar Bluff und schwang sich auf seine rote Fuchsstute. Seine beiden Begleiter, der narbengesichtige Cowpuncher Liam Buckley und der einäugige Viehtreiber Jeff Collister, folgten ihm in einem Sicherheitsabstand von zwei Pferdelängen.

Als die drei eine Stunde später das Hauptgebäude der Devil's Creek Ranch erreicht hatten, sprang Fletcher wortlos von seinem Pferd und klopfte sich den Staub von den Kleidern. Buckley nahm die Stute an den Zügeln und führte sie in den Stall, wo er sie absattelte und ihr etwas zu fressen gab.

Fletcher warf seinen Hut auf den Schaukelstuhl neben der Haustür und ging ins Esszimmer, wo er sich ein großes Glas Whisky einschenkte. In seinem Ärger übersah er, dass das längliche Stück Schlangenfleisch, das dem Whisky seinen unverwechselbaren Geschmack verleihen sollte, beim Eingießen ins Glas gefallen war. Angeekelt griff er nach dem schwabbeligen Brocken und warf ihn in die kalte Asche des offenen Kamins.

»Señor Fletcher, möchten Sie etwas essen?«, fragte Juanita, die in der halb geöffneten Tür stehen blieb. Fletcher schüttelte den Kopf und verscheuchte sie mit einer unwirschen Handbewegung. »Nein, ich will jetzt nichts essen. Mach, dass du wieder in die Küche kommst.«

»Si, Señor Fletcher«, murmelte Juanita und verschwand aus seinem Blickfeld.

Wenn Juanita nicht vor fünfzehn Jahren von seiner Frau eingestellt worden wäre, hätte Fletcher sie schon längst fortgejagt. Aber auch wenn ihm ihr ständiges »Si, Señor Fletcher«-Gerede auf die Nerven ging, brachte er es nicht übers Herz, die alte Mexikanerin vor die Tür zu setzen. Dabei war ihm das Schicksal seiner Untergebenen normalerweise egal. Selbst als er vor zwei Jahren dem Viehtreiber Jeff Collister wegen einer Nichtigkeit mit seiner Bullpeitsche ein Auge ausgeschlagen hatte, empfand er es als selbstverständlich, dass Jeff bereits drei Wochen später wieder im Sattel saß. Aber Juanita war von seiner verstorbenen Frau Nancy eingestellt worden, und deshalb wagte es Fletcher nicht, sie hinauszuwerfen. In diesem Punkt war er abergläubisch.

Mit der Flasche Whisky in der Hand ging Fletcher in sein Arbeitszimmer und setzte sich an den Schreibtisch. Die vielen Zahlen in den verschiedenen Tabellen, die verstreut vor ihm auf dem Tisch lagen, erinnerten ihn einmal mehr daran, dass im Hinblick auf die Wasserstelle bald eine Lösung gefunden werden musste. Und zwar eine dauerhafte Lösung. Fletcher besaß mittlerweile 7000 Stück Longhorn-Rinder, von denen er die Hälfte spätestens Mitte September nach St. Louis treiben musste. Auch wenn sich die Longhorns auf Weiden mit minderwertiger Vegetation einigermaßen gut entwickelten, würde er auf seinen Weiden keine 7000 Rinder über den Winter bringen. So gesehen kam das Angebot des Viehgroßhändlers Jason MacDonald aus St. Louis wie gerufen. MacDonald versprach Fletcher achtzig Dollar pro Rind, vorausgesetzt, es brachte mindestens 1200 Pfund auf die Waage.

Mit einem Alter von achtundzwanzig Monaten waren die Tiere von der optimalen Schlachtreife zwar noch einige Monate entfernt, aber wenn es für die Rinder in den nächsten Wochen genug gutes Gras zu fressen gäbe und sie vor allem genug Wasser bekämen, sollte sich das mit dem Gewicht schon irgendwie ausgehen. Das Problem war allerdings, dass Fletcher aufgrund der seit Monaten herrschenden Trockenheit weder über genug Gras noch über ausreichend Wasser verfügte. Dabei lag Devil's Well, die sich auf der Weide des verstorbenen Tommaso Guidarini befand, in unmittelbarer Nähe seines Weidelands. Dazu kam, dass das Gras auf dieser Weide besonders wertvolle Mineralien enthielt.

Früher hatte der Devil's Creek das ganze Jahr über ausreichend Wasser geführt. Seit aber vor einigen Jahren ein paar Meilen stromaufwärts eine Sägemühle errichtet worden war, deren Besitzer den Fluss einfach umgeleitet hatte, hing Fletchers Wohlergehen davon ab, ob es genug regnete. Dabei war es Fletcher selbst gewesen, der dem Holzgroßhändler Scott Anderson das vermeintlich wertlose Land samt den dazugehörigen Wasserrechten verkauft hatte. »Was bin ich nur für ein Idiot gewesen«, murmelte Fletcher und stand auf.

Fletcher wusste, dass er bald eine Lösung finden musste, wenn er der größte Rinderzüchter des Butler County werden wollte. Vor zwanzig Jahren war er auf diese Ranch gekommen, die den Eltern seiner Frau gehört hatte. Sie war halb verfallen gewesen und lag noch dazu in einem Gebiet, in dem es ständig Indianerüberfälle gab. Nachdem Fletcher die Farmgeschäfte übernommen und zweihundert Rinder gekauft hatte, dauerte es nicht lange, bis ihm die Hälfte der Herde von Indianern und Viehdieben gestohlen wurde. Erst als er einige Rothäute aufgeknüpft hatte und ihre Leichen zur Abschreckung einfach auf den Bäumen hängen ließ, wurden die Überfälle seltener. Ganz hörten sie erst auf, als die Armee die letzten der in diesem Gebiet lebenden Potawatomi-Indianer in weit entfernte Reservate verfrachtete. Fletcher begrüßte diese Maßnahme ausdrücklich, da er als Weißer Anspruch auf das Land der Indianer erhob. Er berief sich dabei auf George Washington, der in der vollständigen Vernichtung der Existenzgrundlagen der amerikanischen Ureinwohner eine der Grundvoraussetzungen für die dauerhafte Besiedelung des Kontinents durch die Weißen sah. Washingtons Credo in dieser Frage lautete: »Unser Ziel ist die völlige Zerstörung und Verwüstung der Indianer-Siedlungen. Besonders wichtig wird es sein, ihre Feldfrüchte in der Erde zu vernichten und die Felder unbestellbar zu machen.«

Aber jetzt, wo von den Potawatomi-Indianern keine Gefahr mehr drohte, gab es andere Feinde, gegen die sich Fletcher zur Wehr setzen musste. Es waren die kleinen Farmer, die jedes freie Stück Land besetzten, es einzäunten und damit seine Möglichkeiten zur Expansion erheblich einschränkten. Wenn alles gut ging und er für seine 3500 Rinder von MacDonald 280 000 Dollar bekam, würde er sich im Frühjahr eine neue Herde anschaffen können. Aber nur, wenn es ihm gelänge, neue Absatzgebiete zu finden.

Natürlich war gerade in den Wintermonaten der Fleischbedarf in einer Stadt wie St. Louis mit ihren 100 000 Einwohnern enorm. Gleichzeitig wusste Fletcher aber auch, dass es genügend andere Viehzüchter gab, die ebenfalls auf diesen Markt drängten und durch das Überangebot die Preise ruinierten. Er überlegte daher, Richtung Süden auszuweichen und seine Rinder in Oklahoma oder möglicherweise sogar in Texas zu verkaufen. Allerdings würden solche Rindertrecks ganz andere Anforderungen an seine Mannschaft stellen, denn während seine *Cattlemen* für die einhundertsiebzig Meilen nach St. Louis höchstens einen Monat brauchten, würde ein Treck nach Oklahoma oder gar Texas bis zu sechs Monate dauern.

Fletchers Pläne gingen aber noch weiter: Mit dem unaufhörlichen Strom von neuen Zuwanderern stieg nicht nur die Nachfrage nach Fleisch, sondern auch nach Produkten wie Leim oder Talg. Und da Leim aus den Knochen und Talg aus dem Fett von Rindern gewonnen wurde, würden sich hier ganz neue Geschäftsfelder auftun. Außerdem war der Bedarf der Armee an getrocknetem Fleisch zur Verpflegung der Soldaten enorm. Fletcher wurde ganz nervös, wenn er an all diese Möglichkeiten dachte, und es ärgerte ihn umso mehr, dass sein einziger Sohn vor einem halben Jahr die Ranch verlassen hatte. Fletcher hatte alle Hoffnungen in Bill gesetzt, und er war geradezu schockiert gewesen, als dieser sich gegen die Ranch entschieden hatte, um Ballonfahrer zu werden. Bis heute konnte er das nicht verstehen. »Die Zukunft liegt in der Luft, nicht auf der Erde«, hatte Bill immer wieder gesagt und sich eines Tages samt seiner Ballonausrüstung auf den Weg gemacht. Fletcher betrachtete das Bild an der Wand und schüttelte den Kopf. Auf dem Gemälde war George Washington inmitten einer begeisterten Menschenmenge zu sehen, die einen Gasballon beim Aufstieg beobachtete. Am unteren Bildrand war zu lesen: »Philadelphia, 9. Januar 1793: Pierre Blanchard und seine Gattin absolvieren vor den Augen George Washingtons den ersten Ballonaufstieg in den USA.«

Während er sich fragte, wo sich sein Sohn wohl gerade aufhielt, hörte er Liam Buckley nach ihm rufen.

»Was gibt es denn, verdammt noch einmal?«, fragte Fletcher und ging zum Fenster.

»Boss, ich glaube, wir haben ein Problem«, antwortete Buckley.

Als Whip Fletcher die junge Schafzüchterin Myra Henderson auf ihrem flammendroten Hengst sitzen sah, hätte er am liebsten seinen Revolver gezogen.

»Hören Sie, Mister Fletcher«, rief Myra, ohne dabei Buckley und Collister aus den Augen zu lassen, »ich warne Sie: Wenn Sie Ihre Rinder noch einmal über meine Weide treiben, werde ich Maßnahmen ergreifen, die Ihnen nicht gefallen werden!« Sie gab Bronco die Sporen und ließ ihn ein paar Schritte Richtung Collister traben. »Lassen Sie das Hufeisen ruhig stecken, Collister«, sagte sie scharf. »Ich weiß, dass Sie ein guter Hufeisenwerfer sind. Vor allem, wenn Sie aus dem Hinterhalt angreifen.«

Collisters intaktes Auge begann wie wild zu zucken, aber noch bevor er etwas sagen konnte, hatte Myra ihr Pferd schon herumgerissen und es mit einem Sporenstich zu einem wilden Galopp angetrieben. Wenige Augenblicke später war sie in einer dichten Staubwolke verschwunden.

»Dieses Miststück wird noch früh genug mit meinem Hufeisen Bekanntschaft machen, und dann Gnade ihr Gott«, fluchte Collister und ging wutentbrannt in den Stall. Liam Buckley schaute seinen Boss fragend an, der hatte das Fenster aber bereits wieder geschlossen.

Fletchers Herz klopfte bis zum Hals, und er hätte am liebsten mit seiner Peitsche alles kurz und klein geschlagen. Wenn er einen Wutanfall bekam, taten die Menschen in seiner Umgebung gut daran, ihm aus dem Weg zu gehen. Nicht umsonst wurde er von allen Leuten Whip genannt, obwohl er eigentlich Darren hieß. Aber er fand, dass Whip – die Peitsche – einfach besser zu ihm passte. Fletcher besaß eine vierfach geflochtene Bullpeitsche aus schwarzem Leder, die fast drei Meter lang war und deren Spitze ein kleiner Stern aus Metall zierte. Wer von dieser Peitsche getroffen wurde, konnte sich glücklich schätzen, wenn er anschließend noch aufrecht gehen konnte. Man erzählte sich, dass Whip Fletcher damit einigen Widersachern nicht nur Ohren abgetrennt, sondern auch Augen ausgeschlagen hatte. Dass Fletcher seine Peitsche aber auch gegen seine eigenen Leute einsetzte, davon konnte Jeff Collister ein Lied singen.

Um sich zu beruhigen, schenkte sich Fletcher ein zweites Glas Whisky ein. Er seufzte und nahm eine Zigarre aus der Holzschatulle. Die Zigarren aus erstklassigem Maryland-Tabak hatte er vor einem halben Jahr von seinem Sohn Bill geschenkt bekommen. Und zwar am Morgen jenes Tages, an dem Bill die Farm verlassen hatte. Die letzte Nachricht, die er von seinem Sohn erhalten hatte, war drei Wochen alt und stammte aus Jasper in Indiana, wo er im Auftrag des Holzgroßhändlers Brady Robertson vom Ballon aus dessen riesige Wäldereien kartografieren sollte. Fletcher hatte keine Ahnung, weshalb Robertson die Wälder nicht einfach abholzte, aber anscheinend bahnten sich auf diesem Gebiet Veränderungen an, die jenseits seines Vorstellungsvermögens lagen.

Fletcher biss einen Teil des Mundstücks ab und zündete sich die Zigarre an. Dabei merkte er, dass seine Hände leicht zitterten. Er setzte sich an den Schreibtisch und überlegte, was die Nachricht, dass Guidarinis Erbe bald hier auftauchen würde, für ihn bedeutete. Zunächst einmal war klar, dass ihm nicht mehr viel Zeit blieb, um das Problem mit Devil's Well ein für allemal zu lösen. Schön langsam machte die Teufelsquelle ihrem Namen wirklich alle Ehre. Wäre Myra Henderson nicht gewesen, hätte er diese Angelegenheit schon längst zu seinen Gunsten entschieden. Aber weil dieses rebellische Miststück genauso stur war wie ihr Vater, musste er sich schleunigst etwas einfallen lassen. Mit Myras Vater, Matthew Henderson, hatte er sich jahrelang Kämpfe um Weideplätze geliefert, die allerdings auch nicht aufhörten, als der alte Henderson und seine Frau bei einem Unfall ums Leben gekommen waren. Myra, auf die das Sprichwort »She was a chip off the old block« voll und ganz zutraf, dachte nämlich gar nicht daran, die Schafzucht aufzugeben, auch wenn sie ihr kaum das Überleben sicherte. Zu allem Überfluss hatte sich dann auch noch diese Lucie Pearl auf der Farm einquartiert, was zu allerlei Gerüchten Anlass gab. Es wurde sogar gemunkelt, dass Myra und Lucie ein Liebespaar wären, dabei hätte es genug junge Rancher gegeben, die Myra gerne zur Frau genommen hätten.

Die Tatsache, dass er sich nicht einmal gegen diese beiden Frauen zur Wehr setzen konnte, machte Fletcher noch wütender, als er ohnehin schon war. Wenn sich wenigstens der Notar Edward Catlin nicht so dumm anstellen würde und das Testament einfach verschwinden ließe. Was wäre denn schon dabei? Mit dem Marshal würde er sich schon einigen.

Fletcher stand auf und betrachtete die Landkarte an der Wand. Und je länger er die Karte mit den Weidegründen betrachtete, desto klarer wurde ihm, was er als Nächstes zu tun hatte. Er war einer der größten Viehzüchter im südlichen Missouri und er hatte nicht vor, seine Position kampflos zu räumen. Ganz im Gegenteil. Tief im Inneren spürte er, dass der Zeitpunkt gekommen war, den Kampf aufzunehmen.

Fletcher schenkte sich ein weiteres Glas Whisky ein und setzte sich auf das Kanapee. Dabei fiel sein Blick auf die jüngste Ausgabe des *Daily Missouri Republican*. Er nahm die Zeitung zur Hand, weil er nachlesen wollte, wie sich die anhaltende Trockenheit auf die Fleischpreise auswirkte. Er blätterte nach hinten und hielt kurz inne: »The Rise of the Durham Cow« stand da. Fletcher rieb sich die Augen. In dem Artikel stand tatsächlich, dass die Schlachthöfe von Cincinnati bereits begonnen hatten, in riesigen Mengen Beef-Shorthorns der Durham-Rasse aufzukaufen. Als Begründung wurde angeführt, dass die

Rinder dieser aus England stammenden Rasse ihr Endgewicht von 1300 Pfund bereits nach vierundzwanzig Monaten erreichten, während Longhorns dafür zweiunddreißig Monate bräuchten. Außerdem wäre das Fleisch dieser Rinder fetter und schmackhafter als das magere und kurzfaserige Fleisch der Longhorns.

»Das darf doch alles nicht wahr sein.« Fassungslos wischte sich Fletcher den Schweiß von der Stirn. Jetzt ärgerte er sich maßlos, dass er mit MacDonald nicht sofort einen Vertrag abgeschlossen hatte. Aber wozu auch? Jahrzehntelang wurden im Mittleren Westen fast ausschließlich Longhorns gezüchtet, weil sie nicht nur extrem widerstandsfähig waren, sondern wegen ihrer langen Beine und harten Klauen auch problemlos über weite Strecken getrieben werden konnten. Außerdem waren die Longhorns von der Maulfäule und vielen Krankheiten anderer Züchtungen verschont geblieben, weshalb sie sich für die Haltung in großen Herden besonders gut eigneten. Und jetzt plötzlich sollte das alles nicht mehr gelten?

Natürlich hatte Fletcher mitbekommen, dass Farmer immer wieder versuchten, auf den riesigen Weideflächen von Missouri, Kansas oder Kentucky andere Rassen zu züchten. Allerdings ohne großen Erfolg. Wenn jetzt aber die Schlachthöfe begannen, im großen Stil Shorthorns aufzukaufen, dann waren hier Veränderungen vor sich gegangen, die Fletcher schlicht und einfach übersehen hatte.

In seinen Schläfen pochte es. Fletcher fühlte sich plötzlich wie ein Tier, das in der Falle saß. Von draußen hörte er, wie gerade einige Viehtreiber zurückkamen und sich lautstark über den nächsten *Roundup* unterhielten. Fletcher hoffte, dass es den nächsten Zusammentrieb seiner Rinderherden überhaupt noch geben würde.

The Massacre Opera House

Am späten Nachmittag des 24. Juni 1852 entdeckte Rossini in der Nähe des Washington Square an einem Holzzaun ein Plakat, das er zunächst gar nicht wahrnahm. Erst der penetrante Gestank einer halbverwesten Katze, die im ausgetrockneten Rinnstein unter dem Plakat lag, lenkte seine Aufmerksamkeit auf den Anschlag. Rossini stoppte plötzlich mitten im Gehen: Habe ich soeben tatsächlich den Namen Giulia Grisi gelesen? Er drehte sich um und las mit zugehaltener Nase:

THE
PHILHARMONIC SOCIETY OF NEW YORK
PRESENTS A CONCERT
BY THE FAMOUS ITALIAN SOPRANO
GIULIA GRISI
ARIAS BY
MOZART, DONIZETTI, BELLINI AND ROSSINI
THE MUSIC HALL AT ASTOR PLACE
WEDNESDAY, JUNE 30TH
CONCERT STARTS AT 7 P.M.
GENERAL ADMISSION: 5 DOLLARS

Rossini war sprachlos. Da hatte er dem Musikbetrieb in Italien längst den Rücken gekehrt, und bereits am dritten Tag seines Aufenthalts in New York wurde er von eben diesem Betrieb wieder eingeholt. Irritiert fragte er sich, welche Rolle Entfernungen eigentlich noch spielten. Wenn die Grisi nicht nur in Paris oder Rom, sondern genauso selbstverständlich in New York auftrat, hieß das, dass es gleichgültig war, vor welchem Publikum man sang?

Giulia Grisi war eine der bedeutendsten Sängerinnen ihrer Zeit und hatte nicht nur in Rossinis Oper *Zelmira* brilliert, sondern war auch in *Semiramide* und in *Die diebische Elster* von Publikum und Presse frenetisch gefeiert worden. Nachdem die Grisi in London aber den Marquis de Meley geheiratet hatte, hatte Rossini sie aus den Augen verloren. Ein paar Jahre später hatte sie sich vom Marquis wieder getrennt und war die Frau des berühmten Sängers Giovanni Matteo de Candia geworden. Gemeinsam mit de Candia, der unter dem Künstlernamen Mario bekannt war, trat sie in verschiedenen Opern auf und setzte auch ihre Karriere als Konzertsängerin fort. Und jetzt war die Grisi in New York und Rossini hoffte, dass sie ihm nicht auch noch zufällig über den Weg lief.

Dass Rossini ein Zusammentreffen mit Giulia Grisi tunlichst vermeiden wollte, lag in erster Linie daran, dass er einmal eine heftige Affäre mit ihr gehabt hatte. Nachdem er sich aber geweigert hatte, sich von seiner Frau Isabella Colbran zu trennen, hatte Giulia die Beziehung wieder beendet. Auch wenn Rossini interessiert hätte, wie das New Yorker Publikum auf Grisis Auftritt reagieren würde, war für ihn klar, dass eine Verschiebung seiner Abreise nicht in Frage kam. Allerdings nahm er sich vor, umgehend an seinen Verleger Troupenas in Paris zu schreiben, um herauszufinden, ob für diese Aufführung die vorgeschriebenen Tantiemen bezahlt wurden

Eine Ratte, die sich zögernd dem Kadaver der Katze näherte, holte Rossini zurück in die Gegenwart. Er machte, dass er so schnell wie möglich wegkam. Am Washington Square setzte er sich auf eine Bank.

Während er versuchte, einen klaren Gedanken zu fassen, hörte er jemanden aufgeregt »Mister, Mister!« rufen. Er hob den Kopf und sah eine Frau auf sich zukommen, die ihm irgendwie bekannt vorkam. Wahrscheinlich wegen ihres blauen Auges fiel ihm erst beim zweiten Hinsehen ein, woher er die Frau kannte. Es war jene Hedwig, die sich auf dem Schiff in Begleitung des Zuhälters Adam Kaltenbacher befunden hatte. Instinktiv suchte er die Umgebung nach dem Mann ab, konnte ihn aber nirgendwo finden.

»Mister«, sagte Hedwig und setzte sich neben Rossini, »Mister, Sie müssen mir helfen. Adam hat mich geschlagen, weil ich in der letzten Nacht zu wenig Geld nach Hause gebracht habe. Da bin ich weggelaufen.«

»Ich kann Ihnen nicht helfen«, entgegnete Rossini mit einer abwehrenden Geste. Rossini sprach leise, weil er Angst hatte, man würde ihn mit der Frau mit dem blauen Auge in Verbindung bringen. »Ich weiß nicht, was Sie von mir wollen«, sagte er und stand auf.

»Bitte«, jammerte Hedwig und hielt ihn am Arm fest. »Ich brauche Geld, damit ich nach Philadelphia fahren kann. Dort habe ich Verwandte, die mich aufnehmen werden. Ich möchte ein neues Leben beginnen.«

Um keine Aufmerksamkeit zu erregen, setzte sich Rossini wieder neben Hedwig und sah sie an. Er war überrascht, weil er in das Gesicht einer verzweifelten Frau blickte und nicht in das einer abgebrühten Prostituierten. Er erinnerte sich an Kaltenbachers großspurige Reden auf dem Schiff und hatte plötzlich Mitleid mit ihr. »Wie alt sind Sie eigentlich?«

Hedwig neigte den Kopf ein wenig zur Seite und sah Rossini misstrauisch an. »Ich bin achtundzwanzig«, sagte sie bitter. »Ich bin einverstanden, wenn Sie mir –«

»Um Gottes willen, nein«, antwortete Rossini. »Wie viel kostet die Reise nach Philadelphia?«

Hedwigs Züge entspannten sich wieder. »Mit dem Schiff zehn Dollar, aber ich kann nicht mehr zum Hafen zurück, weil mich Kaltenbacher dort finden würde. Ich muss so schnell wie möglich mit der Eisenbahn nach Philadelphia fahren. Die Fahrkarte kostet wahrscheinlich auch zehn Dollar.«

Ohne lange zu überlegen, holte Rossini eine Zwanzig-Dollar-Münze heraus und drückte sie Hedwig in die Hand. Er wollte nicht, dass jemand sah, dass er der Frau Geld gab.

Hedwig warf einen raschen Blick auf die Münze und steckte sie in ihre kleine Umhängetasche, in der sich ihre Habseligkeiten befanden. »Vielen Dank, Mister«, sagte sie lächelnd. »Ich werde Ihnen das nie vergessen. Ich fahre sofort zum Bahnhof und hoffe, dass ich noch heute einen Zug nach Philadelphia bekomme.« Sie stand auf und gab dem verdutzten Rossini einen Kuss auf die Wange. »Ich wusste, dass Sie ein guter Mensch sind.« Dann drehte sie sich um und verschwand in der Menschenmenge. Rossini sah ihr noch lange nach.

Auch wenn für Rossini klar war, dass er seine Abreise nicht verschieben würde, wollte er doch noch einen Abstecher zum Astor Place machen, um sich die Music Hall anzusehen. Die Music Hall war das Ersatzquartier für die 1847 eröffnete Astor Place Opera, deren Namensgeber der aus England stammende Multimillionär John Astor war, der mit Grundstücksspekulationen ein Vermögen verdient hatte. Das zuvor unter anderen Vorzeichen eröffnete Palmo's Opera House in der Chambers Street hatte bald wieder seine Pforten schließen müssen, nachdem der Plan, auch für die weniger Wohlhabenden Oper zu machen, gescheitert war. Und das, obwohl es in Palmo's Opera House keinen Dresscode gab und alle Besucher bei einem einheitlichen Eintrittspreis von einem Dollar auf Holzbänken saßen.

Das Astor Place Opera House hingegen war von Anfang an ein Treffpunkt des englisch dominierten Geldadels gewesen, was den vornehmlich von irischen Auswanderern bewohnten Armenquartieren rund um die Oper verständlicherweise ein Dorn im Auge war.

Die Auseinandersetzungen zwischen dem anglophilen Geldadel und den pro-amerikanischen proletarischen Einwanderern aus Irland gipfelten am 10. Mai 1849 in den sogenannten Astor-Place-Unruhen, die fünfundzwanzig Todesopfer und über einhundertzwanzig Verletzte forderten. Auslöser für diese Revolte war ein Streit zwischen den Anhängern der berühmtesten Shakespeare-Darsteller ihrer Zeit, Edwin Forrest und William Charles Macready, gewesen, die am selben Tag in New York mit Shakespeares *Macbeth* gastierten. Während der Engländer Macready im Astor Place Opera House auftrat, spielte Forrest nur wenige Blocks entfernt im Broadway Theatre. Nachdem sich Forrests Anhänger von Macreadys Auftritt provoziert fühlten, versuchten an die zehntausend anti-englische Demonstranten, die Aufführung am Astor Place zu verhindern. Als Steine flogen und Angehörige der Miliz angegriffen wurden, eröffneten Soldaten und Polizisten das Feuer und erschossen fünfundzwanzig Demonstranten. Trotz der Straßenschlacht spielte Macready seine Vorstellung zu Ende.

The Massacre Opera House, wie die Oper fortan genannt wurde, konnte nach diesen blutigen Auseinandersetzungen seinen Ruf nicht wiederherstellen und wurde 1850 geschlossen. Die New Yorker Elite baute sich wenig später mit der Academy of Music am Irving Place ein neues Opernhaus, wo sie ungestört ihren Repräsentationspflichten nachkommen konnte.

Rossini stand vor dem Eingang der Music Hall und staunte nicht schlecht, als er auf einem Plakat las, dass eine Woche nach dem Konzert der Grisi die berühmten

Mollenhauer Brüder Ludwig van Beethovens Konzert für Violine und Orchester in D-Dur zur Aufführung bringen würden. Eduard, Friedrich und Heinrich Mollenhauer gehörten zu den berühmtesten Violinisten ihrer Zeit, und die Tatsache, dass sie mit dem Orchester der New York Philharmonic Society unter der Leitung von Theodore Eisfeld auftraten, war für Rossini ein weiteres Indiz dafür, dass der Musikbetrieb in einem Ausmaß international geworden war, das er nicht für möglich gehalten hätte. Er zögerte einen Moment, bevor er die Tür öffnete und das Foyer betrat, das genauso schlicht war wie das Gebäude selbst. Vom alten Glanz des Astor war hier nichts mehr zu spüren. Als Rossini in Richtung Saaltür gehen wollte, hörte er eine Stimme.

»Entschuldigen Sie, Sir, aber die Music Hall ist geschlossen.«

Rossini drehte sich um und sah zwei schwarze Arbeiter, die im Foyer etwas reparierten. »Das wusste ich nicht«, sagte Rossini und hielt kurz inne. Täuschte er sich oder spielte im Saal tatsächlich jemand Klavier?

Wieder auf der Straße, fragte er sich, ob er insgeheim vielleicht doch gehofft hatte, die Grisi bei einer Probe anzutreffen.

Pizzeria da Ponte

Als Rossini zwei Stunden nach seiner Abfahrt von Heydman's Hotel in die Mulberry Street einbog, blieb sein Planwagen gleich einmal im Stau stecken. »Madonna mia«, fluchte er, weil vor und hinter ihm die Pferdefuhrwerke wegen der mobilen Verkaufsstände nicht weiterkamen. Da man sich offenbar auf keine wie immer gearteten Verkehrsregeln einigen konnte, mussten die Kutscher ständig komplizierte Ausweichmanöver vornehmen, was nicht selten zu Handgreiflichkeiten zwischen Fuhrleuten, Händlern und unbeteiligten Passanten führte.

Das also ist Little Italy, dachte Rossini, der den Eindruck hatte, dass hier ein ebenso großes Chaos herrschte wie in italienischen Städten. Verstärkt wurde dieser Eindruck durch die vielen Händler, die ihre Waren nicht nur auf der Straße, sondern auch auf dem Gehsteig anboten. Verkauft wurde alles, was es auch auf italienischen Märkten gab: Hühner und Kaninchen, Obst und Gemüse, Schuhe und Hemden, Töpfe und Pfannen, Wein und Grappa, Salami und Käse und sogar Singvögel. Diese lagen gerupft in großen Haufen auf Schubkarren und fanden reißenden Absatz.

Von irgendwoher erklang ein bekanntes italienisches Volkslied. Es hieß *Santa Lucia* und stammte aus Neapel. Rossini konnte den Sänger kaum hören, weil die ihn begleitende Kapelle viel zu laut spielte. Die letzte Strophe sang Rossini mit, und er schämte sich fast ein wenig, weil er mit einer gewissen Wehmut an seine Zeit in Neapel denken musste.

»In fra le tende bandir la cena
in una sera così serena
chi non dimanda, chi non desia?
Santa Lucia, Santa Lucia!«

Nachdem die Kapelle zu spielen aufgehört hatte, stand Rossini auf, um sich einen Überblick zu verschaffen. Zu seiner Enttäuschung musste er aber feststellen, dass bis zur nächsten Querstraße, der Hester Street, alles hoffnungslos verstopft war. Einige Fuhrleute waren bereits von ihren Kutschböcken gestiegen, um unter den Häusermarkisen Schutz vor der Sonne zu suchen. Da er bis zu seinem Treffen mit Lorenzo da Ponte nur noch eine halbe Stunde Zeit hatte, überlegte Rossini, den Planwagen einfach stehen zu lassen und zu Fuß weiterzugehen. Die wichtigen Dinge hatte er in seinem Flap-a-doodle-Geheimfach versteckt, und alles andere war so verstaut, dass man es nicht so ohne Weiteres aus dem Wagen stehlen konnte.

Am Straßenrand entdeckte er zwei junge Burschen in abgerissenen Kleidern, die erfolglos versuchten, einen Fisch zu verkaufen. Rossini vermutete, dass sie den Fisch, der wegen der großen Hitze sicher schon längst verdorben war, gestohlen hatten. Er wollte den beiden gerade etwas zurufen, als ihm zwei elegant gekleidete Herren auffielen, die bei einem Händler stehen blieben. Als die Burschen die Männer entdeckten, versteckten sie sich eilends unter einem Fuhrwerk. Rossini sah, dass der Händler den Männern Geld gab. Sie gingen zum nächsten Stand, wo ihnen ebenfalls Geld ausgehändigt wurde. Ein Mann, der Vögel verkaufte, gab durch Gesten zu verstehen, dass er nichts habe. Erst als einer der beiden Männer dem Händler etwas ins Ohr flüsterte, suchte dieser so lange in seinen Taschen, bis er ein paar Münzen gefunden hatte. Die Männer machten eine drohende Handbewegung und schlenderten weiter. Dabei bedienten sie sich nach Belieben an den Waren, ohne dass jemand etwas sagte. Rossini wusste nicht genau, was das zu bedeuten hatte. Nachdem die Männer in der Menge verschwunden waren, krochen die beiden Burschen wieder aus ihrem Versteck hervor.

»He, ihr zwei, kommt her!«, rief ihnen Rossini zu. Sofort liefen sie zu ihm und hielten ihm den stinkenden Fisch vor die Nase. »Fünfzig Cent, Mister«, sagte der Jüngere erwartungsvoll. Sein süditalienischer Akzent war unüberhörbar.

Rossini verzog das Gesicht. »Nein, nein, den Fisch könnt ihr behalten. Aber ich habe einen Auftrag für euch. Ich möchte, dass ihr zwei Stunden auf meinen Wagen aufpasst. Ihr bekommt einen Dollar dafür.«

Die beiden überlegten nicht lange und kletterten sofort auf den Kutschbock.

»Wie heißt ihr, und woher kommt ihr?«

»Ich heiße Salvatore, das ist Vincenzo. Wir kommen aus Corleone in Sizilien.« Salvatore warf den stinkenden Fisch kurzerhand auf die Straße, und sofort stürzte sich ein Rudel Katzen darauf.

»Corleone?«

»In der Nähe von Campofelice di Fitalia«, antwortete der Jüngere.

Rossini, der diesen Namen noch nie gehört hatte, zuckte mit den Schultern. »Wer waren die beiden Männer, vor denen ihr euch versteckt habt?«, wollte Rossini wissen.

»La mano nera«, antwortete Vincenzo leise. Dann legte er den Finger auf den Mund.

Rossini hatte keine Zeit, sich ausführlicher mit den Burschen darüber zu unterhalten, was das bedeutete. »Ich bin in spätestens zwei Stunden zurück«, sagte er. »Ihr bleibt hier und passt auf den Wagen auf. Habt ihr verstanden?«

»Si, si«, antworteten die beiden, die es sich auf dem Kutschbock bereits bequem gemacht hatten.

Rossini wandte sich noch einmal mit ernstem Gesicht an sie. »Und noch etwas: Macht ja keine Dummheiten. Ich bin Gast bei Lorenzo da Ponte. Wenn ihr –«

»Oh, Don Lorenzo«, erwiderte Salvatore voll Ehrfurcht, und Rossini merkte, wie er und Vincenzo ihm einen bewundernden Blick zuwarfen. Wie Frank und Jim reagierten auch sie auf den Namen mit einer Mischung aus Hochachtung und Unterwürfigkeit. Rossini wusste zwar noch immer nicht, was es mit der Bezeichnung »Don Lorenzo« auf sich hatte, aber wenn die Burschen dadurch ein bisschen eingeschüchtert waren, konnte ihm das nur recht sein.

Beim Absteigen merkte Rossini, dass die Bisonlederhose noch steifer war, als er befürchtet hatte, und dass sie bei jeder Bewegung knarrte. Er fühlte sich, als würden seine Beine in zwei Ofenrohren stecken, was seinen Gang so aussehen ließ, als hätte er sich in die Hosen gemacht. Zu allem Überfluss merkte er auch zu spät, dass ihm die neuen Stiefel viel zu eng waren. Rossini kam sich vor wie Emanuele Angelosanto, der in seiner Oper *Die Italienerin in Algier* einmal den Mustafa gesungen hatte und sich dabei so hölzern bewegte, als hätte er einen Besen verschluckt. Rossini hoffte, dass er es bis zur Pizzeria da Ponte schaffte, ohne Blasen an den Füßen zu bekommen. Sein einziges Glück war, dass er von der Menschenmenge auf dem Gehsteig nach vorne geschoben wurde, wodurch er sich ein paar schmerzhafte Schritte ersparte.

Neben den vielen kleinen Läden fielen Rossini in der Mulberry Street vor allem die zahlreichen italienischen Restaurants auf, die es hier gab. Sie hießen Lunella Ristorante Italiano, Angelo's of Mulberry Street, La Nonna Italiana, DeNiros Ristorante oder Da Gennaro.

Als Rossini an der Ecke Mulberry Street und Hester Street an einem Restaurant mit dem Namen The Supreme Macaroni Company vorbeikam, blieb er stehen. Er warf einen Blick auf die schwarze Schiefertafel neben der Eingangstür, und staunte nicht schlecht über die Vielfalt der angebotenen Nudelgerichte:

Spaghetti aglio e olio
Spaghetti alla carbonara
Spaghetti alla napoletana
Spaghetti alla puttanesca
Spaghetti alla gricia
Spaghetti alle vongole
Spaghetti bolognese

Rossini hätte große Lust gehabt, eine Rast einzulegen, wusste aber, dass er dazu keine Zeit hatte. Er ging weiter und spürte, wie das harte Leder seiner Hose an seinen Oberschenkeln scheuerte. Nach zwanzig aufreibenden Minuten hatte er endlich die Ecke Mulberry Street und Grand Street erreicht, wo sich im Erdgeschoß eines imposanten Backsteingebäudes die Pizzeria da Ponte befand. Vor dem Laden standen kleine Tische, die fast alle mit Pizza essenden Männern, Frauen und Kindern besetzt waren. Rossini fand einen leeren Stuhl und setzte sich zu zwei Männern, die ihr Gespräch sofort unterbrachen und Rossini einen misstrauischen Blick zuwarfen. Dass Little Italy ein korruptes Viertel war, das von Clans wie La Mano Nera oder La Cosa Nostra beherrscht wurde, konnte Rossini nicht wissen. Da die beiden Männer an Rossinis Tisch einen Oberlippenbart trugen, gehörten sie wahrscheinlich der Gruppe der Mustache Petes an, die nicht nur ein Monopol auf den Import sizilianischer Waren hatte, sondern auch das Geschäft mit den italienischen Lotterien in New York kontrollierte.

»Scusi«, sagte Rossini und deutete auf seine Stiefel. Die beiden Männer verstanden nicht, was er sagen wollte, und unterhielten sich flüsternd weiter. Rossini hatte Blasen an den Fersen, und er bereute es, dass er diese sündteuren Cowboystiefel gekauft hatte. Am liebsten hätte er sie ausgezogen und wäre barfuß zu seinem Treffen mit Lorenzo da Ponte gegangen. Da dies aber nicht ging, erhob er sich und betrat humpelnd die Pizzeria, in der es noch heißer war als draußen. Die Hitze kam von drei Steinöfen, vor denen Männer mit Lederschürzen standen, die mit hölzernen Pizzaschaufeln unentwegt Teigfladen hin- und herschoben. Trotz der stickigen Luft waren auch hier fast alle Tische besetzt.

Rossini blickte sich um und entdeckte neben der Eingangstür einen vornehm gekleideten älteren Herrn an einem Tisch sitzen. Er zählte Münzen und trug Zahlen in ein dickes Buch ein. Auch er hatte einen Oberlippenbart. Rossini stellte sich vor ihn und holte da Pontes Brief hervor. »Mein Name ist Rossini und ich habe eine Verabredung mit – äh – mit Don Lorenzo.«

Der Mann musterte Rossini und schien zu überlegen, was jemand in einem solchen Aufzug wohl mit Don Lorenzo zu besprechen hätte. Ohne ein Wort zu sagen, winkte er einen jungen Burschen heran, der mit drei anderen an einem Tisch saß und Karten spielte. »Matteo, komm her!«, rief er.

Sofort sprang der Junge auf und eilte herbei. Der Mann flüsterte ihm etwas ins Ohr. Matteo nickte diensteifrig und verschwand mitsamt dem Brief.

»Setzen Sie sich doch«, sagte der Mann.

»Danke, aber ich bleibe lieber stehen, meine neuen Stiefel drücken.«

»Aber gerade wenn Ihre Stiefel drücken, sollten Sie sich setzen.«

»Ja, schon, aber auch meine Hose scheuert.«

Der Mann verzog den Mund und widmete sich wieder seiner Arbeit.

Rossini hörte, wie sich die beiden Burschen, die mit dem Briefboten Karten gespielt hatten, lautstark miteinander unterhielten. »Schau dir Raffaele an«, sagte einer von ihnen und deutete in Richtung der Pizzaöfen. »Raffaele ist ein richtiger *Appassionato*. Seitdem er mit Margherita zusammen ist, macht er nur noch Pizzas mit Tomaten, Mozzarella und Basilikum.« Die beiden bogen sich vor Lachen, ohne dass Rossini verstanden hätte, was an dieser Geschichte so besonders lustig sein sollte.

Wenige Minuten später wurde Rossini von einem jungen Mann abgeholt, der ihn in den hinteren Teil des Gebäudes führte. Sie betraten einen spärlich beleuchteten Raum, und Rossini brauchte ein paar Sekunden, um sich an die diffusen Lichtverhältnisse zu gewöhnen. Schwere, rote Samtvorhänge verdeckten die Fenster. Erst nach und nach erkannte Rossini, dass er sich in einem Salon befand, in dessen Mitte ein alter Mann auf einem rot gepolsterten Stuhl saß. Das flackernde Licht der mehrarmigen Kerzenständer verlieh dem knöchernen Gesicht des Greises einen gespenstischen Ausdruck.

»Don Lorenzo«, flüsterte der Mann, der Rossini begleitet hatte, und verschwand nach hinten.

Nachdem sich Rossinis Augen an die Lichtverhältnisse gewöhnt hatten, fielen ihm als Erstes da Pontes lange, weiße Haare auf, die weit über seine Schultern herabhingen. Sie bildeten einen deutlichen Kontrast zu seinem eleganten, schwarzen Anzug. Die linke Hand hatte er auf einen schwarzen Stock mit einem goldenen Griff gestützt, der einen Löwenkopf darstellte. Sollte dieser an das Wappentier Venedigs erinnern? An Venedig, wo sich da Ponte kurz nach seiner Priesterweihe in eine Patrizierin verliebt hatte, und von wo er einige Jahre später wegen seiner Beziehung zu einer verheirateten Frau vertrieben wurde? Rossini kam sich vor wie in einer Oper, wobei er nicht wusste, ob er Teil der Inszenierung oder nur Zuschauer war.

»Ah, Maestro Rossini«, krächzte da Ponte. »Schön, Sie zu sehen. Treten Sie näher.«

Rossini machte einen zögerlichen Schritt nach vorne. Er musste aufpassen, nicht auf den großen Hund zu treten, der vor da Ponte auf dem Boden lag. Erst jetzt fielen ihm die beiden jungen Männer auf, die im Hintergrund standen und die Szene aufmerksam beobachteten.

Da Ponte hielt Rossini seine rechte Hand entgegen, deren Mittelfinger ein prächtiger Ring schmückte. Rossini wusste nicht, was er tun sollte, und sah sich hilfesuchend um. Einer der beiden Wächter führte seine Hand zum Mund und spitzte die Lippen. Rossini verstand und beugte sich vor, um den Ring zu küssen. Dabei gab seine steife Lederhose ein knarrendes Geräusch von sich. Der Hund hob kurz den Kopf, schlief aber gleich wieder ein. Da Pontes knochige Finger erinnerten Rossini an die Hände eines Toten, und er spürte, wie es ihm trotz der schwülen Hitze kalt den Rücken hinunterlief.

»Setzen Sie sich, Maestro!«, sagte da Ponte und machte eine entsprechende Handbewegung. Sofort brachte einer der Männer einen samtüberzogenen Hocker, den er Rossini unter den Hintern schob.

Da Ponte blinzelte Rossini aus hellblauen Augen an und schmunzelte. »Maestro, sind Sie auch ein *Westman* geworden? Ich hoffe, dass Sie nicht wegen des Goldes nach Amerika gekommen sind. Glauben Sie mir, das Gold hat nur einigen wenigen Glück gebracht, aber Millionen ins Verderben gestürzt. Ich bin nie dem Ruf des Goldes gefolgt, ich habe in New York als Branntwein- und Tabakhändler angefangen, bevor ich die New York Opera Company gegründet habe. Und jetzt, jetzt bin ich Pizzabäcker.« Da Ponte lachte heiser.

»Oh, nein, Don Lorenzo, ich bin nicht wegen des Goldes gekommen«, antwortete Rossini, »sondern wegen einer Erbschaft, die ich in Missouri antreten soll. Und da ich seit meiner frühesten Jugend ein großer Verehrer von Ihnen bin, wollte ich die Gelegenheit nutzen, den großen

Meister einmal persönlich kennenzulernen. Ich bin sehr geehrt, dass Sie mich empfangen haben.«

»Aber, aber, Maestro. Nicht so bescheiden. Immerhin habe ich in New York nicht nur Ihren *Barbier* auf die Bühne gebracht, sondern mit meiner Nichte Giulia auch eine Konzerttournee durch viele amerikanische Städte gemacht, um dem Publikum Ihre Musik näherzubringen. Wir sind also durchaus Verwandte im Geiste, wenn ich das so sagen darf.«

Rossini erinnerte sich dunkel an die Tantiemenabrechnung der New Yorker Aufführungen des *Barbier*. Ob aber auch die von da Ponte erwähnte Tournee ordnungsgemäß abgerechnet wurde, daran konnte er sich nicht mehr erinnern. Jetzt, wo sich seine Augen an das Halbdunkel gewöhnt hatten, entdeckte Rossini im Hintergrund ein Wandfresko, auf dem zwei lüsterne alte Männer eine nackte Frau beim Baden beobachteten. Einer der Alten erinnerte vom Aussehen her an da Ponte.

»Leider hat man mir die Direktion der Company weggenommen, sonst hätte ich sicher noch die eine oder andere Ihrer Opern aufgeführt. Mein Leben lang war ich von Intriganten umgeben, aber, wie Sie sehen, habe ich mir im Alter mit meiner Pizza-Kette ein kleines Imperium aufgebaut. Und dieses Imperium muss ich schützen.«

Da Pontes Stimme hatte jetzt etwas Schneidendes.

»Natürlich, Maestro«, antwortete Rossini, obwohl er nicht wirklich verstanden hatte, was ihm da Ponte eigentlich sagen wollte. »Ich möchte Ihre wertvolle Zeit auch nicht allzu lange in Anspruch nehmen. Aber gestatten Sie mir dennoch eine Frage, die mir auf dem Herzen liegt.«

Da Ponte streckte seinen Oberkörper durch und legte den Kopf ein wenig zur Seite. Es war immer dasselbe: Kaum stattete ihm jemand aus Europa einen Besuch ab, galt die erste Frage seiner Zusammenarbeit mit Mozart. Er konnte den Namen schon nicht mehr hören und bereute es, für diesen Wirrkopf überhaupt Libretti geschrieben zu haben. Er war sich sicher: Ohne ihn hätte Mozart nie diesen Erfolg gehabt. Also wartete er Rossinis Frage erst gar nicht ab, sondern begann sofort mit seiner Tirade.

»Mozart hat alles gefickt, was einen Rock anhatte. Und seine Frau Constanze war um nichts besser. Ich weiß, wovon ich spreche, weil ich auch zu denen gehörte, die mit ihr geschlafen haben. Mozart wusste das, aber es war ihm gleichgültig, weil er sich dadurch die Freiheit nehmen konnte, mit seinen jungen Klavierschülerinnen ins Bett zu gehen. Und natürlich hat er Magdalena Hofdemel geschwängert. Oder glauben Sie, dass ihr Mann sie einen Tag nach Mozarts Tod zufällig mit dem Messer im Gesicht verletzt hat? Magdalena war im vierten Monat schwanger, und jeder wusste, dass Mozart der Vater dieses Kindes war.« Da Ponte atmete schwer und wischte sich mit einem weißen Spitzentaschentuch den Schweiß von der Stirn.

Rossini saß auf seinem Hocker und kam sich in seiner steifen Lederhose und den viel zu engen Stiefeln vor wie eine Figur aus einem Volksstück. Pantalone mit den steifen Hosen. Um den schlafenden Hund nicht zu wecken, streckte er vorsichtig seine Beine aus. Jetzt saß er wenigstens ein bisschen bequemer.

»Aber natürlich hatten wir auch gute Zeiten. Ich erinnere mich mit besonderer Freude an den *Figaro*, als dem Wiener Adel während der Uraufführung das Lachen im Halse stecken blieb. Viele hätten uns damals am liebsten am Galgen gesehen. So wie sie es mit dem Frauenmörder Franz von Zahlheim gemacht haben. Der Pöbel hat das Spektakel genossen, das ihm der Kaiser geboten hat. Mozart und ich waren dabei, als Zahlheim die Knochen gebrochen wurden und man ihn unter dem Gejohle tausender Wiener aufs Rad geflochten hat. Nur sechs Wochen später ist unser *Figaro* aufgeführt worden, und Sie können mir glauben, dass ich mir bei einigen Szenen ordentlich ins Fäustchen gelacht habe.« Da Ponte begann zu singen:

»Se vuol ballare, signor contino,
il chitarrino le suonerò, sì,
se vuol venire nella mia scuola,
la capriola le insegnerò, sì.
Saprò, saprò, ma piano,
meglio ogni arcano,
dissimulando scoprir potrò.«

Rossini sang im Geiste mit, weil er die Arie natürlich auswendig kannte. Der Hund winselte, ohne die Augen zu öffnen.

»Aber wie das in Wien halt so ist«, fuhr da Ponte fort, »hinterher hat man sich arrangiert und so getan, als wäre alles nur ein großer Spaß gewesen.« Da Ponte machte eine Pause und schien über etwas nachzudenken. Dann sagte er in melancholischem Tonfall: »Aber lassen wir die Vergangenheit ruhen.« Er winkte einen der Burschen zu sich heran und flüsterte ihm etwas zu. Nachdem dieser durch eine Tapetentür verschwunden war, holte da Ponte eine kleine Dose hervor, deren Deckel er vorsichtig öffnete. Er befeuchtete die Kuppe seines Zeigefingers und tupfte damit das graue Pulver an, das er genüsslich mit der Zunge ableckte. »Mosca di Spagna«, sagte er zufrieden und griff sich zwischen die Beine. Dann reichte er Rossini die Dose: »Probieren Sie, Maestro, die Frauen werden es Ihnen danken.«

Rossini brauchte einige Augenblicke, um zu begreifen, dass es sich bei dem Pulver um das Potenzmittel »Spanische Fliege« handelte, das sich in Europa besonders in Adelskreisen großer Beliebtheit erfreute. Noch ehe er etwas sagen konnte, betraten durch die Tapetentür drei junge Frauen den Raum. Sie waren nackt und trugen lange, schwarze Haare, die wie Perücken aussahen.

Instinktiv erhob sich Rossini und reichte da Ponte die Dose. »Mille grazie, Maestro«, sagte er mit einer leichten Verbeugung.

Die Frauen näherten sich da Ponte, der mit einer Handbewegung den beiden Männern zu verstehen gab, dass sie den Raum verlassen sollen. Dann winkte er die Frauen zu sich heran und deutete auf seinen Schoß. Rossini sah, wie eine der Frauen den anderen einen unschlüssigen Blick zuwarf und sich erst nach einigem Zögern auf da Pontes Schoß setzte. Der Hund knurrte, schlief aber gleich wieder ein.

Rossinis Magen verkrampfte sich und er sehnte sich nach frischer Luft. »Maestro, ich danke Ihnen vielmals für Ihren freundlichen Empfang«, murmelte er. Im Weggehen sah er, wie die knochige Hand des Greises zwischen den Schenkeln der jungen Frau verschwand.

»Rossini, so bleiben Sie doch. Die Mädchen –«

Anna Guidarini

Je weiter sich Rossini von der New Yorker Stadtgrenze entfernte, desto unruhiger wurde er. Fuhr er anfangs noch durch besiedeltes Gebiet, war er jetzt schon seit Stunden keinem Menschen mehr begegnet. Den beiden Maultieren schien das aber egal zu sein, sie trotteten einfach die holprige Straße entlang, ohne links oder rechts zu schauen. Rossini warf einen Blick auf seine Taschenuhr und sah, dass es kurz vor fünf war.

Aus der Lade unter seinem Sitz holte er eine der Landkarten hervor, die er bei Henry Heydman gekauft hatte, und wenn die Karte samt Heydmans schriftlichen Anmerkungen stimmte, dann würde er in etwa drei Stunden den kleinen Ort Elizabeth erreichen. Auch wenn Rossini für Übernachtungen im Freien gerüstet war, hätte er nichts dagegen gehabt, die erste Nacht noch in einem Hotel zu verbringen.

Jetzt, wo er mit Hansel und Bretzel alleine war, wurde Rossini erstmals so richtig bewusst, worauf er sich mit dieser Reise überhaupt eingelassen hatte. Als er erfahren hatte, dass er von seinem Onkel Tommaso Guidarini in Missouri einen Saloon und ein Stück Land geerbt hatte, konnte er mit dieser Nachricht zuerst nicht viel anfangen. Von Missouri hatte er noch nie etwas gehört, und sein Wissen über Amerika beschränkte sich auf einige Zeitungsartikel und auf die Erzählungen seines Freundes Manuel del Pópulo Vicente García, die aber auch schon etliche Jahre zurücklagen. Außerdem hatten Garcías Erzählungen bei Rossini einen eher zwiespältigen Eindruck von diesem Land hinterlassen.

García war einer der berühmtesten Sänger seiner Zeit gewesen, und ohne seine bravourösen Darstellungen des *Otello* und des *Barbier* an der Pariser Oper hätte Rossini bei den Franzosen wahrscheinlich keine so großen Erfolge gefeiert. Später war García als Opernunternehmer nach Amerika gegangen, wo er mit Tourneen eine Menge Geld verdiente. Nach einem Gastspiel in Mexiko geschah dann aber das Unglück: In der Nähe von Veracruz wurde García von einer Räuberbande überfallen und seines gesamten Vermögens beraubt. Mittellos kehrte er nach Paris zurück, wo er eine Gesangsschule eröffnete, in der er neben vielen anderen Sängerinnen und Sängern auch seine beiden Töchter, die legendäre Maria Malibran und die nicht weniger legendäre Pauline Viardot, unterrichtete.

Bei dem Gedanken an Garcías Missgeschick machte sich bei Rossini ein mulmiges Gefühl breit und er stellte sich vor, wie er von einer Horde Indianer überfallen wurde. Noch war die Gegend einigermaßen übersichtlich, aber was, wenn die Vegetation dichter wurde? Instinktiv legte er eine Hand auf den Griff seines Revolvers, obwohl er nicht einmal wusste, ob dieser überhaupt geladen war. Heydman hatte ihm die Waffe samt Patronengürtel in die Hand gedrückt und ihm gesagt, dass die Bedienung des Revolvers ein Kinderspiel sei.

Jetzt erinnerte sich Rossini aber auch daran, dass Heydman ausdrücklich darauf hingewiesen hatte, dass er auf seiner Reise wahrscheinlich keinem einzigen Indianer begegnen würde. Aber konnte nicht auch Gefahr von weißen Banditen drohen? Wenn er sich an die dunklen Gestalten in New Yorks Straßen erinnerte, wurde ihm ganz angst und bange.

Irgendwie war Rossini jetzt froh, dass er den größten Teil seiner Barschaft bereits in New York ausgegeben hatte. Er konnte sich nämlich nicht vorstellen, dass man ihn wegen seines Conestoga Wagons oder seiner beiden Mulis überfallen würde. Die Banditen hatten es in erster Linie wohl auf Geld und Alkohol abgesehen, und beides hatte er in seinem Flap-a-doodle-Geheimfach versteckt. Und selbst wenn man ihn ausrauben würde, wäre alles halb so schlimm, weil er ja in Florenz noch über genügend Reserven verfügte. Sein Geld hatte er geschickt angelegt, und außerdem bekam er vom französischen Staat eine lebenslange Rente von 6000 Francs pro Jahr, die alleine schon das Auskommen seiner Frau Olympe sicherte.

Olympe war in seinem näheren Umfeld dann auch die Einzige gewesen, die ihn ermutigt hatte, die Reise in die USA anzutreten. Rossini war zwar erst seit sechs Jahren mit Olympe verheiratet, aber auch er hatte das Gefühl, dass eine Trennung auf Zeit ihrer Ehe nur guttun könnte. Schließlich war Rossini in den letzten Jahren immer wieder von schweren Krankheiten geplagt worden, die sich sehr belastend auf ihre Beziehung ausgewirkt hatten. Dazu kamen immer wieder Selbstmordgedanken, die über sein Leben einen dunklen Schatten warfen.

Interessanterweise hatte sich Rossinis Gesundheitszustand gebessert, sobald er beschlossen hatte, sich auf dieses Abenteuer einzulassen. Sein Hausarzt, Dr. Piombino, hatte ihm natürlich dringend von dem Vorhaben abgeraten und ihn mit drastischen Worten vor den Konsequenzen gewarnt. »Maestro, Sie werden diese Reise nicht überleben. Denken Sie nur an die beschwerliche Überfahrt. Und erst die Expedition durch das unbekannte Land. Sie leiden an einer chronischen Blasenentzündung, an einer Schleimhautreizung der Harnröhre, und ihr Tripper ist noch immer nicht ausgeheilt.«

»Ich weiß«, hatte Rossini mit einem Anflug von Galgenhumor geantwortet, »ich habe alle Frauenleiden. Das Einzige, was mir zu meinem Glück noch fehlt, ist eine Gebärmutter.« Irgendwann hatte Dr. Piombino schließlich aufgegeben.

Dass sich Rossini auf diese Reise nicht besonders gut vorbereitet hatte, lag in seinem Naturell begründet. Er ließ die Dinge lieber auf sich zukommen, als sich akribisch darauf vorzubereiten. Als 23-Jähriger hatte er in Neapel ja auch zwei Opernhäuser gleichzeitig geleitet, ohne sich allzu viele Gedanken darüber zu machen. Und dem Ruf an das King's Theatre in London war er ebenso blind gefolgt wie kurze Zeit später dem nach Paris, wo er die Leitung der Italienischen Oper übernommen hatte. Dass er in beiden Fällen für seine Tätigkeiten fürstlich entlohnt wurde, hatte ihm seine Entscheidungen natürlich leicht gemacht.

Tief in seinem Inneren wusste Rossini aber, dass es noch einen anderen Grund für diese Reise gab, und der hing mit dem Tod seiner Mutter, Anna Guidarini, zusammen. Auch fünfundzwanzig Jahre nach ihrem Tod wurde Rossini immer noch wehmütig, wenn er an seine Mamma dachte, die ihn abgöttisch geliebt hatte. Bei seinem Vater, der in Bologna die Ämter des Stadttrompeters und des Aufsehers der Schlächtereien bekleidet hatte, lernte der kleine Gioachino zwar Violine und Cembalo spielen, die wahre Liebe zur Musik verdankte er aber seiner Mutter. Vor allem in der Zeit, in der sein Vater wegen dessen republikanischer Gesinnung im Gefängnis saß, hatte seine Mutter alles darangesetzt, die musikalische Ausbildung ihres kleinen *Adonis* voranzutreiben. Nie vergessen würde Rossini die Auftritte seiner Mutter im Teatro della Fenice in Ancona, wo sie in vielen komischen Rollen brillierte und es sogar zur *prima donna assoluta* brachte. Von ihr erhielt Gioachino viele wichtige Anregungen, und als sie ihn einmal einem Musiklehrer vorstellte, sagte sie voll Stolz: »Signore, dieser Junge ist alles, was ich auf dieser Welt habe.«

Dass es Rossini dann im Februar 1827 nicht geschafft hatte, seine todkranke Mutter noch einmal zu besuchen, konnte er sein ganzes Leben lang nicht verwinden. Zu sehr war er damals mit seiner Karriere und seinen Frauengeschichten beschäftigt gewesen. Dafür war Tommaso, ihr jüngster Bruder, an ihrem Sterbebett gesessen. Als Rossini wegen ihres Todes in eine tiefe Krise stürzte, hatte ihm Tommaso erzählt, dass sich seine Mutter nichts sehnlicher gewünscht hatte, als dass er im Gedenken an sie weitere Opern schreiben würde.

Seinen Onkel, den er als lustigen Kerl in Erinnerung hatte, hatte Rossini bald aus den Augen verloren, und irgendwann hatte er erfahren, dass dieser in die USA ausgewandert war. Und jetzt war Rossini unterwegs, um Tommasos Erbe anzutreten. Rossini hoffte, dass sich auf diese Weise ein Kreis schließen würde.

Das Gerumpel eines Wagens riss ihn aus seinen Gedanken und er sah, wie ein Ochsengespann um die Kurve bog. Auf dem Karren befanden sich in Eisenkäfigen Schweine, Ziegen und riesige Truthähne. Der Mann und die Frau auf dem Kutschbock warfen Rossini interessierte Blicke zu. Rossini hob den Hut, und da er ohnehin wissen wollte, wie weit es noch bis zu seinem Zielort war, fragte er: »Elizabeth?«

Der Mann schüttelte den Kopf, deutete auf seine Frau, und antwortete mit starkem deutschen Akzent: »Sis is not Elisabeth. Sis is my wife Henriette.«

Rossini nahm sich vor, in Zukunft bei Fragen ganze Sätze zu bilden.

Der Bund der Maisstrohgesichter

Früher einmal hatten die Onondaga mit fünf anderen Stämmen zur mächtigen Irokesenliga gehört, in der Zwischenzeit lebten sie aber längst in Reservaten. Wie andere Stämme auch, wurden sie von den weißen Eindringlingen zur Unterzeichnung verschiedener Verträge gezwungen, wodurch sie nach und nach ihr gesamtes Land verloren. Entschädigt wurden sie pauschal mit 33 380 Dollar und 150 Scheffel Salz.

In den Reservaten ernährten sich die Onondaga anfangs vom Fischfang und von der Jagd, bis ihnen die Farmer auch diese Lebensgrundlage entzogen. Die meisten Onondaga wurden schließlich in die Six Nations of the Grand River Reservation in Ontario in Kanada umgesiedelt, nur wenige blieben in den Reservaten in Pennsylvania oder verdingten sich auf den Farmen der Weißen als Lohnarbeiter. Die zahlreichen Kriege, die dieser Stamm in der Vergangenheit gegen Franzosen und Engländer, aber auch gegen Mohawk und Susquehannock führte, hatten ihre Zahl ebenso dezimiert wie die von den Weißen eingeschleppten Krankheiten Masern, Typhus, Cholera oder Blattern. Nicht genug damit, hatten sich in der ersten Hälfte des 19. Jahrhunderts auch noch Missionare bemüht, die Onondaga zum Christentum zu bekehren, was ihnen in vielen Fällen sogar gelungen war. Statt sich auf ihre Traditionen zu besinnen und für ihre Rechte zu kämpfen, zogen es also immer mehr Onondaga vor, in die Kirche zu gehen und dafür zu beten, dass es ihnen im Jenseits besser gehen möge als in den Reservaten oder auf den Feldern der Weißen. Zu spät hatten sie erkannt, was die Missionare wirklich von ihnen wollten: »Als die Missionare kamen, hatten sie die Bibel und wir hatten das Land. Jetzt haben wir die Bibel und sie haben das Land.«

Rossini kniff die Augen zusammen und blickte zum wolkenlosen Himmel empor. Das Einzige, was er sah, war ein großer Raubvogel, der einsam seine Kreise zog. Wenn es stimmte, was er in Elizabeth und in Somerville gehört hatte, dann würde die Hitze auch noch in den nächsten Tagen anhalten. Rossini war sich nicht sicher, was das für seine Reise bedeutete, aber wenn er sich vorstellte, dass er bald in der Prärie unterwegs sein würde, wo das Wasser knapp war, dann wurde ihm doch ein bisschen unbehaglich zumute.

Vor drei Tagen hatte Rossini New York verlassen, und zu seiner großen Überraschung war die Reise bisher ohne jeden Zwischenfall verlaufen. Außerdem hatte er das Glück gehabt, dass er in Elizabeth und Somerville in Hotels übernachten konnte, auch wenn es sich dabei um billige Absteigen gehandelt hatte. Dass die Zimmer dreckig waren und die Matratzen durchhingen, hatte er in Kauf genommen. Je länger er nicht im Freien schlafen musste, desto lieber war es ihm.

Rossinis nächstes Ziel war Bethlehem, ein kleiner Ort in Pennsylvania, über den ihm Heydman erzählt hatte, dass er von Deutschen als Siedlung der protestantischen Herrnhuter Brüdergemeinde gegründet worden war. Da in Bethlehem ausschließlich Mitglieder dieser Glaubensgemeinschaft wohnen durften und Fremde nicht einmal das Recht zum Übernachten hatten, bedeutete das für Rossini, dass er die kommende Nacht unter freiem Himmel verbringen musste.

Er dachte an die Bohnen, den Speck und die Zwiebeln, und er war gespannt, ob ihm die Zubereitung seines

Abendessens gelingen würde. Obwohl Rossini im Laufe seines Lebens von gefüllten Schweinsfüßen über getrüffelte Truthähne bis zu gedünsteten Hahnenkämmen alles gegessen hatte, was es an Köstlichkeiten gab, war er selbst nie hinter dem Herd gestanden. In seiner Kindheit hatten seine Mutter und seine Großmutter für ihn gekocht, und später gehörte zu seiner Dienerschaft immer auch das entsprechende Küchenpersonal. Und da Rossini schon sehr früh viel Geld verdiente, konnte er stets die besten Köche für sich arbeiten lassen.

Dass er sich einmal auf einem Schiff sechs Wochen lang von Salzfleisch, Speck, Erbsen, Bohnen, Kartoffeln, Stockfisch und Mehlpudding ernähren würde, hätte er ja auch nie für möglich gehalten. Allerdings hatte Rossinis Vorliebe für gutes Essen in den letzten Jahren merklich abgenommen, und er war während seiner langen Krankheitsphasen oft froh gewesen, wenn er anstelle eines gefüllten Kapauns bloß eine Haferschleimsuppe bekam. Während Rossini darüber nachdachte, womit man einen Kapaun eigentlich füllte, hörte er Pferdegetrappel. Rossini konnte nicht sagen, woher es kam, und noch ehe er sich's versah, tauchten plötzlich fünf Onondaga vor ihm auf.

In seiner Panik zog Rossini so fest an den Zügeln, dass er Hansel und Bretzel beinahe das Genick gebrochen hätte. Sofort begannen die Mulis zu schreien, woraufhin die Pferde scheuten und ausschlugen. Erst als die jungen Männer beruhigend auf ihre Pferde einredeten, entspannte sich die Lage soweit, dass sich Rossini klar werden konnte, dass er soeben auf eine Horde Indianer gestoßen war.

»Yo-hah!«, rief der Indianer mit dem größten Federbusch am Kopf. Es waren schwarze Krähenfedern, die ziemlich furchteinflößend aussahen.

Rossini, dem das Herz bis zum Hals schlug, hoffte, dass es kein Kriegsruf war. Sicherheitshalber streckte er die Hände in die Höhe und rührte sich nicht. Zum Glück wusste er nicht, dass die Onondaga früher den zeremoniellen Kannibalismus praktiziert hatten. Während der Kriege mit den Mohawk und Susquehannock war es immer wieder vorgekommen, dass sie die Herzen ihrer besiegten Feinde verspeisten, um deren Mut auf sich zu übertragen.

Die fünf jungen Onondaga gehörten aber weder zu den Kannibalen noch zu denen, die sich ihrem Schicksal ergaben. Sie konnten dem Christentum nichts abgewinnen und waren, wie ihre Vorfahren, Anhänger der Langhaus-Religion, in der Medizinbünde eine wichtige Rolle spielten. Die fünf waren auf dem Weg von Bethlehem zurück zu ihrem Reservat in Flemington, wo einige Frauen und Kinder an Typhus erkrankt waren. Als Angehörige des Bundes der Maisstrohgesichter versuchten sie, mit ihren zeremoniellen Tänzen, Liedern und Tabakbeschwörungen zur Heilung der Kranken beizutragen. Neben dem Bund der Falschgesichter war der Bund der Maisstrohgesichter der berühmteste Maskenbund, wobei die Strohmasken an die Erde gebundene, übernatürliche Wesen repräsentierten, die mit der Menschheit einen Pakt geschlossen hatten. Als Boten der drei Schwestern Bohnen, Mais und Kürbis besaßen sie eine große Macht und genossen daher bei ihrem Stamm ein entsprechend hohes Ansehen.

Das Problem der fünf Onondaga war allerdings, dass sie für ihre Zeremonie zwar Mais und Kürbisse zur Verfügung hatten, aber keine Bohnen. Den Bohnen hatte in diesem Jahr neben der Hitze auch ein Drahtwurm zugesetzt, der fast die gesamte Ernte vernichtet hatte. Die Indianer hatten daher gehofft, in Bethlehem von den Herrnhuter Brüdern Bohnen zu bekommen, mussten aber unverrichteter Dinge wieder abziehen.

Zu Rossinis Schrecken stieg einer der Indianer vom Pferd und warf ihm einen zweideutigen Blick zu.

»Ohsahe'da?«, fragte er. Der Mann trug ein Lederhemd mit perlenbesetzten Schulterstücken sowie verschiedene Armreifen. Als er sich bückte und einen kleinen, ovalen Stein aufhob und zum Mund führte, dachte Rossini schon, dass seine letzte Stunde geschlagen hatte. Der Indianer wartete auf eine Reaktion Rossinis.

»No capito. No understand. Ne comprends pas«, antwortete Rossini mit zitternder Stimme, die Hände immer noch in der Höhe.

»Ànìn ijinikàzoyan?«, fragte ein anderer. Er war mit einem grauen Stoffhemd bekleidet, zu dem das imposante Halsband aus Grizzlybärenklauen nicht so recht passte.

Rossini antwortete ängstlich: »No, no, Italiano.« Er hoffte, dass dieses Bekenntnis nicht einem Todesurteil gleichkäme.

Der Indianer, der abgestiegen war, näherte sich Rossini und deutete bei jedem seiner Worte auf einen seiner vier Begleiter. »Je-yung-heh-kwang. Sac-a-yung-Kwar-to. Skan-a-wa-ti. Te-yem-tho-hi-sa.« Dann legte er die rechte Hand auf seine linke Brust und sagte feierlich: »Ka-nung-he-ri-taws.«

Rossini entspannte sich ein wenig und sagte: »Gioachino Antonio Giuseppe Rossini.«

»Ohsahe'da?«, wiederholte Te-yem-tho-hi-sa seine Frage und machte mit dem Mund ein lautes Furzgeräusch.

Rossini verstand noch immer nicht, was die Indianer von ihm wollten, ließ die Hände aber sicherheitshalber oben.

»Beans«, sagte schließlich derjenige, der bisher geschwiegen hatte. Die anderen vier warfen ihm einen bösen Blick zu, weil sie sich vorgenommen hatten, am Zeremonientag keine englischen Ausdrücke zu verwenden. Das geplante Ritual war auch der Grund, weshalb die fünf ihre besten Kleider angezogen hatten.

»Ah, capito, yes, yes«, sagte Rossini erfreut und deutete in das Innere des Wagens. Er führte die Hand zum Mund und machte eine Kaubewegung. Ganz langsam stand er auf und deutete nach hinten. Er wollte sichergehen, dass die Indianer seine Gesten nicht falsch verstanden und womöglich glaubten, er würde sich verstecken wollen. Sich immer wieder umblickend, kletterte er in den Wagen. Er öffnete den Deckel seiner Proviantkiste und entnahm ihr drei Konservendosen mit Bohnen. Mit einem freundlichen Lächeln überreichte er dem Indianer mit dem größten Federbusch die Dosen.

Die Indianer ließen die Dosen von Hand zu Hand gehen und wechselten ein paar Worte in ihrer Sprache. Dann wandte sich ihr Anführer an Rossini und deutete auf die Dosen. »Sadekhon-nyah?«, fragte er.

»Yes, yes, mangare, fagioli, beans«, antwortete Rossini, der hoffte, dass er die Frage richtig verstanden hatte.

Der Anführer steckte die Dosen in seine Satteltasche und gab das Zeichen zum Aufbruch. »Nya:weh!«, rief er und gab seinem Pferd die Sporen. Die vier anderen folgten ihm, und wenige Minuten später waren sie aus Rossinis Blickfeld verschwunden.

Rossini merkte, dass sein Herz immer noch heftig schlug und dass er am ganzen Körper zitterte. Es war seine erste Begegnung mit Indianern gewesen, und auch wenn er zu Tode erschrocken war, hatten sie ihn weder ausgeraubt noch an den Marterpfahl gebunden oder gar skalpiert. Alles, was sie von ihm gewollt hatten, waren ein paar Konservendosen mit Bohnen gewesen.

Die Herrnhuter Brüderschaft

Ein paar Stunden später erreichte Rossini die Brücke, die in der Nähe von Bethlehem über den Lehigh River führte. Rossini sah sich um und hielt unter einem ausladenden Riesenmammutbaum, um hier sein Nachtlager aufzuschlagen. Es dauerte lange, bis er aus seiner unbequemen Bisonlederhose und seinen noch unbequemeren Stiefeln geschlüpft war. Heydman hatte ihm erklärt, dass er auf seiner Reise unbedingt die Lederhose, die Stiefel und den Hut tragen müsse, damit er wie ein *Westman* aussähe. In der Prärie und in den Plains hätten die Menschen vor einem *Westman* viel mehr Respekt, als vor einem *Squatter* oder einem *Digger*. Während Rossini wusste, dass ein *Digger* ein Goldgräber war, erklärte ihm Heydman, dass man als *Squatter* jene Siedler bezeichnete, die die Wildnis nutzbar machten, um anschließend ihr Land mit Gewinn wieder zu verkaufen.

In seiner Alltagskleidung fühlte sich Rossini gleich wohler. Da die Mulis lange nichts getrunken hatten, holte er vom Fluss Wasser. Danach hängte er ihnen einen mit Hafer gefüllten Fresssack um und kraulte ihnen den Kopf. Heydman schien mit seiner Behauptung recht gehabt zu haben, dass Hansel und Bretzel widerstandsfähig und genügsam seien. Während Rossini Brennholz aufschichtete, sah er, wie sich vom Dorf her ein Mann näherte. Rossini unterbrach seine Arbeit und hoffte, dass man ihn nicht verjagen würde. Als der Mann bei ihm angekommen war, streckte er ihm die Hand entgegen. »Johann Grunewald«, sagte er und klappte wie selbstverständlich eine Staffelei auf. »Ich gehöre zur Herrnhuter Brüderschaft von Bethlehem und freue mich, Sie begrüßen zu dürfen.« Er sprach Englisch mit einem starken deutschen Akzent.

Rossini nannte seinen Namen und richtete seinen Blick auf die Staffelei.

»Rossini? Sind Sie Italiener? Ich habe in Dresden einmal eine Oper von einem Italiener namens Rossini gesehen. Sie spielte in Spanien und war sehr ordinär. Als Deutscher bevorzuge ich die Opern von Carl Maria von Weber. Beim *Freischütz* geht mir das Herz auf.«

Noch ehe Rossini etwas sagen konnte, begann Grunewald zu schmettern:

»Durch die Wälder, durch die Auen
Zog ich leichten Sinns dahin;
Alles, was ich konnt' erschauen,
War des sichern Rohrs Gewinn,
Abends bracht' ich reiche Beute –«

»Hören Sie«, unterbrach ihn Rossini gereizt, »ich habe eine anstrengende Reise hinter mir und habe noch nichts gegessen.«

Ohne auf Rossinis Einwand einzugehen, holte Grunewald seine Malutensilien hervor und spannte eine Leinwand auf. »Wie Sie sehen, bin ich Maler, und es würde mich sehr freuen, wenn ich ein Porträt von Ihnen machen dürfte. Es dauert höchstens eine Stunde. Woher kommen Sie? Und wohin fahren Sie? Hoffentlich nicht nach Kalifornien. Dort gibt es nämlich kein Gold mehr.«

»Nein, ich komme aus New York und bin auf dem Weg nach Missouri.«

»Um Gottes willen, was machen Sie denn in Missouri?«

»Ist nicht so wichtig. Eigentlich wollte ich ja –«

»Ich habe übrigens bei Caspar David Friedrich in Dresden studiert. Und im nächsten Jahr wird es dort in der Kunstakademie eine große Ausstellung von mir geben.

Da wird dann vielleicht auch Ihr Porträt hängen. Möchten Sie lieber, dass ich Sie im Stehen oder im Sitzen male?«

»Äh –«

»Bleiben Sie stehen. Da sehen Sie stattlicher aus. Bitte einen Schritt nach rechts, damit ich die Maultiere auch noch im Bild habe.«

Rossini warf einen Blick auf seine Taschenuhr und sah, dass es bereits acht war. Auf die Lektüre der *New York Daily Times* vom 22. Juni würde er wohl auch an diesem Abend verzichten müssen.

»Hören Sie, Mister –«

»Grunewald. Johann Gustav Grunewald.«

»Mister Grunewald, ich muss morgen bei Sonnenaufgang wieder aufbrechen und kann jetzt nicht für Sie Modell stehen. Es tut mir leid.«

»Ich beeile mich. Ich werde bloß eine grobe Skizze anfertigen und das Bild dann aus dem Gedächtnis fertigmalen. Geben Sie mir eine halbe Stunde, Gott wird es Ihnen danken.«

Rossini fragte sich, weshalb Grunewald Gott ins Spiel brachte, bekam aber gleich darauf die Antwort. Denn während Grunewald Farbe auftrug, begann er über die Prinzipien der Herrnhuter Mission zu schwadronieren. Auch wenn Rossini den Ausführungen nicht in allen Details folgen konnte, verstand er zumindest so viel, dass die Herrnhuter Missionare bereits vor mehr als hundert Jahren nach Amerika gekommen waren, um den Indianern die Frohe Botschaft zu verkünden. Vor allem beim Stamm der Lenni Lenape hatten sie damit großen Erfolg. Weil die Herrnhuter Brüderschaft in Mähren gegründet wurde, nannte man die bekehrten Indianer *Moravian Indians,* also Mährische Indianer. Nachkommen von ihnen lebten heute noch in Bethlehem, wo sie sich wie die Weißen kleideten, Pferde und Rinder züchteten, ihre Felder bestellten und täglich den Gottesdienst besuchten.

Rossini spürte, wie er immer wütender wurde. Aber nicht, weil ihn Grunewald malen wollte, das hätte er zur Not noch ertragen, sondern weil ihn der Maler mit seiner abfälligen Bemerkung über den *Barbier* und seinem Loblied auf Carl Maria von Weber an Geschichten erinnerte, die Rossini nicht mehr hören konnte. Ob er wollte oder nicht, er musste an seine spektakulären Erfolge in Wien denken, wo ein wahrer Rossini-Taumel ausgebrochen war und er viele Jahre lang der unangefochtene Liebling der Musikwelt war. Bis dann nach der Wiener Aufführung von Webers *Freischütz* 1821 ein Teil seiner Anhänger kurzerhand die Seiten wechselte und zu den Deutschen überlief. Bevor sich Weber mit seiner Oper nach Wien wagte, hatten die Zeitungen Rossini in fast schon penetranter Weise gegen Weber ausgespielt. So konnte man in einer Wiener Zeitung lesen:

»Welcher Kontrast zwischen den beiden Meistern! Hier der Deutsche: klein, unansehnlich, von frühester Jugend auf ringend und kämpfend, der Gunst der Großen und des Reichtums ermangelnd, kränklich. Dort der prächtige, große, wohlgebaute Italiener, den Gräfinnen als lieblichen Cherubin in die süßesten Geheimnisse des Lebens eingeweiht hatten, der Gatte einer schönen Sängerin, ein Gewinner des großen Loses im Lotto der Natur, den Geld, Liebe, Ehre dienstbar umtanzten, der lachend überall das ihn anlachende Leben besiegte.«

Wäre es nicht so tragisch gewesen, hätte er über diese dümmliche Formulierung, dass er »lachend überall das ihn anlachende Leben besiegte«, nur lachen können. Aber was wussten diese Schreiberlinge denn schon von den schwarzen Hunden, die ihn regelmäßig ohne Vorwarnung anfielen? In dieser Hinsicht fühlte er sich Beethoven näher, als viele vermuteten, auch wenn dieser ein Misanthrop war und Rossini für einen schlechten Komponisten hielt. Mit Schaudern erinnerte er sich an seinen Besuch bei Beethoven, als dieser bereits taub und schwer krank war. Die Situation war grotesk: Hier der umjubelte 30-jährige Rossini, dort der sterbenskranke 52-jährige Beethoven, eiterdurchtränkte Wattebausche in den Ohren, der natürlich nichts von dem verstand, was Rossini sagte.

Das Wort »Massaker« holte Rossini wieder zurück in die Gegenwart. Während Grunewalds Blick zwischen seinem Modell und der Leinwand hin- und herwanderte, erzählte er von einem Massaker in einem Ort namens Gnadenhütten in Ohio. Dort hatte ein Trupp der Pennsylvania-Miliz fast einhundert *Moravian Indians* brutal ermordet. Die Milizionäre ließen die Gefangenen niederknien und schlugen ihnen mit schweren Eisenhämmern die Schädel ein. Achtundzwanzig Männer, neunundzwanzig Frauen und neununddreißig Kinder wurden auf diese Weise ermordet, ohne dass einer der Täter für die begangenen Verbrechen jemals zur Rechenschaft gezogen worden wäre.

Rossini war geschockt und verließ augenblicklich den ihm zugewiesenen Platz. Er wollte nichts von Massakern hören. Und auch nichts von bekehrten Indianern. Und schon gar nichts von Carl Maria von Weber.

Grunewald machte noch ein paar Pinselstriche und betrachtete seinen Entwurf. »Na gut, dann werde ich Sie jetzt alleine lassen«, sagte er gekränkt und holte etwas aus seiner Tasche hervor. »Sie wissen ja wahrscheinlich, dass Bethlehem eine geschlossene Siedlung ist, in der nur Mitglieder der Herrnhuter Brüdergemeinde wohnen dürfen. Aber wenn Sie frisches Trinkwasser benötigen, können Sie sich das natürlich jederzeit holen. Ja, und falls Sie Interesse an unserer Brüder-Unität haben, kann ich Ihnen gerne eine Broschüre hierlassen.«

Um von Grunewald nicht noch länger belästigt zu werden, nahm Rossini die Broschüre und blätterte pro forma kurz darin. »Danke«, sagte er, »ich werde sie mir später in Ruhe ansehen.«

»Es gibt ja viele Herrnhuter Brüdergemeinden in Amerika, und wenn Sie auf Ihrer Reise –«

»Ja, ja, danke, aber ich muss mich jetzt um mein Abendessen kümmern.« Rossini reichte Grunewald die Hand. »Auf Wiedersehen.«

»Möchten Sie nicht doch noch einen Blick auf das Bild werfen?«, fragte Grunewald hoffnungsvoll. »Es befindet sich natürlich noch im Entwurfsstadium.«

Rossini atmete tief durch und ging zur Staffelei. Sein Porträt war, obwohl es nur grob skizziert war, erstaunlich gut gelungen. »Sehr gut«, sagte er anerkennend.

Zufrieden packte Grunewald seine Utensilien zusammen und wandte sich noch einmal an Rossini. »Vicit agnus noster – eum sequamur«, sagte er in feierlichem Tonfall. Obwohl Rossini als Kind in Bologna im Kirchenchor gesungen hatte, konnte er sich nur noch vage an diesen Spruch erinnern. Grunewald ergänzte: »Unser Lamm hat gesiegt – lasst uns ihm folgen.«

»Ja, ich werde dem Lamm folgen«, antwortete Rossini.

»Und wegen der Indianer brauchen Sie sich keine Sorgen zu machen«, sagte Grunewald.

»Wegen welcher Indianer?« Rossini war erschrocken. »Ich dachte, die leben hier in Reservaten.«

»Ja, das stimmt auch. Aber dennoch kommt es immer wieder vor, dass einige ihre Reservate verlassen, um nach Dingen zu suchen, die sie für ihre heidnischen Rituale benötigen. Heute kam zum Beispiel eine Gruppe Onondaga in unser Dorf, um nach Bohnen zu fragen. Aber selbstverständlich haben wir ihnen keine gegeben, obwohl wir noch genug in unseren Speichern haben.«

»Von welchem Stamm, sagten Sie, waren die Indianer, die heute in Ihr Dorf gekommen sind?«

»Von den Onondaga«, antwortete Grunewald im Weggehen.

Als Grunewald endlich verschwunden war, zündete Rossini das Lagerfeuer an und öffnete mit Hammer und Meißel eine Konservendose. Er fragte sich, weshalb es noch kein Gerät dafür gab, und musste an seinen Freund, den Meisterkoch Nicolas Appert, denken, der schon früh eine Methode zur Konservierung von Lebensmitteln in Blechdosen erfunden hatte: »Für die Kunst, alle animalischen und vegetabilischen Substanzen in voller Frische, Schmackhaftigkeit und eigentümlicher Würze mehrere Jahre zu erhalten« hatte Appert von der französischen Regierung sogar einen Preis bekommen. Erst später hatte er erfahren, dass das Kriegsministerium dahintersteckte, das fieberhaft nach einer Methode suchte, Lebensmittel für die Soldaten im Feld länger haltbar zu machen.

Rossini röstete Zwiebel an und gab dann klein geschnittenen Speck dazu. Der Geruch erinnerte ihn an seine Großmutter, die oft stundenlang am Herd gestanden war, um aus Cipolli, Carne macinata und Pomodori jenes unvergleichliche Sugo für die Spaghetti bolognese zuzubereiten, die er als Kind so geliebt hatte. Seine Nonna hatte ihm einmal sogar das Geheimnis ihres Sugos verraten, aber Gioachino war zu klein gewesen, um es sich zu merken. Rossini war überrascht, dass er sich auf seiner Reise immer wieder an weit zurückliegende Szenen aus seiner Kindheit erinnerte, die er eigentlich schon längst vergessen hatte.

Er leerte die Bohnen in die Pfanne und wartete, bis die Masse eingedickt war. Auch wenn er sich gleich beim ersten Bissen die Zunge verbrannte, fand er, dass der Bohneneintopf hier wesentlich besser schmeckte als auf dem Schiff. Er musste an die Indianer denken und hoffte, dass sie mit den Bohnenkonserven überhaupt etwas anfangen konnten.

Nachdem er das schmutzige Geschirr abgewaschen hatte, kochte er in einem kleinen Kupferkessel Kaffee. Es war schwarzer Cowboykaffee, wie Heydman ihn genannt hatte, stark genug, um ein Hufeisen zu biegen, wenn man es hineinwarf. Heydman hatte lange über diese Bemerkung gelacht. Mit der Blechtasse in der Hand lehnte sich Rossini an den Stamm des mächtigen Mammutbaums und dachte zurück an die heißen Sommer, die er als Kind in Polverigi verbracht hatte. Obwohl dieser kleine Ort in den Marken gerade einmal zweitausend Einwohner hatte, gab es dort ein Theater, in dem auch während der Sommermonate gespielt wurde.

Als der kleine Gioachino einmal beim Bäcker Brot holen sollte, suchte er auf dem Heimweg im Foyer des Theaters Schutz vor der Hitze. Während er sich umsah, hörte er aus dem Saal Musik, die sofort seine Neugierde weckte. Vorsichtig öffnete er eine Tür und setzte sich in die letzte Reihe. Der Saal war fast leer, weil es nur eine Probe war. Auf der Bühne stritt ein Graf mit seiner Frau, und der Diener Figaro sang mit dem Stubenmädchen Susanna ein Duett, dem Gioachino mit offenem Mund folgte. Dann sang ein Page eine Kanzone, die so schön war, dass Gioachino ganz darauf vergaß, dass er ja eigentlich Brot nach Hause bringen sollte. Zwei Stunden später schlich er aus dem Theater und stand, von der Sonne geblendet, wieder auf der Gasse. Erst als seine aufgeregte Mutter um die Ecke bog und sein Gesicht mit Küssen bedeckte, wurde ihm bewusst, dass er zwei Stunden weg gewesen war und das Brot im Theater vergessen hatte. Nachdem seine Mamma der Heiligen Ursula und dem Heiligen Nikolaus für die Rettung ihres Kindes gedankt hatte, fragte sie ihn, wo er so lange gewesen sei. Aber der kleine Adonis zuckte bloß mit den Schultern und ließ sich nach Hause tragen, wo er den ganzen Tag verwöhnt wurde. In der Nacht fand er keinen Schlaf, weil ihm die Musik nicht mehr aus dem Kopf ging.

Rossini betrachtete den Sternenhimmel und stellte sich vor, dass es irgendwo im Universum einen Planeten gab, auf dem in diesem Augenblick ein kleiner Junge ein Theater betrat und zum ersten Mal eine Oper hörte. Er versuchte, zwischen den Sternen und seinem eigenen Leben eine Verbindung herzustellen, und als am Horizont eine Sternschnuppe verglühte, spürte er einen Stich in der Herzgegend. War das die Verbindung? Würden seine Opern auch so rasch verglühen wie diese Sternschnuppe am Nachthimmel?

Er schüttete den restlichen Kaffee in das immer schwächer werdende Feuer und richtete sich sein Nachtlager her. Dann hüllte er sich in seine Decke und fiel in einen tiefen, traumlosen Schlaf.

God bless you, dear Sheriff

Als Rossini am Abend des vierten Tages in der Nähe der Siedlung Schuylkill Haven angekommen war, merkte er, dass es in seinem Bauch ziemlich rundging. Er ärgerte sich, dass er am Morgen sein Holzfass mit Wasser aus dem Lehigh River gefüllt hatte, anstatt sich frisches Wasser aus dem Brunnen in Bethlehem zu holen. Weil er aber ein Zusammentreffen mit Johann Grunewald unbedingt vermeiden wollte, hatte er sich für das Flusswasser entschieden, was jetzt möglicherweise einen Durchfall zur Folge hatte.

Rossini schlug sein Lager neben einem halb verfallenen Holzhaus auf, das an der Furt eines schmalen Flusses lag. »Fincher's Ford« stand auf einem verwitterten Schild, das an dem windschiefen Zaun an einem Pfosten befestigt war. Im Gegensatz zu Bethlehem war Schuylkill Haven nicht von der Herrnhuter Brüdergemeinde, sondern von den Quäkern gegründet worden. Auch wenn die Quäker an einem friedlichen Zusammenleben mit den Indianern interessiert waren, konnten sie ihr Dorf erst errichten, nachdem die Woapanachke-Indianer umgesiedelt oder getötet worden waren. Alles natürlich im Namen der »göttlichen Bestimmung«, die in der berüchtigten *Manifest Destiny* festgeschrieben war, die der New Yorker Journalist John L. O'Sullivan 1845 in der Zeitschrift *The United States Democratic Review* veröffentlicht hat. Die zentrale Stelle dieses Manifests lautete: »Es ist die offenkundige Bestimmung der Nation, sich auszubreiten und den gesamten Kontinent in Besitz zu nehmen, den die Vorsehung uns für die Entwicklung des großen Experimentes Freiheit anvertraut hat.«

Noch bevor Rossini Holz für das Lagerfeuer sammeln konnte, griff er nach seinem Spaten und lief zu einem Gebüsch, wo er rasch ein Loch grub. Während er stöhnend seine Notdurft verrichtete, dachte er mit einer gewissen Wehmut an die Toiletten in Paris, auf denen man bequem sitzen konnte, sodass einem beim Kacken nicht die Knie zitterten. Der penetrante Geruch, der in seine Nase stieg, signalisierte ihm, dass das Rumoren in seinem Bauch wahrscheinlich nicht nur vom schlechten Wasser, sondern auch von den Bohnen herrührte. Er hoffte, am nächsten Tag in Schuylkill Haven sauberes Wasser und frische Lebensmittel zu bekommen. Jetzt, kurz vor Einbruch der Dunkelheit, wollte er sein Lager nicht mehr verlassen.

Rossini machte ein Feuer, begnügte sich wegen seines angegriffenen Magens aber mit einer Kanne Tee und etwas Zwieback. Nachdem er den letzten Bissen hinuntergewürgt hatte, holte er die *New York Daily Times* hervor, deren Lektüre er in den letzten Tagen immer verschieben musste. Gleich auf der Titelseite wurde von mehreren Schiffsuntergängen berichtet, die Rossini daran erinnerten, dass ihm selbst in einigen Monaten ja wieder eine gefährliche Atlantiküberquerung bevorstand. Rossini erfuhr also, dass vor New Orleans der mit Baumwolle, Zucker und Sirup beladene Schoner Henry Delano gesunken war; dass auf dem Mississippi das Dampfschiff Alice ausgebrannt war; dass auf dem Hudson River die mit Getreide beladene Schaluppe Gleaner untergegangen war und dass in Staten Island bei einem missglückten Landungsmanöver mindestens zwölf Menschen ums Leben gekommen waren.

Am ausführlichsten wurde aber über den Untergang des Dampfschiffs Henry Clay berichtet, das am Hudson

River zwischen Catskill und Bristol explodiert war und siebzig Passagiere mit in den Tod gerissen hatte. Auf zwei Seiten wurde die Katastrophe in allen Details beschrieben: Es gab Schilderungen von Augenzeugen, Briefe von Überlebenden, Berichte des Leichenbeschauers, Stellungnahmen der Schiffseigentümer, Beschreibungen des Wracks und sogar eine Rubrik mit Gerüchten rund um den Unfall. Gesucht wurden auch die Eltern eines toten Babys: »The babe lies in a room over the Hudson River Railroad Office, in Chambers-street, where it can be seen at any hour.«

Bei der Liste der Überlebenden fiel Rossini auf, dass nur Männer namentlich genannt wurden, nicht aber deren Frauen, Töchter oder Bedienstete: »Capt. Samuel Dean, lady and daughter, Pittsburgh; Capt. C. W. Batcheldor, lady and servant, Pittsburgh.«

Rossini blätterte weiter und las, dass in New York ein sechsjähriges Mädchen an den Folgen der *Cholera infantum* gestorben war. Sofort drückte er auf seinem Bauch herum. Aber das Wasser in New York schien in Ordnung gewesen zu sein, und wenn er auf dem Schiff verseuchtes Wasser getrunken hätte, wäre er wahrscheinlich schon längst tot.

Die schlechten Nachrichten gingen auch auf den nächsten Seiten weiter. Bei Kampfhandlungen zwischen US-Truppen und 1000 Angehörigen der Comanche und Kiowa am Red River wurden achtzig Soldaten getötet. Ihre Aufgabe wäre es gewesen, Fort Arbuckle vor den Angriffen der Indianer zu schützen. Nach dieser Attacke herrschte im Grenzgebiet große Aufregung. Rossini hätte gerne mehr über diesen Indianerüberfall erfahren. Vor allem hätte ihn interessiert, ob es auch auf seiner Reiseroute zu solchen Überfällen kam.

Als Nächstes las Rossini in einem Sechszeiler, dass das Dampfschiff Niger kürzlich ohne Sklaven aus Afrika zurückgekehrt sei: »Her officers report, that no slaves have lately been captured on the coast of Africa.« Schiffsuntergänge, Indianerüberfälle, Cholera, Sklavenschiffe – schön langsam fragte sich Rossini, in welchem Land er sich eigentlich befand.

Er wollte die Zeitung gerade weglegen, als er in einer Schlagzeile das Wort »Execution« las. Nach da Pontes Schilderung der öffentlichen Hinrichtung in Wien wollte er sich diesen Artikel natürlich nicht entgehen lassen. Unter der Überschrift »Execution of Ann Hoag and Jonas Wiliams at Poughkeepsie« wurde berichtet, dass die beiden Verurteilten um zwanzig vor zwölf von Sheriff Alonzo M. Morey zu einem Galgen geführt wurden, der eigens für diesen Anlass vor dem Gerichtsgebäude errichtet worden war, und dass neben der 24-köpfigen Jury auch noch achtzig ausgewählte Bürger von Poughkeepsie der Hinrichtung beiwohnen durften. Über die 1821 geborene Ann Hoag erfuhr man, dass sie als kleines Kind von ihren Eltern ausgesetzt worden war, bevor sie zu Zieheltern kam. Später heiratete sie einen wohlhabenden Mann, bekam fünf Kinder und verliebte sich als 29-Jährige in einen gewissen William Summers. Um mit Summers ein neues Leben beginnen zu können, tötete sie ihren Ehemann mit Arsen. Ann Hoag wurde überführt und zum Tod verurteilt, da sie aber gerade wieder schwanger war, musste die Hinrichtung auf die Zeit nach der Geburt ihres Kindes verschoben werden. Dann folgte eine genaue Beschreibung von ihrer äußeren Erscheinung: Sie hatte strahlend blaue Augen und eine helle Haut, war »5 feet 7 inches« groß und hatte ein entschlossenes Auftreten. Außerdem sah sie laut dem Zeitungsbericht wie eine 22-Jährige und nicht wie eine 31-Jährige aus.

Über den ebenfalls zum Tode verurteilten Jonas Wiliams konnte man lesen: »The negro was 5 feet 11 inches in height, of a large muscular build, with a dogged, animal-looking countenance.« Wiliams hatte einige Jahre zuvor eine Witwe mit zwei Töchtern geheiratet. Eine von ihnen, Amelia – sie war elf Jahre und sechs Monate alt – hatte er vergewaltigt und getötet.

Um vierzehn Minuten vor zwölf schüttelte Sheriff Morey den beiden Verurteilten noch einmal die Hand und sagte: »God bless you. I trust, your sins are forgiven«. Dem Bericht zufolge soll Ann Hoag geantwortet haben: »God bless you, dear Sheriff, for your kindness towards me.« Jonas Wiliams schien nichts gesagt zu haben, jedenfalls ist von ihm keine Antwort überliefert.

Bevor die beiden gefesselt wurden, gab es mit Reverend Waldo und den anwesenden Bürgern noch ein gemeinsames, sehr ergreifendes Gebet. Um Punkt zwölf wurden den Verurteilten weiße Kapuzen übergestreift und die Stricke um den Hals gelegt. Sheriff Morey und Deputy Meyers öffneten gleichzeitig die Falltüren, und Ann Hoag und Jonas Wiliams wurden von den 173 bzw. 215 Pfund schweren Gewichten, die an ihren Beinen befestigt waren, nach unten gerissen. Die Frau starb vergleichsweise rasch, während der Mann noch fünf Minuten lang kämpfte, wobei seine Beine immer länger wurden. »His legs were drawn nearly double.«

Rossini knüllte die Zeitung zusammen und warf sie ins Feuer. Er wurde das Gefühl nicht los, in einem Land zu sein, in dem der Tod geradezu verherrlicht wurde.

Myra Henderson

Als Myra Henderson das kleine Farmhaus erreicht hatte, war sie von oben bis unten mit Staub bedeckt. Sie strich Bronco über die pechschwarze Mähne und tätschelte seinen verschwitzten Hals. »Guter Junge«, sagte sie und stieg aus dem Sattel.

»Wo warst du so lange?«, fragte Lucie, die gerade die drei Schweine hinter dem Haus gefüttert hatte.

»Ich habe nachgesehen, ob auf der Weide alles in Ordnung ist und ob der alte Pete draußen gut zurechtkommt«, sagte Myra. Sie nahm ihren Hut ab und schüttelte ihre langen, roten Haare. »Außerdem habe ich noch einen Abstecher zu Devil's Well gemacht und dabei eine heftige Auseinandersetzung mit Fletchers Vorarbeiter Heck Parker gehabt.«

»Bist du verrückt geworden?« Lucie wischte sich die Hände an der Schürze ab und warf Myra einen flehenden Blick zu. »Myra, ich habe dir doch schon hundertmal gesagt, dass du Whip Fletcher aus dem Weg gehen sollst. Du weißt doch, dass mit ihm nicht zu spaßen ist. Wir werden alles versuchen, damit –«

»Lucie«, unterbrach sie Myra, »du machst dir etwas vor, wenn du glaubst, dass uns Whip Fletcher in Ruhe lassen wird. Er expandiert seit Jahren, und ihm bleibt gar nichts anderes übrig, als die Weiden der kleinen Rancher nach und nach in seinen Besitz zu bringen. Sieh dich doch um: Dan Robbins musste verkaufen, Jeff Warren wurde verjagt und sogar Brady McFlaherty hat seine Farm aufgegeben, obwohl er in Irland die Hungersnot miterlebt hat.«

Myra sattelte den verschwitzten Bronco ab und legte ihm eine Schafwolldecke um.

»Ja, und gerade deshalb verstehe ich nicht, weshalb du so verbissen gegen Fletcher kämpfst.«

»Lucie, ich muss diese Sache zu Ende bringen. Wenn ich jetzt aufgeben würde, fände ich mein Leben lang keine Ruhe mehr. Und der Tod meiner Eltern darf nicht umsonst gewesen sein.« Myra führte Bronco im Kreis herum, bis er trocken war, und ließ ihn erst dann an die Tränke.

Lucie ging auf Myra zu und umarmte sie. »Komm, Sweetheart, lass uns auf die Veranda gehen, ich habe Zitronenwasser gemacht.«

Bronco hob den Kopf und gab Lucie einen leichten Stoß. Myra lächelte und nahm den Hengst an den Zügeln. »Er ist schon wieder eifersüchtig. Ich bringe ihn in den Stall und bin gleich bei dir.«

Lucie schüttelte den Kopf und ging ins Haus.

Nachdem Myra den Hengst versorgt hatte, setzte sie sich mit einem Seufzer auf die Bank neben der Haustür. Sie betrachtete die abblätternde Farbe des Verandazauns. Es war nicht die einzige Stelle, die dringend renoviert werden musste.

Lucie kam zurück und reichte Myra ein Glas Limonade. »Ich habe gestern für die Zitronen fast doppelt so viel bezahlt wie noch vor einem Monat. Dieses Mal redete sich Matt Dempsey auf die Trockenheit aus.« Lucie nahm einen Schluck und verzog das Gesicht. »Puh, ganz schön sauer.«

»Ja, aber gut gegen den Durst.« Myra hielt ihr Glas in die Höhe und betrachtete es nachdenklich. »Wenn wir einen Zugang zur Wasserquelle hätten, wären wir gerettet. Wahrscheinlich ist das überhaupt unsere letzte Chance, wenn wir hier überleben wollen.«

»Aber wie willst du das anstellen, Myra? Solange du nicht weißt, was der neue Besitzer mit der Weide vorhat, kannst du überhaupt nichts machen.«

»Genau das ist der entscheidende Punkt, Lucie. Ich habe mich in Poplar Bluff umgehört und erfahren, dass sich Whip Fletcher mehrmals mit Edward Catlin getroffen hat.«

»Mit dem Notar?«

»Ja, und da Catlin auf Fletchers Lohnliste steht, wette ich, dass es dabei um die Wasserrechte ging. Fletchers Pech ist ja, dass ausgerechnet Marshal Bowman verhindert hat, dass er sich den Saloon und Devil's Well klammheimlich unter den Nagel reißen konnte. Und weißt du warum? Weil das Englisch dieses versoffenen Italieners so schlecht war, dass er es nicht einmal geschafft hat, sein eigenes Testament zu schreiben. Also hat er den Marshal gebeten, das für ihn zu übernehmen. Hätte es dieses Testament nicht gegeben, wäre Fletcher mit Sicherheit der Erste gewesen, der den Saloon und die Weide um ein Spottgeld gekauft hätte.«

Lucie schüttelte den Kopf. »Ich verstehe das alles nicht. Warum hat dieser Tommaso Guidarini so kurz vor seinem Tod überhaupt ein Testament gemacht?«

»Keine Ahnung, aber es könnte sein, dass er einfach nicht wollte, dass Fletcher die Wasserrechte bekommt. Sonst hätte er sie ihm ja schon längst verkaufen können. Außerdem glaube ich, dass Fletcher gar nicht gewusst hat, dass es ein Testament gibt.«

Lucie runzelte die Stirn. »Woran ist Guidarini eigentlich gestorben?«

»Angeblich ist er betrunken die Treppe im Saloon hinuntergestürzt. Und dabei hat er sich das Genick gebrochen.«

Lucie sah Myra von der Seite an. »Du glaubst doch nicht, dass Fletcher dabei seine Hände im Spiel gehabt hat?«

»Nein, obwohl ich es ihm zutrauen würde. Auf jeden Fall wird Fletcher alles daransetzen, sich den Zugang zu Devil's Well zu sichern. Testament hin oder her.«

Während Lucie einen Schluck Zitronenwasser nahm, trottete Boomer über den Hof und suchte sich unter dem Walnussbaum ein schattiges Plätzchen. Boomer war ein braungesprenkelter Bernhardinermischling, der ihnen vor zwei Jahren zugelaufen war. Da Myra damals noch überzeugt war, dass es mit der Farm aufwärts gehen würde, hatte sie dem Hund den Namen Boomer gegeben.

»Aber woher willst du wissen, dass der neue Besitzer nicht von sich aus verkaufen will?«, fragte Lucie.

»Das ist ja der Punkt. Ich glaube, dass wir Fletcher einfach zuvorkommen müssen.«

»Und wie willst du das anstellen?«

»Das weiß ich noch nicht«, antwortete Myra.

Lucie sagte nichts und beobachtete ein paar Fliegen, die um ihr Glas herumschwirrten. Die Lage war in der Tat komplizierter, als sie gedacht hatte. Und das nicht nur, weil Myra Angst hatte, die Farm zu verlieren. Lucie liebte Myra, war sich aber nicht sicher, ob sie den Rest ihres Lebens hier verbringen wollte. Aber sie hatte bisher nicht den Mut aufgebracht, mit Myra über dieses Thema zu sprechen. Myra hing an dieser Farm, und sie hätte es wahrscheinlich nicht übers Herz gebracht, von hier wegzuziehen, um woanders ein neues Leben zu beginnen. Aber Lucie ertappte sich immer häufiger dabei, wie sie daran dachte, in einer Stadt zu leben. Und zwar in einer großen Stadt. Ihren geheimen Wunsch, Pianistin zu werden, hatte sie nämlich noch immer nicht aufgegeben.

»Wenn uns die Wasserstelle gehören würde, dann könnten wir uns vielleicht sogar eine Rinderherde anschaffen und –«

»Myra, bitte, sieh den Tatsachen ins Auge«, unterbrach sie Lucie. »Wir haben zweihundert Schafe, die uns gerade einmal das Überleben sichern, und jetzt denkst du über die Anschaffung einer Rinderherde nach. Ich glaube, dass wir eher darüber nachdenken sollten, die Farm überhaupt aufzugeben und –«

Myra sprang auf und sah Lucie entgeistert an. »Was sagst du da?« Myras Stimme zitterte. »Du willst die Farm aufgeben? Lucie, bitte, sag, dass du das nicht ernst meinst. Du bist mein Ein und Alles. Ohne dich –«

Lucie seufzte und nahm Myra in den Arm. »Schon gut«, sagte sie und gab ihr einen Kuss auf die Wange, der von den Tränen leicht salzig schmeckte.

Lucie war in St. Louis aufgewachsen und hatte bereits als Jugendliche gemerkt, dass sie sich von Frauen stärker angezogen fühlte als von Männern. Hatte sie anfangs noch gedacht, dass sich das im Laufe der Zeit schon noch ändern würde, war ihr bald klar geworden, dass dem nicht so war. Da sie mit niemandem über ihre Neigung sprechen konnte, blieb ihr gar nichts anderes übrig, als darauf zu hoffen, dass ihre »Andersartigkeit« unentdeckt blieb. Als sie zwanzig Jahre alt war und ihre gleichaltrigen Freundinnen der Reihe nach heirateten, wunderten sich ihre Eltern, weshalb Lucie noch immer keinen Mann gefunden hatte. Sie zog sich aus der Affäre, indem sie nach Kansas City ging, um an einer Musikschule Klavier zu unterrichten. In Kansas City lernte sie dann eine Frau namens Annie Petrella kennen, in die sie sich verliebte und die ihre Liebe erwiderte. Annies und Lucies Pech war allerdings, dass Annies Mann, ein einflussreicher Anwalt, von der Affäre Wind bekam und Lucie daraufhin ihre Stelle verlor. Annie ging zu ihrem Mann zurück, und Lucie entschloss sich schweren Herzens, nach St. Louis zurückzukehren. Aus Trotz und um ihren Eltern zu beweisen, dass sie »normal« sei, heiratete sie ihren Jugendfreund Frederic Colman. Das Experiment scheiterte allerdings, weil sich Lucie weigerte, mit ihrem Mann zu schlafen. Bereits drei Monate später wurde die Ehe wieder geschieden, und Lucie zog nach Nashville, wo sie als Hauslehrerin die Tochter eines reichen Farmers unterrichtete. Als die Nachstellungen des Farmers immer dreister wurden und sie schließlich ihre Stellung kündigte, weigerte sich der Mann, ihr das noch ausständige Gehalt zu bezahlen. Um sich die Reise zurück nach St. Louis finanzieren zu können, musste Lucie immer wieder Gelegenheitsarbeiten annehmen. So auch in Sikeston, wo sie bei einer Viehversteigerung als Schreiberin arbeitete und Myra Henderson kennenlernte. Myra hatte damals unter dem Gelächter der Rinderzüchter erfolglos versucht, ein paar ihrer Schafe zu verkaufen. Ein Blick hatte genügt, und Lucie und Myra wussten, dass sie die Versteigerungshalle gemeinsam verlassen würden.

Das war vor etwa drei Jahren gewesen, und jetzt saß Lucie auf der Veranda der kleinen Farm und hielt ihre Freundin im Arm.

»Myra, ich habe das nicht so gemeint. Ich dachte nur –«

»Schon gut«, antwortete Myra schniefend, »vielleicht hast du ja recht, und es hat ohnehin alles keinen Sinn.«

Myras Worte weckten Lucies Kampfgeist wieder, und sie sagte entschlossen: »Darling, ich verspreche dir, dass ich mit dir gemeinsam um diese Farm kämpfen werde.« Und nach einer kleinen Pause fügte sie hinzu: »Und je mehr Männer dabei auf der Strecke bleiben, desto besser.«

Lucie strich über Myras lange Haare und war erleichtert, als sie ihr lächelndes Gesicht sah. Sie küssten einander leidenschaftlich, und nachdem Lucie Myras Hemd aufgeknöpft hatte, gingen sie ins Haus und sperrten von innen ab.

E-we-tone-my

Rossini hatte schlecht geschlafen und war mit einem Gefühl aufgewacht, das er nicht einordnen konnte. Erst beim Anblick seines Wagens und der beiden Mulis wurde ihm bewusst, dass er sich irgendwo in Pennsylvania befand und auf dem Weg nach Poplar Bluff in Missouri war. Poplar Bluff, was für ein Name.

Die Gegend war karg, und wegen der Trockenheit hatte das Gras eine braune Färbung. Auch die welken Blätter der wenigen Sträucher deuteten darauf hin, dass es hier schon lange nicht mehr geregnet hatte.

Rossini stand auf und verrichtete neben einem Strauch seine Notdurft, wobei er beim Wasserlassen einen leicht brennenden Schmerz verspürte. »Madonna mia«, murmelte er. Er erinnerte sich an Dr. Piombinos Ermahnungen, stets genügend Wasser zu trinken, und nahm sogleich einen tiefen Zug aus der Flasche.

Wegen der Brandgefahr bildete Rossini aus großen Steinen einen Kreis, in dessen Mitte er Brennholz aufschichtete. In den letzten Tagen hatte er immer wieder Rauchsäulen gesehen, und er war von Farmern darauf hingewiesen worden, beim Feuermachen entsprechend vorsichtig zu sein.

Nachdem sich Rossini neben seinem üblichen Frühstück noch ein Stück Hartkäse genehmigt hatte, schüttete er Erde auf die Glut und packte seine Sachen. Zufrieden stellte er fest, dass er die täglich anfallenden Arbeiten bereits mit einer gewissen Routine erledigte. Das Feuermachen und das Kochen – soweit man bei der Zubereitung von Bohnen aus Konservendosen überhaupt von Kochen sprechen konnte – waren einfacher, als er gedacht hatte, und auch der Umgang mit den beiden Mulis war unkompliziert, solange sie genug zu fressen und zu trinken hatten.

Rossini kletterte auf den Kutschbock und gab Hansel und Bretzel die Zügel, die sich daraufhin langsam in Bewegung setzten.

Einige Stunden später, als die Sonne am höchsten Punkt stand und Rossini der Schweiß in Strömen herunterrann, entdeckte er am Fuße eines Hügels eine Gruppe von Frauen und Kindern. Sie bewegten sich direkt auf ihn zu, und Rossini merkte, wie sein Herz schneller zu schlagen begann. Als sie näher kamen, sah er, dass die Gruppe von einer uralten Indianerin angeführt wurde, der zwei Frauen mittleren Alters sowie drei Kinder folgten. Alle Frauen waren im Gesicht tätowiert, wobei die Tätowierungen der Alten längst verblasst waren. Bei einer der Frauen verliefen vom Rand der Unterlippe bis zur Kinnspitze mehrere Linien, was darauf hinwies, dass sie verheiratet war. Die Jüngste, deren Gesicht mit Blatternnarben übersät war, war unverheiratet, da auf ihrem Kinn nur eine Linie eintätowiert war.

Die Kleider der Frauen waren an vielen Stellen zerrissen und starrten vor Dreck. Soweit Rossini erkennen konnte, waren sie in einer Mischung aus traditioneller Tracht und billiger Handelsware gekleidet. Die Frauen trugen unter ihren Langhemden Unterhosen aus Armeebeständen und an den Füßen Wollsocken, die sich bereits im Stadium der Auflösung befanden. Die Kleidung der Kinder bestand aus zusammengenähten Stoffresten, im Gegensatz zu den Frauen trugen sie allerdings Ledermokassins. Während der eine Zopf der blatternnarbigen Frau mit Otterfell umwickelt war, war der andere mit einem schmutzigen, grauen Stück Stoff zusammengebunden. Ihren Hals zierte ein vielschnuriges Band aus Glasperlen, das sich die weißen Eroberer nicht selten mit Liebesdiensten teuer bezahlen ließen. Die Greisin trug eine Halskette aus den Schalen von Meeresschnecken, und um die rechte Schulter hatte sie ein fadenscheiniges Bandalier geschlungen, auf dem Reste von eingenähten Rotspechtfedern zu erkennen waren. In ihren langen, verfilzten Haaren steckten Truthahnfedern, die in alle Richtungen abstanden. Alles in allem bot die Gruppe ein Bild des Jammers.

Rossini vermutete, dass sie aus einem Reservat geflüchtet waren, um sich zu ihrem alten Stammesgebiet durchzuschlagen. Ein solches Unterfangen war aber nicht nur gefährlich, sondern meist auch aussichtslos. Weiße Siedler machten hier in der Prärie mit herumziehenden Rothäuten üblicherweise kurzen Prozess, indem sie sie einfach am nächsten Baum aufhängten. Patronen waren ihnen für die »roten Nigger« zu schade. Die sparten sie sich für jene Indianer auf, die sich – was ohnehin selten genug vorkam – gegen den Landraub der Weißen zur Wehr setzten.

Die Alte bewegte ihren eingefallenen, zahnlosen Mund und murmelte einige Worte, die Rossini nicht verstand. Dann sah sie ihn aus blutunterlaufenen Augen an und deutete auf ein Bündel, das die Frau mit den Blatternnarben auf dem Rücken trug. »E-we-tone-my«, jammerte sie und deutete Rossini, vom Kutschbock herunterzusteigen.

Rossini folgte ihrer Aufforderung, und noch ehe er begriff, was vor sich ging, legte sie ihm das Bündel vor die Füße. Erst jetzt sah er, dass es sich dabei um ein in dreckige Stoffstreifen gewickeltes Baby handelte. Er warf der Frau einen fragenden Blick zu und zuckte mit den Schultern. Stöhnend bückte sich die Alte, dann drückte sie Rossini das Bündel in die Hand. Reflexartig drehte er sich zur Seite, die Frau stank bestialisch. Rossini betrachtete das Baby und erkannte im selben Augenblick, dass es tot war. Das wächserne Gesicht erinnerte ihn an seine Tochter Celestina, die wenige Tage nach ihrer Geburt gestorben war und genauso ausgesehen hatte wie das tote Baby in seinen Armen. Die Frau, die das Bündel am Rücken getragen hatte, stieß lang gezogene Klagelaute aus und bewegte dabei ihren Kopf vor und zurück, wobei ihre eingebundenen Zöpfe einen eigenartigen Tanz aufführten. Die drei Kinder begannen zu weinen und hielten sich an den Beinen der anderen Frau fest, die offenbar ihre Mutter war.

Nachdem die klagende Frau ihre Arme zum Himmel erhoben und mehrmals »Wakan Tanka!« ausgerufen hatte, kehrte augenblicklich Ruhe ein. Die Alte ging auf Rossini zu, tätschelte sein Gesicht und sagte mit zittriger Stimme: »Etchci-re-kash-cha-racha.« Die beiden Frauen nickten, nahmen die Kinder an der Hand und zogen langsam wieder weiter. Sie drehten sich kein einziges Mal um.

Rossini sah ihnen lange nach und brauchte einige Zeit, um zu begreifen, was soeben geschehen war. Einige Minuten später legte er das Baby auf den Boden und holte aus seiner Werkzeugkiste einen Spaten. Er suchte die Gegend ab und entdeckte jenseits der Straße am Fuße eines Felsens einen verkrüppelten Akazienbaum. Rossini schwitzte, er spürte, wie sein Herz bis zum Hals schlug und seine Schläfen pochten. Er nahm einen Schluck Wasser und verzog das Gesicht. Es schmeckte noch scheußlicher als am Morgen. Bis zum Abend musste er eine Quelle mit frischem Wasser finden. Die Mulis drehten ihre Köpfe in seine Richtung und schnaubten unruhig, aber Rossini ignorierte sie. Vorsichtig hob er das tote Baby auf und ging zu dem Akazienbaum.

Dort angekommen, legte er das Bündel auf den Boden und suchte nach einer geeigneten Stelle für das Grab. Gerade als er mit dem Spaten ein paar Steine zur Seite schieben wollte, hörte er ein bedrohliches Geräusch. Es war das Rasseln einer Klapperschlange. Rossini hielt den Atem an und sah aus den Augenwinkeln, wie die Schlange ihren Kopf vor dem Gesicht des toten Babys nervös hin- und herbewegte. Als in der Nähe ein Vogel aufflog, stieß die Schlange blitzschnell zu. Ohne lange zu überlegen, griff Rossini nach dem Spaten und schlug das Reptil mit dem Eisenblatt entzwei. Wie die Regenwürmer, die er als Kind mit dem Messer durchtrennt hatte, bewegten sich die beiden Teile der Schlange noch kurz weiter, wobei die blutigen Innereien herausquollen.

Angewidert griff Rossini nach dem Bündel und setzte sich in einiger Entfernung auf einen Stein. Kopfschüttelnd betrachtete er das tote Baby, auf dessen linker Wange die Bisswunde deutlich zu erkennen war. »Povero bambino«, murmelte er, während er mit zitternden Fingern das kleine Gesicht streichelte. Dann stand er auf, hob eine Grube aus und legte das Bündel hinein. Er bedeckte die Leiche mit Sand und Steinen. Vom Akazienbaum brach er einen kreuzförmigen Ast ab und steckte ihn zwischen die losen Steine. Mit geschlossenen Augen und gefalteten Händen verharrte Rossini einige Minuten am Grab und ging dann niedergeschlagen zurück zu seinem Wagen. Während er auf den Kutschbock kletterte und sich noch einmal umdrehte, sah er, wie sich ein fuchsähnliches Tier über den Schlangenkadaver hermachte.

Rondo alla Turca

Rossini konnte denken, woran er wollte, es nützte alles nichts: Immer wieder tauchte das Bild des toten Babys vor seinem geistigen Auge auf. Er fragte sich, ob er den Indianerinnen nicht doch hätte helfen können. Aber wie? Er verstand ja nicht einmal ihre Sprache. Auch wenn er es sich nicht eingestehen wollte, aber die Begegnung mit den Frauen und Kindern hatte ihm mehr Angst eingejagt als das Zusammentreffen mit den Onondaga. Rossini vermutete, dass es an der Hoffnungslosigkeit lag, die sie ausstrahlten.

Er sah, dass es bereits kurz nach sechs war. Wegen des Zwischenfalls mit den Indianerinnen hatte er viel Zeit verloren. Aber eigentlich war es ja gleichgültig, ob er einen Tag später an seinem Zielort ankam. Und hatte er tatsächlich Zeit verloren oder nicht doch eher neue Erkenntnisse gewonnen?

Während er über diese Frage nachdachte, merkte er, dass Hansel und Bretzel ihr Tempo beschleunigten und zielgerichtet auf einen großen Heuhaufen zusteuerten, der unweit von ihnen an der Straße aufgeschichtet war. Rossini wunderte sich darüber, weil es in letzter Zeit gar nicht so einfach gewesen war, genügend Heu für seine Mulis zu bekommen. Außerdem hatte er festgestellt, dass die Heupreise immer höher wurden, je weiter er sich Richtung Westen bewegte. »Hay 5 Dollars« stand auf einem Holzschild. Dem Geruch nach zu schließen, musste die Schrift mit Schuhcreme aufgetragen worden sein. Etwas weiter abseits der Straße lag ein ärmliches Farmhaus, zu dem ein holpriger Weg führte.

Auch wenn der Preis hoch war, beschloss Rossini, das Heu zu kaufen, und schlug den Weg zum Haus ein. Bretzel ließ es sich aber nicht nehmen, im Vorbeigehen noch rasch ein Büschel Heu zu fressen. Kurz bevor er das Haus erreicht hatte, hielt Rossini den Wagen an. Täuschte er sich oder –? Er horchte, und nach wenigen Augenblicken bestand kein Zweifel, dass hier tatsächlich jemand auf einem Spinett spielte. Und zwar Mozarts *Rondo alla Turca*. Er kletterte vom Kutschbock und näherte sich vorsichtig dem Haus. Die Musik wurde immer lauter, und als er um die Ecke bog, sah er, dass das Spinett auf der Veranda stand, und dass es eine Frau war, die darauf spielte. Um sie nicht zu erschrecken, blieb er vor der Veranda stehen und räusperte sich. »Entschuldigen Sie, Ma'am«, sagte er und zog den Hut.

Die Frau unterbrach sofort ihr Spiel und schloss den Deckel. Sie stand auf und strich sich nervös über ihre schwarzen Haare, die zu einem Knoten geflochten waren. Sie war vielleicht dreißig Jahre alt und trug eine Schürze. »Möchten Sie Heu kaufen? Mein Mann ist noch auf dem Feld, aber er sollte bald zurück sein. Sie können auch mir das Geld geben.«

»Ja, ich kaufe das Heu«, sagte Rossini und holte eine Fünf-Dollar-Münze hervor. »Sie spielen übrigens sehr gut. Ich habe selten jemanden das *Rondo alla Turca* mit einer solchen Leichtigkeit und gleichzeitig mit so viel Herzblut spielen gehört.«

Die Frau sah Rossini mit einer Mischung aus Erstaunen und Argwohn an. »Sie kennen dieses Stück? Ich spiele Mozart ja eigentlich nur, um die Indianer zu vertreiben. Die Indianer mögen Mozart nicht.«

Rossini glaubte, sich verhört zu haben. »Wie bitte?« Es gab Leute, die behaupteten, dass Mozarts Musik gegen Gemütskrankheiten helfen würde, dass man damit aber auch Menschen vertreiben konnte, hatte er noch nie gehört. »Was wollten die Indianer denn von Ihnen?«

»Lebensmittel, Kleidung, alles, was sie zum Überleben brauchen«, antwortete die Frau achselzuckend. Sie ging die Verandastufen hinunter und blieb vor Rossini stehen. »Das Heu können Sie ja selbst aufladen«, sagte sie und hielt ihm die offene Hand entgegen. Rossini gab ihr das Geld. »Wo haben Sie eigentlich das Spinettspielen gelernt?«

»In New York«, antwortete sie kurz angebunden und drehte sich um.

»In New York? Bei wem?« Rossini war neugierig geworden, weil er sich die Frau plötzlich mit offenen, langen schwarzen Haaren vorstellte und dabei an die Frauen in Lorenzo da Pontes Salon denken musste.

»Hören Sie, Mister«, sagte sie, »ich glaube, es ist besser, wenn Sie jetzt gehen.«

Während die Frau die Verandastufen hoch ging, wurde die Haustür geöffnet, in der ein kleiner Junge erschien. Der Anblick des Kindes erschreckte Rossini. Der Kopf des Jungen war im Verhältnis zu seinem Körper viel zu groß, und sein Gesicht sah aus, als wäre es angeschwollen. Außerdem hatte er ganz schmale Augen. Die Frau nahm das Kind an der Hand und ging mit ihm ins Haus. Sie warf Rossini noch einen kurzen Blick zu und sperrte dann die Tür ab. Rossini schluckte. Er hoffte, dass er sich täuschte und der Lehrer nicht Lorenzo da Ponte war.

Noch lange sinnierte er über die Begegnung mit dieser seltsamen Frau, und je länger er über sie nachdachte, desto wütender wurde er auf da Ponte. Rossini wusste, dass er Don Lorenzo wahrscheinlich unrecht tat und dass es nicht den geringsten Beweis für seine absurden Vermutungen gab. Und was hätte er dem Mann auch schon vorwerfen können? Er selbst hatte früher ja auch ständig mit anderen Frauen geschlafen. Das war etwas anderes, redete er sich ein. Außerdem musste er mit dem Tripper, den er sich damals eingefangen hatte, ohnehin einen hohen Preis für seine Abenteuer bezahlen. »Ogni cosa nella vita ha il suo prezzo« – alles im Leben hat seinen Preis – dachte er, als er von hinten lautes Pferdegetrappel hörte.

Er drehte sich um und sah einen Wagen, der von sechs Pferden gezogen wurde. Auf dem Kutschbock saßen zwei Männer, die ihre Pferde mit lauten Rufen antrieben. Als das Gespann mit hohem Tempo an Rossini vorbeifuhr, konnte er auf der Rückseite des Wagens gerade noch die Aufschrift Wells, Fargo & Company lesen. Den Expresskutschen von William Fargo und Henry Wells, die Personen, Poststücke und Geld beförderten, sollte Rossini noch oft begegnen.

Kamalesh

Rossini sah am Horizont einen dunklen Punkt, der nicht so recht in die Landschaft passte. Da er nicht sicher war, ob es sich um eine Lichtspiegelung handelte, richtete er sein Fernrohr auf das unbekannte Objekt. Er brauchte einige Zeit, um zu begreifen, dass ein schwarz gekleideter Mann am Straßenrand auf einer Decke saß. Rossini überlegte, was er tun sollte. Da er schon seit längerer Zeit keinem Menschen mehr begegnet war, zog er die Zügel an und holte seine Sharps Rifle aus dem Gewehrholster. Er öffnete den Fallblockverschluss und steckte eine Patrone Kaliber .54 in die Kammer. Dann drückte er den Abzugsbügel nach oben und war überrascht, wie leicht es war, ein Gewehr zu laden. Heydman hatte also recht gehabt: Im Falle des Falles werde alles von alleine gehen.

Rossini hoffte zwar, dass das Gewehr nicht zum Einsatz kommen würde, aber da er Angst hatte, möglicherweise in eine Falle zu tappen, wollte er auf Nummer sicher gehen. Er schnalzte mit der Zunge, und Hansel und Bretzel setzten sich wieder in Bewegung.

Als sich Rossini dem Mann auf etwa zwanzig Meter genähert hatte, wurde er nervös. Er wunderte sich, dass der Unbekannte keinerlei Reaktion zeigte. »He, Fremder, was ist los?«, rief Rossini. Etwas Besseres fiel ihm nicht ein, und er hoffte, dass ihn der andere überhaupt verstand. Der Angesprochene drehte den Kopf zur Seite und blinzelte müde.

Die Zügel in der einen, das Gewehr in der anderen Hand, wartete Rossini, was passieren würde. Aber es passierte nichts. Soweit er erkennen konnte, war der Mann unbewaffnet. Rossini kletterte vom Kutschbock und stellte sich vor den dunkelhäutigen Mann, der ihn mit großen, schwarzen Augen ansah.

»Guten Tag«, sagte Rossini und streckte seine Hand aus.

Der Fremde griff nach Rossinis Hand und zog sich an ihr hoch. Rossini war erstaunt, wie leicht der Mann war. Verstärkt wurde dieser Eindruck durch das viel zu große Sakko, das er trug und das ihn noch dünner erscheinen ließ, als er ohnehin schon war. Wegen seiner Hautfarbe und der klapprigen Statur fiel es Rossini schwer, das Alter des Mannes zu schätzen. Er vermutete, dass er zwischen fünfundzwanzig und fünfunddreißig war.

»Namaste. Aham Kamalesh«, sagte der Fremde. Er faltete die Hände vor der Brust und machte eine leichte Verbeugung. Dann klopfte er sich den Staub von seinem Anzug und richtete den Kragen seines Sakkos. »Viel Staub nicht gut für Anzug«, erklärte er und warf dabei einen interessierten Blick auf Rossinis Barchenthemd. Er griff nach dem Stoff und rieb ihn prüfend zwischen den Fingern. »Shubham«, sagte er mit einer anerkennenden Geste.

»Shu – was?«

»Shubham. Sanskrit. Gut«, antwortete Kamalesh.

»Ah, capito«, sagte Rossini, der keineswegs verstand, was der Mann meinte.

Es dauerte eine ganze Weile, ehe Rossini herausgefunden hatte, dass Kamalesh im Auftrag des Maharadschas von Mewar, Raghunat Madho Singh, unterwegs war, um die amerikanische Baumwollindustrie auszuspionieren. Demnach sollte Kamalesh in Erfahrung bringen, ob man die Cotton Gin Machine auch in Mewar bei der Ernte einsetzen konnte. Da in Mewar das arbeitsintensive Rupfen der Baumwolle nach wie vor von Hand erledigt wurde, sollte der Einsatz dieser Maschine der dortigen Baumwollindustrie Aufschwung verleihen. Abgesehen davon, dass Rossini noch nie etwas von einer solchen Maschine gehört hatte, fragte er sich, weshalb sich der Inder ausgerechnet in einer Gegend aufhielt, wo es weit und breit keine Baumwollfelder gab.

»Aber was machen Sie hier mitten im Niemandsland?«

»Komplizierte Geschichte«, antwortete Kamalesh. »Kamalesh sollte in Chambersburg treffen Mittelsmann. Auf dem Weg aber ich wurde überfallen von Indianern. Sind verschwunden, mich haben sie gelassen hier. Mit dieser Decke.« Der Inder deutete auf seine staubige Decke. »Hier, Sie sehen Swastika. Symbol aus Hinduismus. Bedeutet *Alles ist gut* und ist Beweis, dass Indianer stammen aus Indien. Swastika gehört zu Gott Ganesha. Sonnenaufgang. Tag. Leben.«

Rossini verstand kein Wort. Er betrachtete das Kreuz mit den vier nach rechts abgewinkelten Armen. »Und Sie sind sich sicher, dass Sie von Indianern überfallen wurden?«

»Ja«, antwortete Kamalesh. »Und haben mitgenommen ganzes Gepäck. Und Empfehlungsschreiben von Maharadscha. Und Geld.«

»Und in Chambersburg wollten Sie einen Mittelsmann treffen? Obwohl es hier nirgendwo Baumwollfelder gibt?«

»Ziel ist gewesen Baumwollfeld in Virginia. Alles gestanden in Schreiben. Alles weg.«

»Aber was sollten die Indianer mit dem Empfehlungsschreiben eines Maharadschas anfangen?«

Der Inder zuckte mit den Schultern und schloss den obersten Knopf seines Hemds. »Kalt«, sagte er, obwohl die Sonne herunterbrannte und am Himmel keine Wolke zu sehen war.

Rossini kam die Geschichte nicht ganz geheuer vor und er überlegte, was er tun sollte. Wenn dieser Inder tatsächlich überfallen worden war, dann konnte es natürlich sein, dass die Indianer noch in der Nähe waren und Ausschau nach neuen Opfern hielten. Andererseits konnte er aber nicht so recht glauben, was er gehört hatte.

»In Mewar immer heiß«, sagte der Inder und legte sich die Decke um die Schultern.

Rossini, dem der Schweiß in Strömen herunterlief, schüttelte den Kopf und warf einen Blick auf seine Taschenuhr. Er sah, dass es bereits vier Uhr war.

»Wohin Sie fahren?«, fragte Kamalesh.

»Nach Breezewood. Ich kann Sie bis dorthin mitnehmen«, antwortete Rossini wenig begeistert.

»Dhanyawadayh«, sagte Kamalesh mit einer Verbeugung. »Sie haben Wasser? Und Essen? Und Zigarette?«

Rossini füllte kommentarlos seine Blechtasse und reichte sie dem Inder. Der hob die Tasse, legte den Kopf nach hinten und leerte das Wasser gekonnt in den Mund, ohne mit den Lippen die Tasse zu berühren. Aber sofort spuckte er das Wasser wieder aus.

»Pani sein schlecht«, sagte er.

»Tut mir leid, aber ich habe nichts anderes zu trinken«, antwortete Rossini gereizt. Dass er eine Flasche Whisky in seiner Flap-a-doodle-Geheimlade versteckt hatte, behielt er natürlich für sich. »Und jetzt kommen Sie, steigen Sie auf, wir müssen Breezewood noch vor Einbruch der Dunkelheit erreichen.«

Der Inder leerte das restliche Wasser über seine Hände und schüttelte sie so lange aus, bis sie trocken waren. »Kamalesh haben Hunger«, sagte er, nachdem er Rossini die Tasse zurückgegeben hatte.

Ohne ein Wort zu sagen, holte Rossini ein Stück Zwieback hervor und drückte es dem Inder in die Hand.

»Altes Lucchi?«, fragte der und biss widerwillig hinein.

Rossini schüttelte den Kopf und gab den Mulis die Zügel. Er überlegte, wie er den ungebetenen Gast auf schnellstem Weg wieder loswerden könnte. Während der Inder lustlos an seinem Zwieback kaute, murmelte er etwas von »Sai Bhaji« und »Chaler Payesh«.

Rossini sah ihn von der Seite an. »Was sagen Sie?«

»Menschen in Rajputana essen Spinat, Linsen, Reispudding.« Kamaleshs Augen begannen zu leuchten. »Schmeckt besser als altes Lucchi.«

»Das ist aber kein altes Lucchi, das ist Zwieback, verstehen Sie?«

»Aber schmecken wie altes Lucchi.«

»Von mir aus schmeckt es halt wie altes Lucchi, aber ich habe nichts anderes zu essen. Das ist auch der Grund, weshalb ich so schnell wie möglich nach Breezewood kommen muss. Ich brauche dringend frisches Wasser und frische Lebensmittel.«

»Wenn du bist in Eile, mache einen Umweg«, murmelte Kamalesh.

»Ich mache sicher keinen Umweg, und ich werde Sie in Breezewood absetzen.«

Kamalesh sah sich ängstlich um. »Welche Richtung Sie fahren?«

»Ich habe gerade gesagt, dass ich nach Breezewood fahre. Das liegt etwa zehn Meilen westlich von hier.«

»Westlich? Ich müssen nach Süden, Virginia.«

»Das mag schon sein, aber ich fahre nicht nach Süden, ich fahre nach Westen. Wenn Sie möchten, können Sie aber hier absteigen.«

»Nein, nein«, erwiderte Kamalesh mit einer abwehrenden Geste. »Was Sie machen in Westen?«

»Ich fahre nach Missouri.«

»Sie Geschäftsmann? Womit Sie handeln?«

»Ich bin kein Geschäftsmann«, antwortete Rossini genervt. »Ich werde in Poplar Bluff einen Saloon übernehmen.«

»Saloon?«

»Ein Restaurant.«

Kamalesh sah Rossini interessiert an. »Restaurant? Dann Sie sind Koch? Kamalesh sein guter Koch. Aloo Tikka, Muoor Daal, Masala Kaddu, Narial Aur Dudh Pillau und –«

»Hören Sie, ich kenne diese Gerichte nicht. Außerdem dachte ich, Sie sind wegen dieser Baumwoll-Maschine nach Amerika gekommen.«

»Ja, Vater sein hoher Beamter bei Maharadscha von Merwa, was gehört zu Rajputana. Aber er sprechen kein Wort Englisch. Deshalb er mich geschickt, weil ich bei Engländern habe gelernt ein bisschen Englisch. Aber alles geheim.«

»Ihre Reise nach Amerika ist geheim? Was soll das denn wieder heißen? Ich dachte, Sie sind auf der Suche nach dieser Baumwoll-Maschine.«

»Cotton Gin Machine. Engländer wollen nicht, dass wir entwickeln eigene Baumwoll-Industrie. Also müssen gehen anderen Weg.«

»Engländer? Wieso Engländer? Wir sind doch in Amerika.«

»Engländer sind oberste Herrscher von Indien.«

»Mhm«, murmelte Rossini.

»Sie haben Zigarette für mich?«, fragte Kamalesh aufgeräumt.

»Nein, ich rauche nicht«, antwortete Rossini. »Ich dachte, Sie wurden überfallen? Aber ich habe nicht den Eindruck, dass Ihnen das allzu viel ausmacht.«

»Wer auf Jagd nach Tiger geht, muss rechnen, Tiger zu finden«, sagte Kamalesh und rückte näher an Rossini heran.

Mister Kamasutra

Eine halbe Stunde, nachdem Kamalesh auf dem Kutschbock Platz genommen hatte, war er bereits eingeschlafen. Auch wenn Rossini darüber froh war, ärgerte er sich, dass der Inder ausgerechnet seine Schulter als Kopfpolster benutzte. Rossini fragte sich, ob der Mann tatsächlich überfallen worden war oder ob er diese Geschichte einfach erfunden hatte. Irgendwie kamen ihm seine Erzählungen wie Hirngespinste vor. Auf der anderen Seite war er mitten im Niemandsland alleine neben der Straße gesessen, was kein Mensch freiwillig machte.

»Masala chai!«, rief Kamalesh plötzlich und riss den Kopf hoch. »Ap kaun hai?« Er sah sich verwirrt um und starrte Rossini an.

»Was ist los? Haben Sie geträumt?«

Kamalesh rieb sich die Augen. »Ja, ja, jetzt Kamalesh sehen wieder klar. Wohin wir fahren?«

»Wohin wir fahren? Ich habe Ihnen doch schon gesagt, dass wir nach Breezewood fahren und dass ich Sie dort absetzen werde.«

Kamalesh machte ein ängstliches Gesicht und rückte noch näher an Rossini heran. »Kamalesh aber möchten bleiben bei Sahib.« Er warf Rossini einen treuherzigen Blick zu.

»*Was* möchten Sie?!«, schrie Rossini so laut, dass auch die beiden Mulis ihre Ohren spitzten.

»Kamalesh sein guter Koch. Ich können helfen in Restaurant von Sahib. Können kochen Baigan Bharta, Malai Baigan, Sarso –«

»Hören Sie, Mister Kamasutra, in spätestens drei Stunden sind wir in Breezewood, und dort werde ich Sie dann absetzen. Basta.« Er schnalzte mit der Zunge und gab den Mulis die Zügel. »Hü, hott, Hansel und Bretzel, hü, hott!«

Kamalesh begann laut zu lachen und hielt sich dabei die Hand vor den Mund.

»Was ist denn an diesen Namen so komisch?«, fragte Rossini wütend.

»Nicht Namen von Esel seien komisch, aber Sie mich haben genannt Mister Kamasutra. Ich aber heißen Mister Kamalesh. Sahib wissen, was Kamasutra ist?«

Rossini überlegte, und nach längerem Nachdenken fiel ihm ein, woher er das Wort kannte. Als er vor etlichen Jahren in Paris die Händel-Oper *Poro, re dell'Indie* gesehen hatte, war sein Freund Honoré de Balzac eines Tages mit dem in Sanskrit verfassten Buch *Vatsyayanas Kamasutra* aufgetaucht, das Darstellungen von kopulierenden Paaren enthielt, die weder Balzac noch Rossini zuvor gesehen hatten. Natürlich kannten sie Pietro Aretinos *Sonetti lussuriosi* und auch Rétif de la Bretonnes Roman *Le Pornographe,* aber diese literarischen Beschreibungen waren harmlos, verglichen mit den drastischen Darstellungen in diesem Buch. Balzac, der wie Rossini kein Kind von Traurigkeit war, hatte seinem Freund auch anvertraut, dass er einige dieser Stellungen bereits mit einer jungen, verheirateten Marquise ausprobiert hatte, die ihn daraufhin gar nicht mehr gehen lassen wollte. Auch Rossini hatte dieses Buch als Inspirationsquelle für seine Liebesspiele mit der Sängerin Giuditta Pasta benutzt und erst hinterher erfahren, dass Giuditta bereits von Balzac in die indischen Liebeskünste eingeführt worden war.

Kamalesh sah Rossini von der Seite an und wartete auf eine Antwort. Da Rossini aber nichts sagen wollte, zog auch Kamalesh es vor zu schweigen. Während er darüber nachdachte, wie es mit ihm wohl weitergehen würde, sah er, wie die beiden Maultiere mitten im Trab fast gleichzeitig ihre Schwänze hoben und zu kacken begannen. »Esel seien dumme Tiere«, sagte er fast vorwurfsvoll zu Rossini. »In Hinduismus Esel werden verachtet. Kühe aber sein heilig.«

Rossini warf dem Inder einen bösen Blick zu. »Esel sind genauso klug wie Kühe. Vielleicht sogar noch klüger. Außerdem sind das keine Esel, sondern Maultiere.«

Kamalesh richtete seine Decke und tat so, als hätte er Rossini nicht verstanden. »In *Veden* Kuh sein Göttin Prithivi Mata. Und in heiliger Textsammlung *Atharvaveda* Kuh sein Vishnu, Herr des Lebens.«

»Che cazzo dici?«, fragte Rossini scharf.

Um Rossini nicht noch mehr gegen sich aufzubringen, schwieg Kamalesh und richtete seinen Blick starr nach vorne. Nach wenigen Minuten wurde ihm allerdings bereits wieder langweilig und er sagte: »Janani janmabhumishcha svargadapi gariyasi.«

Rossini, der es kaum noch erwarten konnte, den Inder endlich in Breezewood abzusetzen, schüttelte den Kopf und machte eine abfällige Handbewegung.

»Sahib wissen, was Kamalesh gesagt hat?«

»Nein, natürlich weiß ich das nicht. Ich war noch nie in Indien und habe keine Ahnung, was Sie ständig daherplappern.«

»Eigene Mutter und Heimatland sein größer als Himmel.«

Es dauerte eine Weile, bis Rossini Kamaleshs Satz verstanden hatte, und obwohl er den Inder nicht mochte, musste er zugeben, dass er in diesem Fall recht hatte. Aber er war nicht nach Amerika gekommen, um seiner Mutter und seinem Heimatland nachzutrauern. Dass er just in diesem Moment wieder an seine geliebte Mamma denken musste, ärgerte ihn, und er nahm sich vor, dieser

Sache irgendwann einmal auf den Grund zu gehen. Auch wenn er wusste, dass seine Schuldgefühle ihr gegenüber lächerlich waren, nagten sie doch an ihm.

»Wenn Sahib müde, muss trinken grünen Tee.«

»Grünen Tee? Was soll das denn wieder heißen? Ich kenne nur schwarzen Tee. Und wenn ich müde bin, trinke ich Kaffee. Außerdem bin ich gar nicht müde.«

Wie ein kleines Kind rieb sich Kamalesh vor Freude die Hände. »Bodhidharma war Begründer des Zen, als Missionar er kam von Indien nach Shaolin in China, wo er meditierte viele Jahre gegen weiße Wand. Aber wie Sahib auch Bodhidharma wurde müde, und weil er war wütend über Müdigkeit, er schnitt Augenlider ab und warf sie weg. Und aus Bodhidharmas Augenlider ist gewachsen grüner Tee, durch den man bleibt wach. Aber Kamalesh nicht müssen abschneiden Lider, weil Name Kamalesh bedeutet Auge, schön wie Lotus.« Der Inder lächelte zufrieden.

Rossini wurde nicht schlau aus diesem Burschen, der angeblich wenige Stunden zuvor von Indianern überfallen worden war, aber jetzt nichts Besseres zu tun hatte, als ständig irgendwelche absonderlichen Geschichten zu erzählen.

Als hätte Kamalesh Rossinis Gedanken erraten, fragte er: »Was denken Sahib über Kamalesh?«

Rossini zuckte mit den Schultern. »Was soll ich schon über Sie denken? Ich kenne Sie ja gar nicht.«

»Ein bisschen Sahib mich kennen schon, weil Kamalesh sein Brahmane. Brahman sein höchster kosmischer Geist, ohne Anfang, ohne Ende, erste, ewige und absolute Kraft. Brahman auch sein enthalten in Hose von Sahib oder in Schwanz von Esel. Daher Kamalesh essen kein Fleisch.«

Rossinis Kopf schmerzte und er fragte sich, ob es nicht besser gewesen wäre, den Inder einfach seinem Schicksal zu überlassen. Gleichzeitig wusste er aber, dass er es nie übers Herz gebracht hätte, den Mann auf der Straße sitzen zu lassen. Da war sein Mitgefühl stärker als die Vernunft.

Der Wagen rumpelte über die steinige Straße, und irgendwann hatte es Rossini sogar geschafft, Kamaleshs Erzählungen weitgehend auszublenden. Er vernahm zwar Worte wie »Krishna«, »Govinda« und »Gopala«, hatte aber keine Ahnung, was sie zu bedeuten hatten. Irgendwann hörte auch Kamalesh zu reden auf, und erst kurz vor Breezewood meldete er sich wieder zu Wort: »Jal mem rehkar magar se bair karna thik nahin«, sagte er und fügte hinzu: »Wenn man lebt in Wasser, es nicht gut, Krokodil haben als Feind.«

Un vento materiale

Obwohl Breezewood an einem alten Indianerpfad lag und der Conestoga Trail seit Jahren durch diesen Ort führte, war Rossini überrascht, wie heruntergekommen dieses Nest war. Er hielt vor einer windschiefen Hütte, die ein Schild als General Store auswies, was genauso absurd war wie die Tatsache, dass die einzige Straße im Ort Main Street hieß. Neben dem General Store befand sich der Horseshoe Saloon, vor dem ein Billardtisch stand, dem ein Bein fehlte, das man kurzerhand durch Ziegelsteine ersetzt hatte. Um den Tisch herum lungerten ein paar Cowboys, die lautstark die beiden Spieler anfeuerten, auf die offenbar Wetten abgeschlossen wurden.

Vor dem Marshal's Office schlief ein Mann in einem Schaukelstuhl, und am Ende der Straße lag ein Hotel, das keinen Namen hatte, weil es ohnehin mit keinem anderen verwechselt werden konnte. Das war, von ein paar Wohnhäusern abgesehen, Breezewood. Rossini fragte sich, wie man in einem solch trostlosen Nest überhaupt leben konnte, und er hoffte, dass Poplar Bluff anders wäre.

Als Kamalesh sah, wo ihn Rossini absetzen wollte, machte er ein verzagtes Gesicht. Rossini wusste zwar auch nicht, was den Inder hier erwarten würde, aber das war ja schließlich nicht sein Problem. Rossini kratzte sich am Hals und sah den Inder von der Seite an. »Tja, Mister Kamalesh, hier trennen sich unsere Wege. Mehr kann ich für Sie leider nicht tun. Ich wünsche Ihnen alles Gute.« Er drückte Kamaleshs schmächtige Hand und hoffte, dass ihm der Inder keine Schwierigkeiten machen würde.

»Namaste«, antwortete Kamalesh mit einer leichten Verbeugung. Er nahm seine Decke und stieg vom Kutschbock. Dabei sah Rossini, dass sein Anzug noch immer von oben bis unten mit Staub bedeckt war. Als Erstes klopfte Kamalesh seine Kleider sauber, dann inspizierte er die Gegend. Eng an die Hauswände gedrückt, ging er langsam die Main Street entlang.

Von schlechtem Gewissen geplagt, begab sich Rossini zum General Store, der aus der Nähe noch desolater aussah. Bevor er den Laden betrat, drehte er sich noch einmal um, konnte den Inder aber nirgendwo mehr sehen.

Im Laden wusste Rossini bereits nach wenigen Augenblicken, dass er hier keine frischen Lebensmittel bekommen würde. Es gab zwar Bohnen, Erbsen und Gurken in Konservendosen, aber weder Gemüse noch Brot.

»Howdy, Fremder«, brummte ein Mann hinter dem Ladentisch, den Rossini im diffusen Licht gar nicht gesehen hatte.

»Danke, gut«, antwortete Rossini. »Haben Sie Brot?«, fragte er, während er die Whiskyflaschen betrachtete, in denen merkwürdige Dinge schwammen.

»Nein, nur Zwieback«, sagte der Mann und deutete auf einen offenen Jutesack.

»Und auch kein Gemüse, nehme ich an.«

»So ist es, Fremder. Aber getrocknetes Bärenfleisch habe ich noch.« Er griff in ein Holzfass hinter sich und holte einen Klumpen Fleisch heraus, das wie Leder aussah. »Riecht ein bisschen streng, schmeckt aber noch gut. Beschwert hat sich jedenfalls noch keiner, der davon gegessen hat.« Er lachte in seinen Schnurrbart und warf das Stück Fleisch auf den Ladentisch.

»Geben Sie mir drei Konserven mit Bohnen und ein Pfund Zwieback«, sagte Rossini.

Drei Stunden später saß er am Lagerfeuer und würgte den letzten Bissen seines Bohneneintopfs hinunter.

»O, dio«, stöhnte er und hielt sich seinen aufgeblähten Bauch. Wenn ihm vor einem halben Jahr jemand gesagt hätte, dass er sich einmal tagelang von Bohnen und Speck ernähren würde, hätte er über diesen schlechten Scherz nur gelacht. Er schüttelte den Kopf und wischte den aus weißem Rinderhorn geschnitzten Löffel an einem dreckigen Tuch ab.

Während Rossini seine Kochutensilien verstaute, spürte er, wie sich seine Gedärme verkrampften. Er drehte sich ein wenig zur Seite und stützte sich mit der freien Hand auf dem steinigen Boden ab. Dann holte er tief Luft und ließ einen so lauten Furz, dass selbst die Kojoten, die auf einem nahegelegenen Hügel den Vollmond anheulten, für kurze Zeit verstummten. In seiner Lederhose klang der Furz wie ein mächtiger Donner. Rossini hoffte, dass es tatsächlich nur heiße Luft gewesen war und kein *vento materiale*.

Aber nicht nur die Kojoten, auch Rossini verstummte. Täuschte er sich, oder hatte er aus der Richtung des Wagens tatsächlich ein Lachen gehört. Rossini sah sich verwirrt um, und plötzlich wusste er, woher er es kannte.

Noch bevor er den Wagen erreicht hatte, steckte Kamalesh seinen Kopf durch den Schlitz der Plane. »Sahib«, sagte er, wobei der Mond sein lachendes Gesicht beschien, »Sahib haben mit Donner Kontakt zu Gott Parjanya aufgenommen. Wahrlich, sprach König Pravahana Jaivali: Parjanyas Brennmaterial sein Wind, und seine glühenden Kohlen sein Donner.«

Rossini sah Kamalesh lange an, ihm hatte es die Sprache verschlagen. Jetzt war auch klar, wohin der Inder verschwunden war, nachdem ihn Rossini aus den Augen verloren hatte. Gerade einmal drei Stunden hatte er von Kamalesh Ruhe gehabt. Der tat jetzt so, als wäre es das Normalste von der Welt, sich in einem Planwagen zu verstecken.

»Was machen Sie hier, verdammt noch mal?«, fragte Rossini wütend.

»Sahib«, antwortete der Inder treuherzig, »Kamalesh glauben, für Sahib es sein besser, wenn Kamalesh sein an seiner Seite. Kamalesh kann helfen, wenn Sahib sein in Gefahr.«

Rossini überlegte, ob er den Inder verprügeln sollte, aber da ihm körperliche Gewalt zuwider war und er Angst hatte, sich bei einer Prügelei zu verletzen, verwarf er diesen Gedanken gleich wieder. »Ich brauche Ihre Hilfe nicht«, sagte er und blickte fast flehend zum Vollmond, der die Landschaft in ein eigentümliches Licht tauchte.

Kamalesh schien zu ahnen, was Rossini dachte, und hüpfte vom Wagen. »Sahib, Kamalesh haben Angst alleine. Sahib sein einziger Mensch, Kamalesh hier kennen.«

»Und was ist mit dieser Person, die Sie in Chambersburg treffen wollten? Ich dachte, Sie hätten im Namen Ihres Maharadschas in Virginia einen Auftrag zu erledigen.«

»Ja, das sein richtig«, druckste Kamalesh herum, »aber nach Überfall alles sein weg. Geld, alles weg. Kamalesh sein nackt wie neugeborenes Kind.«

»Und was habe ich damit zu tun?«, fragte Rossini. »Ich habe noch eine lange Reise vor mir, und ich kann mich nicht um Sie kümmern, basta. Bei der nächsten Gelegenheit trennen sich unsere Wege, und zwar endgültig. Ich hoffe, ich habe mich klar ausgedrückt.« Mit diesen Worten holte Rossini seine Decke aus dem Wagen, dann suchte er sich in der Nähe des Lagerfeuers einen Schlafplatz.

Nicht nur wegen des Vollmonds konnte er lange nicht einschlafen. Aus den Augenwinkeln beobachtete er, wie Kamalesh auf seiner Decke mit dem Swastika-Symbol saß und die Augen auf den Mond richtete. Rossini hörte, wie er irgendwelche Worte murmelte und dabei die Hände zum Himmel hob.

Rossini seufzte, drehte sich zur Seite und schloss die Augen. Er dachte an Joseph Haydns Oper *Il mondo della luna,* in der dem Kaufmann Buonafede eine Welt auf dem Mond vorgespielt wird, bis er am Ende erkennen muss, dass er doch nur getäuscht worden ist.

Lucie Pearl

Ganz in die Musik versunken, saß Lucie an ihrem Pianino und spielte den Schluss von Louis Moreau Gottschalks *Bamboula,* einem Stück, das der Komponist angeblich während eines durch Typhus ausgelösten Fieberwahns geschrieben hatte. Vor vielen Jahren hatte Lucie in St. Louis ein Konzert Gottschalks gehört und sie war von seinem virtuosen Klavierspiel ebenso begeistert gewesen wie von seinen ausgefallenen Kompositionen. Zum Erstaunen des Publikums spielte Gottschalk nämlich nicht nur Stücke, die von kreolischer, afroamerikanischer und lateinamerikanischer Musik beeinflusst waren, sondern dirigierte auch eine Komposition für zehn Klaviere mit dem Titel *Die Belagerung von Saragossa.* Dass der für vierzehn Klaviere geschriebene Marsch aus dem *Tannhäuser* in St. Louis nicht aufgeführt werden konnte, lag nur daran, dass auf der Bühne lediglich zehn Klaviere Platz hatten. Das Verblüffende an Gottschalk waren aber nicht nur seine Originalität und sein Witz, sondern auch sein Alter: Als er durch die USA tourte, war er nämlich noch keine zwanzig, trotzdem war seine Popularität bereits so groß, dass er sogar auf den Goldgräberfeldern von Kalifornien umjubelte Freiluftkonzerte gab.

Da Lucies Pianino immer noch verstimmt war, klang ihre Interpretation von *Bamboula* nicht ganz so virtuos wie die von Gottschalk. Außerdem verspielte sie sich bei den Prestissimo-Passagen ständig, was sie hörbar daran erinnerte, dass sie schon längere Zeit nicht mehr geübt hatte. In Myras Anwesenheit wollte sie aber nicht mehr spielen, weil sie das Gefühl hatte, dass Myra auf das Pianino eifersüchtig war. Kurz, nachdem Lucie das Pianino von der Tochter eines Farmers in Doniphan billig erstanden hatte, hatte Myra einmal gesagt, dass sie das Instrument nicht möge, weil es sie an Zeiten erinnere, als sie Lucie noch nicht kannte. Lucie hatte versucht, Myra diesen Unsinn auszureden, aber ohne Erfolg.

Jetzt nutzte sie Myras Abwesenheit und merkte, wie sie innerlich aufblühte. Lucie nahm sich vor, bei nächster Gelegenheit mit Myra über dieses Thema zu sprechen, weil sie nicht einsehen wollte, dass sie wegen der Starrköpfigkeit ihrer Freundin auf das Klavierspielen verzichten musste. Allerdings wusste Lucie auch, dass Myra zurzeit andere Probleme hatte. Der Konflikt mit Whip Fletcher, die Schafe, die sich nicht verkaufen ließen, und die anhaltende Trockenheit, das alles waren Dinge, die Myra schwer zu schaffen machten. Wegen der Dürre hatte der alte Pete sogar gemeint, dass die Mutterschafe bald zu wenig Milch geben könnten und sie dann Tiere schlachten müssten. Aber ohne Abnehmer für das Fleisch wäre eine solche Aktion völlig sinnlos. Vor drei Stunden war Myra zu Pete auf die Weide geritten, um sich einen Überblick zu verschaffen, und Lucie war gespannt, mit welchen Nachrichten sie zurückkäme.

Nachdem die Schlussakkorde von *Bamboula* verklungen waren, versuchte Lucie aus dem Gedächtnis noch eine Tarantella Gottschalks zu spielen, was ihr aber nicht gelang. Während sie gedankenverloren auf den Tasten herumklimperte, hörte sie draußen Boomers Gebell. Sie schloss den Deckel und sah Myra, die im Hof Bronco absattelte und zur Tränke führte.

Lucie ging die Treppe hinunter und öffnete die Haustür. »Hallo, Sweetheart«, sagte sie, und gab Myra einen Kuss. Myras Haut schmeckte salzig vom Schweiß. Wie ihre Tränen.

Myra deutete auf ein Stück Fleisch, das sie, in ein Tuch gewickelt, aus ihrer Satteltasche holte. »Pete hat das Lamm gleich draußen auf der Weide geschlachtet«, sagte Myra. »Das gibt ein gutes Abendessen.«

Boomer, vom Geruch des Fleischs angelockt, schlich um die beiden Frauen herum und hob immer wieder neugierig seinen Kopf. »Nein, Boomer, du bekommst nichts«, sagte Myra. Der Hund stupste mit der Schnauze Lucies Bein an, aber nachdem er auch von ihr nichts bekam, trottete er wieder zurück in den Hof, wo er sich unter dem Walnussbaum ein schattiges Plätzchen suchte.

»Lass uns in die Küche gehen«, sagte Myra und verscheuchte ein paar Fliegen, die um das Fleisch kreisten. »Ich bin von dem langen Ritt hundemüde.«

»Und? Was sagt Pete?«, fragte Lucie neugierig, während sie ins Haus gingen.

»Na ja, er meint, dass es knapp werden könnte«, antwortete Myra. Nach einer kurzen Pause sagte sie: »Ich habe mir übrigens überlegt, eines unserer Schweine zu verkaufen. Matt Dempsey würde dafür zwanzig Dollar bezahlen.«

»Für welches? Doch nicht für Fatso?« Lucie blieb in der Küchentür stehen.

»Nein, für Thin Lizzy.«

»Zwanzig Dollar sind trotzdem viel zu wenig.«

»Ja, ich weiß, aber solange wir keine Schafe verkaufen können, müssen wir eine Zwischenlösung finden.«

»Aber, Myra, das ist doch keine Lösung. Was hat Pete über den Zustand der Herde gesagt?«

Myra seufzte. »Er wird sie in spätestens zwei Wochen zur Wasserstelle treiben müssen, wenn es bis dahin nicht geregnet hat. Der Devil's Creek ist fast ausgetrocknet, ihm bleibt dann gar keine andere Wahl.«

»Was?« Lucie sah Myra ungläubig an. »Du riskierst es, Whip Fletcher in die Quere zu kommen? Myra, das ist

Wahnsinn! Fletcher lässt sich das nie und nimmer gefallen, und das weißt du genau. Ich wette, dass er bereits seine Leute dort postiert hat und dass er längst seine Rinder zur Wasserstelle treibt.«

»Ja, und genau das ist das Problem«, sagte Myra. »Um dorthin zu kommen, muss er nämlich eine unserer Weiden überqueren. Und das werde ich unter keinen Umständen dulden.«

»Aber was willst du tun? Fletcher hat mindestens vierzig Männer, die für ihn arbeiten. Wir haben den alten Pete. Myra, ich bitte dich.«

»Lucie, reg dich nicht auf. Es ist ja noch gar nichts passiert. Vielleicht regnet es ja in den nächsten Tagen, dann führt der Devil's Creek wieder genug Wasser und das Gras wächst, und alles wird gut.« Myras Worte hörten sich hohl an. Sie glaubte ja selbst nicht, was sie soeben gesagt hatte.

»Und Pete?«, fragte Lucie. »Wie kommt Pete eigentlich da draußen zurecht?«

Myra zuckte mit den Schultern. »Wir sollen uns um ihn und den Hund keine Sorgen machen. Protector ist zwar ein bisschen abgemagert, aber er ist noch immer gut in Form, sagt Pete. Du weißt ja, dass er es keine drei Tage hier auf der Farm aushalten würde. Und das war schon so, als ich noch ein kleines Mädchen war. Wir können wirklich froh sein, dass wir ihn haben.« In Myras Stimme schwang Besorgnis mit, weil Pete bereits über sechzig war und es um seine Gesundheit nicht zum Besten stand. Sie goss sich aus dem Krug den letzten Rest Wasser in ihre Tasse. »Wir müssen übrigens mit dem Wasser ein bisschen sparsamer umgehen. Der Brunnen ist fast leer.« Und nach einer kurzen Pause fügte sie hinzu: »Lucie, ich glaube, ich weiß jetzt auch, was wir tun mussen.«

Lucie sah Myra gespannt an.

»Wir müssen das selbst in die Hand nehmen und versuchen, mit dem Erben in Kontakt zu treten, noch bevor Fletcher es tut. Verstehst du?«

»Wie? Du meinst –«

»Ja, wir müssen mit ihm reden, bevor er nach Poplar Bluff kommt.«

»Myra, das ist doch – du kannst doch nicht einfach auf gut Glück nach Paducah oder Madisonville reiten und dort warten, bis dieser Erbe auftaucht. Glaub mir, das ist nicht nur vollkommen aussichtslos, sondern auch gefährlich.«

»Das mag schon sein, aber hier zu sitzen und darauf zu warten, von Fletcher vertrieben zu werden, ist auch keine Lösung. Ich habe Marshal Bowman gefragt, und auch wenn er nicht sehr gesprächig war, hat er mir immerhin so viel verraten, dass der Erbe bereits vor drei Wochen New York verlassen hat.«

»Woher weiß er das?«

»Von Catlin.«

»Wie auch immer. Myra, ich finde, dass wir uns das alles noch einmal in Ruhe überlegen sollten.«

Myra klopfte nervös mit den Fingern auf die Tischplatte. »Wir brauchen natürlich einen Plan. Das alles hat nur dann einen Sinn, wenn wir sicher sein können, dass dieser Mister Rossini höchstens ein paar Tagesritte von hier entfernt ist.«

»Rossini? Der Erbe heißt Rossini?«

»Ja, das hat mir Bowman gesagt. Gioachino Rossini aus Italien.«

Lucie überlegte. »Der Name kommt mir irgendwie bekannt vor.«

»Wie? Aber woher solltest du den kennen?«

»Ich weiß nicht, aber ich glaube, dass ich den Namen schon einmal irgendwo gehört habe.«

»In Poplar Bluff?«

»Nein. Vielleicht fällt es mir ja wieder ein.«

Myra zuckte mit den Schultern. »Bei Wells Fargo in Sikeston arbeitet ein entfernter Verwandter von mir, den werde ich bitten, sich umzuhören. Die Expressreiter der Company bekommen ja doch einiges mit.«

Lucie sah Myra an und lächelte. »Sikeston? Erinnerst du dich an die Viehversteigerung in Sikeston?«

»Und ob«, antwortete Myra und sah ihrer Freundin tief in die Augen.

Ringgold

Die Sonne brachte die Luft zum Flimmern, und vor Rossinis geistigem Auge tauchte plötzlich der Strand von Torregaveta bei Neapel auf, wo er sich als junger Mann des Öfteren mit der Sängerin Giulia Grisi getroffen hatte. Rossini, der damals bereits mit Isabella Colbran verheiratet war, fiel die Affäre mit Giulia wahrscheinlich ein, weil es am Strand von Torregaveta so heiß war wie hier. Mit dem Unterschied freilich, dass er sich in Torregaveta mit Giulia vergnügen und sich jederzeit im Meer abkühlen konnte. O Giulia, o mare.

Die Erinnerungen an Giulia und das Meer verblassten sofort, als er etwas entdeckte, was ihn zutiefst beunruhigte. »Porca miseria«, fluchte Rossini und zog die Zügel seiner Mulis an. Er schüttelte verwirrt den Kopf, aber was er sah, war keine Halluzination. Am Straßenrand saß, an einen Felsen gelehnt, tatsächlich ein Schwarzer, dessen Kopf zur Seite geneigt war. Ein paar fette Fleischfliegen umkreisten seinen mächtigen Schädel, und Rossini war sich nicht sicher, ob der Mann überhaupt noch lebte. Er kniff die Augen zusammen und bemerkte, dass sich der Brustkorb des Mannes hob und senkte. Das darf doch alles nicht wahr sein, dachte er entgeistert. Zuerst ein Inder und jetzt ein Mohr. Er überlegte, ob es sich um einen entlaufenen Sklaven handeln könnte, verwarf den Gedanken aber gleich wieder, weil in Pennsylvania die Sklaverei ja längst abgeschafft war.

»Ist ein Problem, Sahib?«, fragte Kamalesh von seiner Schlafstelle aus und krabbelte nach vorne auf den Kutschbock. Er setzte sich neben Rossini und rieb sich gründlich die Augen.

»Schau!«, sagte Rossini und deutete auf den Schwarzen, der selbst im Sitzen noch riesig war.

Kamalesh verzog das Gesicht und rückte sogleich näher an Rossini heran. Rossini machte eine unwirsche Geste und schob den Inder, der ständig Nähe suchte, von sich. Er überlegte, was er tun sollte. Wenn er sich um den Mann kümmerte, würde er ihn sicher nicht mehr loswerden, und *ein* anstrengender Begleiter reichte ihm. Also beschloss er, den Schwarzen einfach sitzen zu lassen und sich so unauffällig wie möglich aus dem Staub zu machen. Mit einem leisen »Schschsch« gab er seinen Maultieren die Zügel und hoffte, dass der Fremde nicht aufwachte. Kamalesh drückte sich noch enger an Rossini, der sich vornahm, den Inder bei nächster Gelegenheit endgültig irgendwo abzusetzen. Tief in seinem Inneren wusste Rossini allerdings, dass er das nicht tun würde. Auch wenn er es sich nicht eingestehen wollte, aber in den letzten Tagen hatte er den kleinen Inder irgendwie lieb gewonnen. Rossini ärgerte sich zwar, fand es auf der anderen Seite aber ganz angenehm, sich ab und zu mit jemandem unterhalten zu können. Was so freilich nicht stimmte, weil ohnehin meistens nur Kamalesh redete.

Just in dem Augenblick, als die Mulis an dem Schwarzen vorbeitrabten, stieß Hansel unvermittelt einen lauten Schrei aus. Hansel hatte das zuvor noch nie gemacht, und es schien fast so, als wäre es Absicht gewesen. Rossini zuckte zusammen und hielt die Luft an, aber es war zu spät. Der Schwarze hob langsam den Kopf und sah sich verwirrt um. Dann murmelte er ein paar unverständliche Worte und verscheuchte mit trägen Handbewegungen die Fliegen, die um seinen Kopf kreisten. Rossini machte ein verzagtes Gesicht und wartete, was passieren würde. Kamalesh griff hilfesuchend nach Rossinis Arm und jammerte wie ein kleines Kind. »Nimm deine Hand weg!«, schimpfte Rossini und klopfte dem Inder auf die Finger. Kamalesh rutschte beleidigt von Rossini weg und vergrub die Hände in den Taschen seines viel zu großen Sakkos. So heiß konnte es gar nicht sein, dass er sein Sakko auszog.

»Hlf m. Btte hlf m«, murmelte der Schwarze, der Rossini aus blutunterlaufenen Augen anstarrte.

Rossini erschrak, weil er noch nie einen Menschen mit so dunkler Hautfarbe gesehen hatte. Soweit er sich erinnern konnte, waren die Mohren, denen er in Paris, Rom oder Venedig begegnet war, eher schwarzbraun gewesen. Zumindest bildete er sich das ein, obwohl er sich jetzt wunderte, dass er diese Männer – ob dunkelhäutige Frauen auch darunter waren, wusste er gar nicht mehr – nie näher betrachtet hatte. Sie waren bei diversen Banketten unauffällig aus dem Hintergrund aufgetaucht und genauso schnell wieder verschwunden. Ab und zu konnte man schwarze Diener auch auf den Straßen sehen, aber auch dort erregten sie kaum Aufsehen. Kurz musste Rossini an seine Oper *Otello ossia il moro di Venezia* denken, in deren Mittelpunkt ebenfalls ein Mohr stand, allerdings kein echter, sondern ein schwarz geschminkter Sänger. Jetzt fragte er sich, ob der Tenor Andrea Nozzari, der bei der Uraufführung in Neapel den Otello gesungen hatte, überhaupt jemals einen echten Mohren von Angesicht zu Angesicht gesehen hatte. Wahrscheinlich nicht.

Kamalesh zupfte Rossini am Ärmel und machte ein Zeichen, dass sie weiterfahren sollten. Dass er sich wenige Tage zuvor in der gleichen Lage befunden hatte wie jetzt der Schwarze, hatte er schon wieder vergessen.

Ohne ein Wort zu sagen, drückte Rossini dem verblüfften Inder die Zügel in die Hand und stieg vom Kutschbock. Sein Rücken und sein Hinterteil schmerzten, und das Barchenthemd klebte an seinem Körper wie eine zweite Haut. Er leerte etwas Wasser in seine Blechtasse und näherte sich mit vorsichtigen Schritten dem Schwarzen. Wie auf ein Kommando hin stürzten sich die Fliegen, die zuvor den Schwarzen umschwirrt hatten, plötzlich auf Rossinis schweißnasses Hemd.

Unschlüssig musterte Rossini den Fremden, dessen Hemd und Hose an mehreren Stellen zerrissen waren. Die Schuhe musste er verloren haben, jedenfalls waren sie nirgendwo zu sehen. Am linken Oberarm stach Rossini ein Brandzeichen ins Auge, ein K in einem Kreis. Der Schwarze ist also tatsächlich ein Sklave, dachte Rossini, der Sklaven nur von der Opernbühne kannte. Er reichte den Becher dem Mann, der mit zitternden Händen danach griff. Er trank ihn in einem Zug aus, und im Gegensatz zu Kamalesh verzog der Schwarze keine Miene.

Das Wasser musste ihm wieder Leben eingehaucht haben, denn kaum dass er den Becher zurückgegeben hatte, schnalzte er zufrieden mit der Zunge und gab einige unverständliche Laute von sich. Hansel und Bretzel mussten das Schnalzen als Befehl verstanden haben, denn sobald es verklungen war, marschierten die beiden los. Vor lauter Schreck ließ Kamalesh die Zügel fallen und fuchtelte wild mit den Händen herum. »Sahib! Sahib!«, rief er verzweifelt.

Rossini stand da und wartete, bis Kamalesh die Zügel einfach wieder anzog. Aber nichts dergleichen geschah, und auch wenn die Mulis nicht schnell waren, wollte Rossini ihnen nicht nachlaufen. Dazu schmerzten ihn sein Kreuz und seine Füße zu sehr. »Kamalesh, zieh die Zügel an!«, rief Rossini, aber der Inder war dazu viel zu ungeschickt. Stattdessen musste Rossini mitansehen, wie Kamalesh einfach vom Kutschbock sprang und auf die staubige Straße purzelte. Er rappelte sich aber gleich wieder hoch und rannte auf Rossini zu, der Kamalesh am liebsten eine Ohrfeige verpasst hätte.

»Madonna puttana!«, fluchte Rossini, aber der Inder machte bloß eine bedauernde Geste und klopfte sich den Staub von den Kleidern. Im selben Augenblick erhob sich der Schwarze und streckte seinen Körper durch. Im Stehen war der Mann noch größer, als Rossini gedacht hatte. Während er und Kamalesh dumm in der Gegend herumstanden, lief der Schwarze dem Planwagen nach und hielt sich, als er ihn erreicht hatte, an der hinteren Klappwand fest. Dabei stemmte er seine Füße in die staubige Straße und brachte auf diese Weise den Wagen zum Stehen. Hansel und Bretzel wussten zunächst nicht, was sie tun sollten, aber nachdem sie bemerkt hatten, dass sie sich nur noch am Stand bewegten, blieben sie ebenfalls stehen.

Kamalesh rieb sich das Kinn und murmelte etwas auf Hindi, Sanskrit oder Urdu. Auf der einen Seite war Rossini froh, dass der Planwagen zum Stillstand gekommen war, auf der anderen Seite wusste er nicht, wie er die Strecke bis dorthin zurücklegen sollte, ohne wie ein Idiot auszusehen. »Sag ihm, er soll mit dem Wagen zurückkommen und uns abholen«, sagte er zu Kamalesh und deutete auf seine Stiefel. »Ich habe Blasen an den Füßen.«

Kamalesh, der von diesem Auftrag nicht besonders begeistert war, ging widerstrebend los. Beim Wagen führte er dann eine eigenartige Pantomime auf, die Rossini kopfschüttelnd verfolgte. Da er sich nicht vorstellen konnte, dass der Fremde verstand, was Kamalesh sagen wollte, humpelte er wütend in Richtung Wagen. Der Schwarze deutete Rossini stehen zu bleiben und kam auf ihn zu.

Die imposante Erscheinung des Schwarzen ließ aus den Tiefen von Rossinis Bewusstsein eine Szene an die Oberfläche steigen, die er schon längst vergessen hatte: Als er noch ein Junge war, hatte ihn sein Vater einmal auf eine Gastspielreise nach Wien mitgenommen. Dabei hatten sie auch das Naturalienkabinett besucht, in dem es eine besondere Attraktion zu bestaunen gab: den ausgestopften ehemaligen afrikanischen Sklaven Angelo Soliman, der wegen seiner Schachkünste und der vielen Sprachen, die er beherrschte, in Wien hoch angesehen war. Nach seinem Tod 1796 war sein Leichnam auf Anweisung des Kaisers ausgestopft und gemeinsam mit einem Warzenschwein und mehreren Sumpfvögeln im Naturalienkabinett ausgestellt worden. Rossini erinnerte sich, dass Soliman eine bunte Krone aus Straußenfedern trug und dass seine Arme und Beine mit Glasperlenketten geschmückt waren.

Der Schwarze blieb vor Rossini stehen und deutete auf die Blechtasse in dessen Hand. »Good man«, sagte er mit einem Lächeln. Für Rossini klang es so, als hätte ihm der Schwarze gerade einen neuen Namen gegeben. Dann drehte sich der Sklave um, ging in die Hocke und hievte sich Rossini wie einen Mehlsack auf den Rücken. Beim Planwagen angekommen, ging er in die Knie und setzte ihn auf der staubigen Straße wieder ab. Rossini schämte sich ein wenig, weil er sich vorkam wie ein kleines Kind, das zu faul zum Laufen war. Kamalesh tat so, als hätte er nichts gesehen, und zupfte nervös an seinen Kleidern herum.

»Grazie«, sagte Rossini verlegen.

»No problem, Master Goodman«, erwiderte der Schwarze. Dann klopfte er sich mit der Faust auf seine Brust und sagte: »Ringgold.«

Der Inder, der dem Sklaven gerade einmal bis unter die Achsel reichte, hob die Hand und sagte: »Kamalesh.«

Ringgold ignorierte den Inder und holte aus seiner Hosentasche ein zerknittertes Blatt Papier, das er Rossini überreichte. Rossini entfaltete es und sah, dass es sich dabei um eine Seite mit Annoncen aus dem *Cambridge Democrat* vom 7. Juli 1852 handelte. Es wurden Pferde angeboten, Tabakplantagen verkauft und Sklaven versteigert. Er warf dem Schwarzen einen fragenden Blick zu und zuckte mit den Schultern.

Der Mann deutete auf eine bestimmte Stelle, und Rossini las:

»SLAVES – SLAVES.

The subscriber has just received and offers for sale at his old stand, No. 7 Conway street, 16th Ward, Baltimore, the largest lot of NEGROES in the city, consisting of house servants, field hands, and mechanics. They will be sold on reasonable terms for cash or good paper. WM. F. TALBOTT.«

Rossini sah Ringgold an. War er einer der Sklaven, die auf diesem Markt in Baltimore verkauft werden sollten, und war er von dort geflohen? Aber weshalb trug er dann ein Brandzeichen? Er las weiter.

»TWENTY-FIVE DOLLARS REWARD – will be paid for the apprehension of the mulatto boy DANIEL, aged about twenty three years and about 5 feet 5 inches high. He left his master's plantation in Cumberland on the evening of the 5th, and came to this village on the steamboat E. D. White. The above reward will be paid for his delivery at the parish jail or to W. M. GREENWOOD, 40 Elizabeth street.«

In einer anderen Anzeige wurden für eine entlaufene 36-jährige Sklavin namens Rosetta zehn Dollar Belohnung geboten, während für »the negro man JOE« fünfundzwanzig Dollar ausgesetzt waren. Rossini überflog die weiteren Annoncen, bis er verstand, worauf Ringgold hinauswollte:

»THIRTY-FIVE DOLLARS REWARD – Ran away in the early part of July, the negro man RINGGOLD. He is about 34 years old, about 6 feet 5 or 6 inches high and broad shouldered; is a carpenter, whitewasher, & c. The public are cautioned against employing or harboring said boy. Any person delivering the said boy to me at

Hagerstown shall receive the above reward. CHARLES KORNER, 27 Potomac street.«

Korner – jetzt war klar, weshalb Ringgold ein Brandzeichen mit einem K in einem Kreis trug. Auch wenn Rossini nicht genau wusste, was ein *Whitewasher* war, gab es keinen Zweifel mehr, dass Ringgold ein entlaufener Sklave war. Rossini überlegte fieberhaft, was er tun sollte. Wenn er Ringgold mitnahm, lief er Gefahr, mit dem Gesetz in Konflikt zu kommen. Nach dem Fugitive Slave Law machte sich jeder, der einen entlaufenen Sklaven aufnahm oder versteckte, einer Gesetzesübertretung schuldig. Außerdem war die Exekutive in den Nordstaaten verpflichtet, flüchtige Sklaven festzunehmen und ihren Besitzern im Süden zurückzubringen. Daran änderte auch die Tatsache nichts, dass in Pennsylvania die Sklaverei längst abgeschafft war.

Ringgold trat nervös von einem Bein auf das andere und sah sich immer wieder um.

»Wo liegt eigentlich Hagerstown?«, fragte Rossini, der bemerkte, dass die Füße des Schwarzen an einigen Stellen stark bluteten.

»Ist in Maryland. In der Nähe der Grenze. Bin mit einigen anderen geflohen. Ein paar wurden wieder gefangen. Hatte Glück.« Ringgold sprach mit einem eigenartigen Akzent, den Rossini nicht einordnen konnte.

Er holte die Landkarte hervor und fand erst nach längerem Suchen den Ort, der unweit der Mason-Dixon-Linie lag. Diese Linie war nach Streitigkeiten zwischen den Familien Penn aus Pennsylvania und Calvert aus Maryland von Charles Mason und Jeremiah Dixon zwischen 1763 und 1767 gezogen worden und markierte die Grenze zwischen den Nord- und den Südstaaten. Die Penns waren Nachkommen von William Penn, der zur Begleichung einer größeren Geldschuld im Jahr 1681 von König Karl II. ein riesiges Gebiet in der nordamerikanischen Wildnis geschenkt bekommen hatte und auch gleich zum Gouverneur ernannt worden war.

Rossini schätzte, dass Hagerstown von dort, wo sie sich gerade befanden, etwa einhundert Meilen entfernt war. Er überlegte, dass Ringgold mindestens zehn Tage unterwegs gewesen sein musste. »Wohin wollen Sie? Was ist Ihr Ziel?«, fragte er, um zumindest irgendeinen Anhaltspunkt zu haben.

»Weiß nicht«, antwortete Ringgold. »Bin alleine. Brauche Schutzbrief und anderen Namen. Wegen Sklavenjäger. Und Brandzeichen musste weg.« Er deutete auf das Zeichen auf seinem linken Oberarm.

»Einen Schutzbrief? Was für einen Schutzbrief?« Rossini hatte keine Ahnung, wovon Ringgold sprach.

»Schutzbrief ist Freiheit. Sklavenjäger fangen entflohene Sklaven in Nordstaaten. Mit Schutzbrief von Masta Goodman Ringgold ist frei.«

»Masta Goodman?« Rossini nahm seinen Hut vom Kopf und fächelte sich kühlere Luft zu. Schön langsam verstand er, worauf der Schwarze hinauswollte. Wenn er es sich genau überlegte, dann hatte er drei Möglichkeiten: Entweder er ließ Ringgold hier stehen und fuhr mit Kamalesh weiter; oder er nahm ihn mit und setzte ihn im nächsten Ort ab; oder er stellte ihm einen Schutzbrief aus und hatte ihn bis zu seiner Ankunft in Poplar Bluff am Hals. Um keine Zeit zu verlieren, entschied sich Rossini für die zweite Variante. »Los, steigen Sie in den Planwagen. Wir fahren weiter. Aber verhalten Sie sich ruhig.«

»Aber wohin? Und was, wenn Sklavenjäger kommen?« Ringgold machte ein ängstliches Gesicht.

»Das lassen Sie meine Sorge sein«, entgegnete Rossini, der allerdings nicht den blassesten Schimmer hatte, was er in diesem Fall tatsächlich tun sollte. Rossini schob die hintere Plane zur Seite, sodass Ringgold über die Radnabe in den Wagen klettern konnte. Dann fädelte er das

Seil durch die Ösen und machte einen Knoten. Als er auf den Kutschbock stieg, fragte er sich, ob er nicht gerade einen Fehler gemacht hatte.

Kamalesh warf Rossini einen bösen Blick zu und nahm kopfschüttelnd neben ihm Platz.

»Hü, hott!«, rief Rossini, worauf sich Hansel und Bretzel langsam in Bewegung setzten.

Dass Rossinis Route so nahe an der Grenze zu Maryland verlief, war ihm bisher gar nicht bewusst gewesen. Heydman hatte zwar in einem Nebensatz erwähnt, dass in letzter Zeit immer mehr Sklaven vom Süden in den Norden flohen, aber Rossini hatte dieser Bemerkung keine weitere Beachtung geschenkt.

Am Stand der Sonne sah er, dass es kurz nach zwölf war. Ein Kontrollblick auf seine Taschenuhr bestätigte seine Vermutung, und Rossini war stolz, dass er bereits anhand des Sonnenstandes die Tageszeit bestimmen konnte. Aber im Moment waren andere Dinge wichtiger. Rossini hatte eigentlich vorgehabt, über Fort Necessity die Route Richtung Morgantown und Parkersburg zu nehmen, was mit Ringgold natürlich unmöglich war. Erstens wimmelte es in Fort Necessity von Soldaten, und zweitens lagen Morgantown und Parkersburg in Virginia, wo die Sklaverei nach wie vor erlaubt war. Rossini hatte also gar keine andere Wahl, als den südlich von Fort Necessity gelegenen Nemacolin's Trail zu nehmen, auch wenn das bedeutete, dass er einen Umweg machen musste. Aber für Rossini stand fest, dass er Ringgold nicht einfach seinem Schicksal überlassen konnte. In Florenz würde er dann stolz erzählen können, dass er nicht nur einem Inder, sondern auch einem entlaufenen Sklaven das Leben gerettet hatte. Und das nicht in einer Oper, sondern im wirklichen Leben.

Zwei Stunden später hatten sie die Abzweigung zum Nemacolin's Trail erreicht, und es dauerte nicht lange, bis Rossini seinen Entschluss wieder bereute. Der Trail war nämlich ein alter Indianerpfad, der im Gebiet der Allegheny Mountains von den weißen Siedlern als Verbindungsweg zwischen dem Potomac River und dem Monongahela River genutzt wurde. Obwohl Rossini mit seinem Maultiergespann nicht allzu schnell unterwegs war, überholte er damit Kolonnen von vollbeladenen Conestoga Wagons, die von Ochsen gezogen wurden, die noch langsamer waren als seine Mulis.

Kamalesh beobachtete das Geschehen auf der Straße mit gemischten Gefühlen und rückte immer näher an Rossini heran. Rossini schubste ihn zwar wieder weg, aber der Inder ließ sich nicht abschütteln, und irgendwann gab Rossini auf. Kamalesh lächelte zufrieden vor sich hin.

Als es auf den Abend zuging, wurde Rossini immer nervöser. Auch wenn er nicht glaubte, dass sich die Siedler für einen Schwarzen besonders interessierten, wollte er kein unnötiges Risiko eingehen. Aus diesem Grund beschloss er, in der Nähe des Monongahela River vom Nemacolin's Trail in ein Waldstück abzubiegen und dort nach einem geeigneten Rastplatz zu suchen. Nach etwa einer halben Stunde hatten sie unweit des Flusses eine kleine Lichtung erreicht, wo sie anhielten.

Nachdem sich Rossini davon überzeugt hatte, dass sie alleine waren, öffnete er die Plane. Ein penetranter Geruch nach Schweiß und anderen Ausdünstungen, der durch die aufgestaute Hitze im Inneren des Wagens noch verstärkt wurde, strömte ihm entgegen. Rossini hielt sich die Nase zu und sah zu seiner Verwunderung, dass Ringgold tief und fest schlief. Er überlegte, ob er ihn wecken sollte, ließ es aber sein. Der Schwarze war sichtlich erschöpft, und etwas Schlaf würde ihm zweifellos guttun. Zur Durchlüftung des Wageninneren schlug Rossini die Plane zur Seite und versorgte anschließend die Mulis mit Wasser vom nahe gelegenen Fluss. Während er bei den

Tieren stehen blieb, wandte er sich an den Inder: »Kamalesh, hol bitte Zwieback und Speck aus der Proviantkiste, aber sei leise.«

»Aber Kamalesh essen keinen Speck«, protestierte der Inder und verzog das Gesicht.

»Ich weiß«, erwiderte Rossini mit gedämpfter Stimme, »aber erstens bin ich zu müde, um Feuer zu machen, und zweitens möchte ich morgen bereits vor Sonnenaufgang aufbrechen.«

Nur widerwillig gehorchte Kamalesh. Um den Speck nicht angreifen zu müssen, spießte er ihn auf ein Messer. »Sklave stinkt«, sagte er und setzte sich trotzig auf seine Decke.

»Morgen werden wir frische Lebensmittel kaufen«, antwortete Rossini, der hoffte, dass sie dazu überhaupt die Möglichkeit haben würden.

Obwohl Rossini hundemüde war, konnte er nicht einschlafen. Er hörte das laute Schnarchen Ringgolds und das gleichmäßige Rauschen des Monongahela River, das ihn unter anderen Umständen sicherlich beruhigt hätte. Aber die Lage war alles andere als beruhigend, denn Ringgold brauchte neben einem neuen Namen auch noch einen Schutzbrief, um in den Nordstaaten in Freiheit leben zu können. Außerdem musste das Brandzeichen entfernt werden. Rossini hatte nicht die geringste Ahnung, wie das alles zu bewerkstelligen wäre, und er nahm sich vor, bei nächster Gelegenheit mit Ringgold ein klärendes Gespräch zu führen. Im Halbschlaf fiel ihm der ausgestopfte Sklave Angelo Soliman wieder ein, und plötzlich wusste Rossini, wie Ringgolds neuer Name lauten würde.

Virginia

Soweit Rossini das im Dämmerlicht erkennen konnte, schien es Ringgold schon wesentlich besser zu gehen als am Tag davor. Er hatte sich im Fluss gewaschen und sich auch die Wunden an den Füßen gereinigt. Das Problem war allerdings, dass er in seinen abgerissenen Kleidern immer noch wie ein Landstreicher aussah. Da Rossini aber erheblich kleiner und dicker war, konnte er ihm keine Kleider leihen.

Um keine Zeit zu verlieren, verzichtete Rossini auf ein Frühstück und teilte nur etwas Zwieback aus. Kamalesh bekam das letzte Stück Hartkäse, Ringgold ein paar Scheiben Speck.

»Masta Goodman, wohin fahren wir?«, fragte Ringgold, ohne den Speck anzurühren.

»Wir fahren zurück zum Nemacolin's Trail, zweigen dann Richtung Süden ab und werden voraussichtlich morgen Abend die Grenze nach Ohio überqueren.«

»Gut«, sagte Ringgold, »Ohio ist kein Sklavenstaat.«

»Das heißt, dass Sie bis nach Ohio mitfahren wollen?«, fragte Rossini, obwohl Ringgolds Antwort eindeutig war. Der Schwarze nickte, und Rossini war sich nicht sicher, ob er sich darüber freuen sollte. Kamalesh gab durch seine Mimik jedenfalls zu erkennen, dass er auf Ringgolds Begleitung keinen allzu großen Wert legte.

»Also gut«, sagte Rossini, »dann fahren wir weiter.« Er machte eine Pause und wandte sich an Ringgold. »Ab sofort heißen Sie übrigens Soulman.«

Ringgold warf Rossini einen erstaunten Blick zu. »Soulman?« Er dachte kurz nach und sagte dann mit dem Anflug eines Lächelns. »Sklaven Ringgold gibt es nicht mehr. Brauche aber Schutzbrief auf Namen Soulman.«

Rossini sagte nichts und hielt stattdessen die Plane auf, damit sich Soulman wieder im Wagen verstecken konnte. Kamalesh murmelte etwas vor sich hin und hielt in den nächsten Stunden zu Rossini demonstrativ Abstand.

Um möglichst rasch nach Marietta zu gelangen, schlug Rossini den Weg Richtung Süden ein und übersah dabei, dass sie auf dieser Route einen schmalen Streifen von Virginia durchqueren mussten. Erst als sie gegen Abend in der Nähe von New Martinsville an einer Baumwollplantage vorbeikamen, auf der zahlreiche schwarze Sklaven arbeiteten, wurde ihm bewusst, dass er einen Fehler gemacht hatte. Er warf einen Blick auf die Landkarte und sah, dass er viel weiter nach Norden hätte fahren müssen, um direkt von Pennsylvania nach Ohio zu gelangen. Rossini überlegte fieberhaft, was er tun sollte, und als die monotonen Gesänge der Sklavinnen und Sklaven zu ihnen herüberklangen, meldete sich auch schon Soulman zu Wort.

»Masta«, flüsterte er, »höre Sklavengesänge.«

»Porco dio«, fluchte Rossini, dem unverständlich war, wie er die Grenze übersehen hatte können. »Nur ruhig«, antwortete er und stellte fest, dass die Menschen hier kaum Notiz von ihnen nahmen. Auf der Straße nach Martinsville herrschte der übliche Verkehr, und Rossini nahm sich vor, den Ort nach Möglichkeit zu umfahren.

»Masta, alles in Ordnung?«, fragte Soulman hörbar beunruhigt.

»Ruhe, verdammt noch mal«, fluchte Rossini mit gepresster Stimme. Wütend wandte er sich an den Inder. »Kamalesh, ist dir eigentlich aufgefallen, dass wir eine Grenze überquert haben?«

»Kamalesh haben große Steine gesehen mit Zeichen darauf, waren vielleicht Wappen oder Buchstaben.«

»Was?«, platzte es aus Rossini heraus. »Und du sagst nichts, wenn du Grenzsteine siehst?«

Kamalesh machte eine bedauernde Geste. »Haben nicht gewusst, dass waren Grenzsteine. Sahib, was sein das Problem?«

Rossini, der sich mehr über sich als über den Inder ärgerte, antwortete: »Wir haben irrtümlich die Grenze nach Virginia überquert. Siehst du das Baumwollfeld dort? Das sind Sklaven, die da arbeiten.« Rossini hielt kurz inne. »Moment. Wolltest du nicht nach Virginia, um hier etwas über diese Cotton Gin Machine in Erfahrung zu bringen? Wir sind in Virginia, und ich könnte dich gleich hier in New Martinsville absetzen.«

Kamalesh brach der Schweiß aus. Er sah sich nervös um. »Sahib«, sagte er flehend, »Kamalesh haben keine Papiere mehr. Möchte lieber bleiben bei Sahib.«

Rossini überlegte: Wenn er Kamalesh gegen seinen Willen absetzte, konnte es ein, dass er Soulman verriet, was gleichzeitig bedeutete, dass Rossini große Schwierigkeiten bekäme. Also beschloss er, nichts zu unternehmen und zu versuchen, auf schnellstem Weg nach Ohio zu kommen.

»Masta, wir sind in Virginia?«, fragte aus dem Wageninneren Soulman mit zitternder Stimme.

»Soulman, los verstecken Sie sich unter einer Decke. Oder noch besser: Räumen Sie die Werkzeugkiste aus und legen Sie sich hinein. Kamalesh wird Ihnen helfen.«

Um Rossini nicht gegen sich aufzubringen, kletterte Kamalesh sofort durch den schmalen Planenschlitz nach hinten. Bald hörte man, wie die Werkzeugkiste ausgeräumt und der Deckel wieder geschlossen wurde. »Kamalesh«, sagte Rossini, »bekommt Soulman auch genug Luft in der Kiste?«

Wenig später kletterte Kamalesh wieder auf den Kutschbock und sagte aufgeräumt: »Ja, Sahib, Ringgold bekommen genug Luft. Kamalesh haben ein Stück Holz zwischen Kiste und Deckel geklemmt.«

»Soulman, nicht Ringgold, merk dir das«, sagte Rossini streng.

»Ja, Sahib«, antwortete Kamalesh kleinlaut.

Als die ersten Häuser von New Martinsville auftauchten, hielt Rossini nach einer Umfahrungsmöglichkeit Ausschau, fand aber keine. Da er niemanden fragen wollte, musste er notgedrungen den Weg durch den Ort nehmen. Die Gebäude entlang der Hauptstraße unterschieden sich nicht von denen in anderen Orten, mit einer Ausnahme: *AUCTION & NEGRO SALES* stand in riesigen Lettern auf der Wand eines einstöckigen Holzhauses, vor dem ein zigarrerauchender Weißer auf einem Stuhl saß und Zeitung las. Neben ihm lehnte ein Gewehr an der Wand, und Rossini war sich sicher, dass es geladen war.

Durch die verdreckten Scheiben konnte Rossini nicht erkennen, was sich im Inneren des Hauses abspielte, aber als sie wenig später das Ortsende erreicht hatten, war er heilfroh, nicht Zeuge einer Sklaven-Auktion geworden zu sein. Gerade als sie die letzten Häuser hinter sich gelassen hatten und die Brücke über den Ohio River überqueren wollten, kamen ihnen drei Reiter entgegen, von denen einer ein Pferd an den Zügeln führte. Auf diesem Pferd saß ein gefesselter Schwarzer. Beim Näherkommen sah Rossini, dass dessen Gesicht geschwollen und blutig geschlagen war. Rossini und Kamalesh starrten den Schwarzen an, der apathisch ins Leere blickte. »Er wollte flüchten, ist aber nicht weit gekommen«, sagte der Mann mit dem Stern auf der Brust lachend, bevor er die Pferde wieder antrieb.

Rossinis Herz schlug bis zum Hals. Er hatte panische Angst, dass Soulman entdeckt werden könnte. Rossini hatte viele Opern gesehen, in denen Sklaven vorkamen, aber kein einziges Mal hatte er auch nur eine Sekunde darüber nachgedacht, was es im wirklichen Leben bedeutete, Sklave zu sein. Während sie den Ohio River überquerten, beschloss er, Soulman einen Schutzbrief auszustellen.

The Friends of the Truth

Kurz vor Einbruch der Dunkelheit hatte Rossini eine weit abgelegene Waldlichtung mit einer verfallenen Trapperhütte gefunden, wo er sich einigermaßen sicher fühlte. Nachdem er die Umgebung inspiziert hatte, schlug er die Plane zur Seite. Er hoffte, dass Soulman die unbequeme Reise gut überstanden hatte. Als Rossini den Deckel der Werkzeugkiste öffnete, hielt er sich instinktiv die Nase zu. Soulman hatte sich in die Hosen gemacht. Kamalesh sprang fluchtartig vom Wagen und suchte das Weite.

»Soulman, warum haben Sie nichts gesagt?«, fragte Rossini.

»Angst vor Sklavenjägern«, antwortete Soulman mit zitternder Stimme. »Wo sind wir?«

»Ich glaube, dass wir hier in Sicherheit sind. Sie sollten sich aber erst einmal waschen.«

Umständlich kroch Soulman aus der Kiste, deren Boden mit Kot und Urin bedeckt war. Rossini wusste weder, wie er die Kiste reinigen sollte, noch, welche Kleider er Soulman geben könnte. Außerdem hatten sie nicht mehr viel Wasser. Seine ohnehin schon arg zerschlissenen Kleider konnte der Schwarze jedenfalls getrost wegwerfen.

Peinlich berührt kletterte Soulman vom Wagen und verschwand zwischen den Bäumen.

Kamalesh, der die Szene aus sicherer Entfernung beobachtet hatte, kam wieder näher. Er machte ein unglückliches Gesicht. »Sahib, Kamalesh haben Hunger. Wann wir wieder essen?«

»Wir müssen uns noch bis morgen gedulden. Du kannst ja nachsehen, ob du in der Proviantkiste noch etwas findest.«

Kamalesh schüttelte vehement den Kopf. »Nein, Gestank nicht gut für Essen.« Mit einem abgebrochenen Ast stocherte er missmutig im Boden herum. Es hatte den Anschein, als würde er nach etwas Essbarem suchen, aber außer Ameisen und Käfern gab es hier nichts.

Rossini überlegte, wie er Soulman sicher über die Grenze bringen könnte, aber ihm fiel keine praktikable Lösung ein. Ihn wieder in die Werkzeugkiste zu sperren war eine Möglichkeit, die allerdings einige Risiken barg. Natürlich konnte es sein, dass auch die Grenze zu Ohio nicht bewacht war, sich aber darauf zu verlassen, war nicht ungefährlich. Im Schein der Öllampe studierte er die Landkarte und sah, dass sie in der Nähe des Ohio River sein mussten und auf dem Weg zur Grenze durch einen Ort namens Newport kommen würden. Vielleicht kann ich dort für Soulman neue Kleider besorgen, überlegte Rossini, der gleichzeitig wusste, dass das Soulmans Lage nicht wesentlich verbessern würde. Die viel größeren Probleme, die gelöst werden mussten, waren der Schutzbrief und das Brandzeichen. Es war also doch verwickelter, als er gedacht hatte. Nervös blickte er in die Richtung, in der Soulman verschwunden war. Er hoffte, dass sich der Schwarze nicht verlaufen hatte, oder, noch schlimmer, von irgendjemandem erwischt worden war. Nach zwanzig langen Minuten tauchte Soulman endlich auf, blieb aber am Rande der Lichtung hinter einem Baum stehen. Rossini näherte sich dem Schwarzen, der in der Dunkelheit kaum zu sehen war. »Soulman, was ist los?«, fragte er.

»Habe mich im Fluss gewaschen«, sagte er. »Bin nackt.«

»Kamalesh, hol meine Decke und gib mir deine Jacke.«

Der Inder wollte protestieren, überlegte es sich aber wieder anders. Schließlich waren sie ja noch immer in Virginia, und wenn er es sich mit Rossini verscherzte, konnte es sein, dass ihn dieser kurzerhand hier absetzte. Also holte er Rossinis Decke und zog widerwillig sein schwarzes Jackett aus.

»Hier, etwas anderes habe ich leider nicht«, sagte Rossini.

»Good man, Masta Goodman«, sagte Soulman, während er sich die Decke um die Hüfte wickelte. Dann schlüpfte er in das Jackett, das ihm viel zu klein war und sofort unter den Achseln zerriss. Kamalesh quittierte das Geräusch mit einem lauten Seufzer.

Am nächsten Tag erreichten sie um die Mittagszeit Newport, das am Ufer des Ohio River lag. Rossini hatte Kamalesh eingebläut, die Augen offen zu halten und auf jede Kleinigkeit zu achten. Soulman lag wieder in seiner Kiste, die Rossini unangenehm an einen Sarg erinnerte. Die in der Nacht eingetrockneten Kotreste hatte Soulman mit reichlich Blättern bedeckt, was außerdem den Vorteil hatte, dass er ein bisschen weicher lag.

In Newport fiel Rossini auf, dass hier, im Gegensatz zu New Martinsville, offenbar nur Weiße lebten. Diese Beobachtung bestätigte sich auch auf den Feldern, wo statt Baumwolle und Tabak nur Gemüse angebaut wurde. Da das Gemüse am Ufer des Ohio River trotz der Trockenheit einigermaßen gut gedieh, beschloss Rossini, sich hier mit Kartoffeln, Kraut, Karotten und Zwiebeln einzudecken. Kamalesh nahm diese Entscheidung mit Freude zur Kenntnis.

Noch bevor der Wagen zum Halten kam, waren bereits ein paar Männer stehen geblieben, die Rossini und seinem indischen Begleiter interessierte Blicke zuwarfen.

Auffallend war, dass sowohl die Erwachsenen als auch die Kinder graue Einheitskleidung trugen. Auch die Hüte der Männer waren grau.

»Guten Tag«, grüßte Rossini freundlich.

Ein alter Mann mit einem langen Bart hob die Hand: »Hütet euch, die zu verfolgen, die man zum Spott Quäker nennt, die aber in der Kraft Gottes sind, damit sich die Hand des Herrn nicht gegen euch kehret und euch verderbe. Willkommen bei den Freunden der Wahrheit!«

Rossini runzelte die Stirn, er wusste nicht, was er antworten sollte. Das Wort »Quäker« hatte er verstanden, und er vermutete, dass ihre Kleidung mit der Religionszugehörigkeit zusammenhing. Dabei fiel ihm ein, dass in seiner frühen Oper *La Gazzetta* ein tollpatschiger Quäker namens Monsù Traversen vorkam. Weshalb sein Librettist, Giuseppe Palomba, ausgerechnet einen Quäker auftreten ließ, daran konnte sich Rossini nicht mehr erinnern.

Da ihm keine passende Antwort einfiel, nickte Rossini bloß und fragte: »Ist es möglich, hier Lebensmittel zu kaufen? Ich habe auf Ihren Feldern Gemüse gesehen, und Brot und frisches Wasser bräuchten wir auch dringend.«

»Unser Brot ist euer Brot, und unser Wasser ist euer Wasser«, erwiderte der Mann, der auf ein Haus auf der gegenüberliegenden Straßenseite deutete. Rossini hoffte, dass es in diesem Warehouse mehr zu kaufen gab als im General Store von Breezewood. Er drückte Kamalesh die Zügel in die Hand. »Du wartest hier«, sagte er und fügte leise hinzu: »Pass auf, dass die Plane geschlossen bleibt.«

»Ja«, antwortete Kamalesh wenig begeistert.

Im Gegensatz zu den meisten anderen Läden, die Rossini bisher gesehen hatte, herrschte im Warehouse von Newport eine penible Ordnung. Der Boden, die Regale und der Ladentisch waren sauber geputzt, und selbst die Jutesäcke standen nach Größe sortiert nebeneinander.

Während sich Rossini umsah, ob es auch Kleidung zu kaufen gab, fiel sein Blick auf ein Plakat an der Wand:

»Alle, die spotten und höhnen und peitschen und plagen, die verabscheuen wir; denn alle, die solches tun und es nicht bereuen, werden das Reich Gottes nicht erben.«

Rossini stutzte und las den Text ein zweites Mal. »Was bedeutet das?«, fragte er den alten Mann, der ihn in den Laden begleitet hatte.

»Das bedeutet, dass wir gegen die Sklaverei sind«, sagte dieser entschlossen.

»Aber, wie, ich dachte – wir sind doch hier in Virginia.« Rossini war verwirrt.

»Ja, das ist richtig, aber unser Glaube verbietet uns, die Sklaverei zu unterstützen.« Der Mann hinter dem Ladentisch und seine beiden jungen Helfer nickten zustimmend.

»Ich verstehe«, sagte Rossini, der keineswegs verstand, was das zu bedeuten hatte.

»Ihr seid sicher auf dem Weg nach Ohio«, sagte der Alte.

»Ja, nach Marietta. Woher wissen Sie das?«

»Weil das der einzige Weg zur Grenze ist.«

»Der einzige Weg?« Rossini überlegte kurz. »Ist die Grenze eigentlich bewacht? Ich frage, weil meinem indischen Begleiter die Papiere gestohlen wurden.«

Die Männer im Raum warfen einander rasche Blicke zu. »Nein. Und zurzeit sind auch weder Polizisten noch Sklavenjäger unterwegs«, sagte der Alte, »sonst wären sie hier durchgekommen. Als Quäker lehnen wir die Sklaverei ab, das wissen auch die Sklavenjäger, aber sie können uns nichts anhaben, weil wir nicht gegen die Gesetze Virginias verstoßen.« Rossini atmete erleichtert auf. Er überlegte, ob er für Soulman etwas zum Anziehen kaufen sollte, aber da es ausschließlich graue Einheitskleidung gab, verwarf er den Gedanken gleich wieder. Er bestellte

Brot und Gemüse, das die beiden Gehilfen in einem Jutesack verstauten, und Wasser.

»Das macht drei Dollar«, sagte der Ladenbesitzer. »Das Wasserfass wird im Hof aufgefüllt.«

»Vielen Dank«, sagte Rossini, der erstaunt war, wie billig hier alles war. Er legte drei Münzen auf den Tisch und trug den Jutesack nach draußen. Dort sah er, wie die beiden Gehilfen das Wasserfass auf eine Schubkarre legten und damit hinter dem Haus verschwanden. Um die Plane nicht öffnen zu müssen, stellte Rossini den Sack auf den Kutschbock, und noch ehe er sichs versah, hatte sich Kamalesh schon ein Stück Brot geschnappt, in das er herzhaft hineinbiss.

The Underground Railroad

Rossini war sich noch immer nicht sicher, ob sie die Grenze zu Ohio bereits passiert hatten. Die Straße von Newport Richtung Marietta führte über weite Strecken durch unwegsames Gelände, und die letzten Stunden waren sie meist durch bewaldetes Gebiet gefahren. Rossini war unruhig und angespannt. Er sah, dass die Strapazen der letzten Stunden auch an Kamalesh nicht spurlos vorübergegangen waren. Wie es Soulman in seiner Kiste ging, wusste Rossini nicht, aber er konnte sich vorstellen, dass der Schwarze wahrscheinlich vor Angst fast starb. Wäre Soulman in Virginia tatsächlich von Polizisten oder Sklavenjägern erwischt worden, hätte sich Rossini bis ans Lebensende Vorwürfe gemacht, also hoffte er aus tiefstem Herzen, dass sie Marietta bald unversehrt erreichten.

Rossini war sich im Klaren darüber, dass er für Soulman schnellstens eine Lösung finden musste. Nachdem in Ohio die Sklaverei abgeschafft war, würde Soulman dort unbehelligt leben können, vorausgesetzt, er würde ihm einen Schutzbrief ausstellen. Außerdem musste Soulman sein Brandzeichen loswerden. Während sich Rossini fragte, wie das wohl vor sich gehen würde, zog ihn Kamalesh am Ärmel. »Sahib, Sahib«, sagte er aufgeregt und deutete auf eine Menschengruppe, die am Waldrand stand. Sofort hielt Rossini die Maultiere an und sah sich nervös um. Soweit er erkennen konnte, handelte es sich um eine Gruppe von schwarzen Frauen und Kindern, die einander umarmten und aufgeregt durcheinanderredeten. Auf dem Boden verstreut lagen mehrere Bündel, und als Rossini zwei ältere weiße Männer erblickte, die sich den Frauen und Kindern näherten, befürchtete er schon das Schlimmste. Aber auch die Männer umarmten die Frauen und streichelten den Kindern über die Köpfe. Als eines der Kinder in ihre Richtung zeigte, machte sich unter den Frauen Unruhe breit, und sofort bewegten sich die beiden Männer auf den Wagen zu.

»Ganz ruhig, Kamalesh«, sagte Rossini und schluckte nervös.

Beim Wagen angekommen, fragte der Ältere mit einem misstrauischen Unterton: »Können wir Ihnen helfen?«

»Wir sind auf dem Weg nach Marietta«, sagte Rossini, »und wir haben uns anscheinend verfahren.«

Der Mann deutete vage Richtung Waldrand. »Nein, nein, Sie sind hier schon richtig, Marietta liegt drei Meilen von hier entfernt.«

»Heißt das, wir sind schon über der Grenze?«, fragte Rossini gespannt.

»Ja, natürlich«, antwortete der Mann. »Kommen Sie aus Virginia?«

»Ja«, sagte Rossini und wandte sich erleichtert an Kamalesh. »Hast du gehört, wir sind in Ohio.«

Kaum hatte Rossini das Wort »Ohio« ausgesprochen, hörte man aus dem Wageninneren ein Gepolter, und noch ehe Rossini wusste, was es war, kletterte Soulman durch den vorderen Planenschlitz auf den Kutschbock, und rief: »Useko! Nasara wakude!«

Mit der Decke um die Hüften und dem viel zu kleinen und unter den Achseln zerrissenen Sakko sah Soulman aus, als würde er von einem Karnevalsumzug kommen. Die beiden Männer starrten Soulman an, aber Rossini tat so, als wäre nichts passiert. »Ja, also, danke für den Hinweis«, sagte er beiläufig. »Wir werden uns dann auf den Weg machen.«

Aber Soulman war viel zu aufgekratzt, um sich hinzusetzen oder in das Wageninnere zurückzuklettern. Stattdessen klatschte er in die Hände und begann zu singen.

»My name is Harriet.
I'm in charge of the underground railroad.
Oh, yeah.
Come on in, don't be afraid,
Have a seat down below, on the underground railroad.
I'm going back, to save my mother.
Oh, yeah.
I'm going back, to save my father.
Oh, yeah.
Brothers, brothers, keep on going.
Sisters, sisters, follow that north star to freedom.
Mothers, mothers, keep your babies quiet.
Oh, yeah.«

Noch während Soulman sang, kamen auch die Frauen und Kinder zum Wagen und klatschten im Rhythmus des Liedes in die Hände. Rossini kletterte vom Kutschbock, und wandte sich an einen der Weißen: »Haben Sie eine Ahnung, was hier vor sich geht?«

»Harriet Tubman war Sklavin in Maryland, sie ist die große Heldin der befreiten Sklaven, weil sie unzähligen von ihnen auf der Flucht geholfen hat.«

Rossini stand mit offenem Mund da und schüttelte ungläubig den Kopf. »Auf der Flucht geholfen?«

»Ja«, sagte der Mann und deutete auf die Frauen und Kinder, »auch diese hier haben wir heute mithilfe der underground railroad über die Grenze gebracht.«

»Underground railroad?«

»Die underground railroad ist ein Netzwerk von Fluchthelfern, das in den Südstaaten aktiv ist und auch im Norden viele Unterstützer hat.«

»Ja«, mischte sich Soulman ein, »geheime Routen, geheime Lieder, geheime Stationen, alte Bahnhöfe, abgelegene Scheunen. Auch Weiße helfen mit. Wie Masta Goodman.«

Die beiden Männer gingen auf Rossini zu und umarmten ihn herzlich. »Mister Goodman, warum haben Sie nicht gleich gesagt, dass Sie ein Abolitionist sind?«

»Äh, ich heiße nicht Goodman, und ich bin kein –« Rossini winkte ab. »Mister Soulman braucht übrigens einen Schutzbrief. Können Sie ihm behilflich sein?«

Als Soulman das hörte, sprang er sofort vom Kutschbock. »Aber, Masta Goodman, Soulman möchte den Schutzbrief von Ihnen.«

Ohne Rossinis Antwort abzuwarten, sagte einer der Männer: »Also, Frederic Curtis, der Notar in Marietta, kann Ihnen sicher helfen.«

Vor Freude führte Soulman einen Tanz auf, wobei ihm seine Decke von der Hüfte glitt. Während sich die älteren Frauen verschämt abwandten, warfen die Jüngeren dem halb nackten Schwarzen neugierige Blicke zu. Soulman aber tat so, als wäre nichts geschehen, und band sich die Decke wieder um.

Drei Stunden später wurde durch ein amtliches Dokument bestätigt, dass der ehemalige Sklave Henry West – den Namen hatte sich Soulman ausgedacht – ab sofort unter dem Schutz von Mister Gioachino Rossini stand und somit ein freier Mann war. Nachdem Rossini das Schriftstück, in dem seine Pflichten detailliert aufgelistet waren, unterschrieben hatte, wurde ihm schlagartig bewusst, dass er ab nun einen zweiten Begleiter am Hals hatte.

Nachdem sie Soulman neu eingekleidet und Kamalesh ein schwarzes, viel zu großes Sakko gekauft hatten, machten sich die drei auf den Weg zum Hufschmied. Mit nacktem Oberkörper stand Soulman neben der Esse, wo der Schmied einen prüfenden Blick auf das Brandzeichen warf. »Kein Problem!«, schrie er, von der jahrelangen Arbeit am Amboss fast taub. Er nahm ein bestimmtes Eisen, hielt es ins Feuer, und sobald es glühte drückte er es auf Soulmans Oberarm. Sofort breitete sich ein unangenehmer Geruch nach verbranntem Fleisch aus. Soulman stieß einen lauten Schrei aus, aber den Hufschmied schien das nicht weiter zu kümmern. Er holte eine Flasche von einem Regal und goss eine hellbraune Flüssigkeit auf ein weißes Tuch. »Ist ein Extrakt von Hopfennüssen!«, schrie er, während er den getränkten Stoff auf Soulmans qualmende Wunde drückte. »Ein altes Heilmittel der Indianer. Schützt vor Infektionen und beschleunigt die Heilung.« Und an Rossini gerichtet sagte er: »Los, verbinden Sie ihn.«

Red Locust

Eine Stunde, nachdem Soulman verschwunden war, tauchte er plötzlich wieder zwischen den Büschen auf und hielt einen kleinen Jutesack in die Höhe.

»Soulman, wo waren Sie so lange?«, fragte Rossini erbost und deutete dabei auf seine Taschenuhr. »Ich dachte schon, Sie wären weggelaufen.«

»Red locust«, antwortete der Schwarze triumphierend. Er öffnete vorsichtig den Sack, in dem es von riesigen roten Insekten nur so wimmelte.

Kamalesh verzog angewidert das Gesicht. »Kamalesh essen kein Fleisch«, sagte er und nahm demonstrativ das letzte Stück Zwieback aus der Proviantkiste.

Rossini sah Soulman verdutzt an. »Heuschrecken? Sie wollen Heuschrecken essen?«

»Gebraten in Öl – ist eine Spezialität aus meiner Heimat. Aber wir müssen zusammenhelfen.« Er schnappte sich eine Heuschrecke und riss ihr Flügel und Beine aus. »So«, sagte er, und hielt dem Inder das sich windende Insekt vors Gesicht.

»Kamalesh sein Hindu«, sagte dieser, während er sich mit einer pathetischen Geste abwandte.

Rossini überlegte kurz: »In Ordnung, ich helfe Ihnen.« Wenn man Austern und Schnecken essen konnte, warum nicht auch Heuschrecken? Er setzte sich auf einen Baumstumpf und begann, den stattlichen Insekten Beine und Flügel auszureißen. Dabei fiel ihm ein, dass er als Kind große Käfer auf ähnliche Weise malträtiert hatte – bevor er sie in einem Wassereimer ertränkte.

Nachdem Soulman in Windeseile dutzende Heuschrecken bearbeitet hatte, zündete er ein Feuer an und stellte einen großen Topf Wasser auf den Rost. Rossini beobachtete ihn dabei aus den Augenwinkeln. Er wunderte sich, wie rasch sich Soulman von den Anstrengungen der letzten Tage erholt hatte. Soulman hatte ja nicht nur eine strapaziöse Flucht von Maryland nach Pennsylvania hinter sich, sondern musste während des unfreiwilligen Abstechers nach Virginia auch noch zwei Tage in einer Werkzeugkiste verbringen. Dazu kam das Wegbrennen des Brandzeichens, über das Soulman aber kaum ein Wort verlor. Entweder war er Schmerzen gewöhnt, oder die Tinktur, die der Hufschmied aufgetragen hatte, war tatsächlich ein Wundermittel.

Sobald das Wasser kochte, kippte Soulman die zuckenden Heuschrecken in den Topf, die augenblicklich eine bläuliche Färbung annahmen. Kamalesh stand daneben und verfolgte Soulmans Aktivitäten mit einer Mischung aus Neugierde und Skepsis. Nach einigen Minuten spießte Soulman mit einem spitzen Ast eine Heuschrecke aus dem Topf auf und biss vorsichtig hinein. »Sie sind weich«, sagte er zufrieden. Anschließend goss er Öl in eine Pfanne und briet die Insekten so lange, bis sie goldbraun waren.

Der Duft von den gebratenen Heuschrecken ließ Rossini das Wasser im Mund zusammenlaufen. Er holte seinen Teller und warf Kamalesh einen fragenden Blick zu. Der Inder schien zu überlegen, und zu Rossinis großer Überraschung sagte er plötzlich: »Grashüpfer sein kein Fleisch«, und schon hatte er sich einen Blechnapf geschnappt.

Ohne Flügel und Beine sahen die Heuschrecken wie riesige Maden aus, erinnerten vom Geschmack her aber eher an Garnelen. »Sehr gut«, sagte Rossini, nachdem er sich ein paar davon in den Mund geschoben hatte.

Kamalesh versteckte sich mit seinem Essen hinter dem Wagen und kam erst wieder hervor, als sein Napf leer war. Er setzte sich auf die Decke und drückte vorsichtig auf seinem Bauch herum.

»Mister Soulman, Sie haben gesagt, dass das eine Spezialität aus Ihrer Heimat ist. Meinen Sie damit Maryland?«, fragte Rossini.

»Nein«, antwortete Soulman. Er machte ein nachdenkliches Gesicht und starrte ins Feuer. »Weiß nicht, wie alt ich war, als ich von Sklavenjägern gefangen wurde. War sicher nicht älter als zehn. Erinnere mich aber genau an die gebratenen Heuschrecken, die wir zu bestimmten Jahreszeiten gegessen haben.«

Kamalesh, der interessiert zugehört hatte, fragte den Schwarzen: »Wie sein richtiger Name von Soulman?«

»Issatou Saidykahn«, antwortete der mit fester Stimme.

»Und was sein Heimatland von Soulman?«

»Das Reich von Massina«, antwortete er. »Unsere Flüsse heißen Niger und Bani. Aber wir waren keine Fischer. Die Fulbe waren Nomaden, zogen mit Ziegen und Schafen im Land umher. Timbuktu habe ich nie gesehen, aber als Kind viel von dieser Stadt gehört. Dafür war ich in Hamdullahi, der Residenz des Amir al-muminin. War der Herrscher der Moslems.«

»An das alles können Sie sich erinnern, obwohl Sie Afrika schon vor so langer Zeit verlassen haben?«, fragte Rossini erstaunt.

Soulman warf Rossini einen finsteren Blick zu. »Habe Afrika nicht verlassen. Wurde wie Millionen Brüder und Schwestern gefangen und als Sklave nach Amerika verschleppt. Vor vielen Jahren, noch auf der Plantage von John Harney, lernte ich einen Mann kennen, der auch aus Massina stammte. Hat mir viel über Geschichte und Kultur von Massina erzählt. Sein Name war Sekou Amadou, und er lehrte mich die drei Grundsätze des Pulaaku: Wata a hersa – Sei dir selbst kein Anlass zur Schande! Wata a hula – Habe keine Furcht! Und Wata a fena – Lüge nicht! Unser Clan lebte nach den Grundsätzen des Pulaaku.«

Rossini und Kamalesh schwiegen. Rossini, weil er wieder an Angelo Soliman denken musste, und Kamalesh, weil er nur die Hälfte verstanden hatte.

Bevor er sich schlafen legte, las Rossini im Schein der Öllampe noch einmal das Flugblatt, das ihm in Marietta ein Helfer der underground railroad zugesteckt hatte:

Caution!!

Colored People of Ohio, One & All,

You are hereby respectfully cautioned and advised, to avoid conversing with the

Watchmen and Police Officers,

For since they are empowered to set as Kidnappers and Slave Catchers,

And they have already been actually employed in Kidnapping, Catching, and keeping Slaves. Therefore, if you value your Liberty, and the Welfare of the Fugitives among you, Shun them in every possible manner, as so many Hounds on the track of the most unfortunate of your race.

Keep a Sharp Look Out for Kidnappers, and have Top Eye open.

June 24, 1852

Laughing Gas

»Cynthiana, establ. March 4, 1850« stand auf einem windschiefen Holzschild, das von mehreren Kugeln durchlöchert war und den nächsten Sturm garantiert nicht überstehen würde. Der Ort lag am Ufer eines Flusses, der Little River hieß und in seinem flachen Bett dreckig-braunes Wasser führte. Rossini hielt den Wagen an und schob seinen Hut in den Nacken. »Mister Soulman, Kamalesh, hört zu«, sagte er, »wir werden uns in Cynthiana Wasser und Lebensmittel besorgen und fahren sofort weiter. Wir haben noch etwa drei Stunden Zeit bis Sonnenuntergang, und wir sollten die Zeit nützen.«

Soulman und Kamalesh, die links und rechts von Rossini auf dem Kutschbock saßen, nickten.

Obwohl es in Cynthiana nur einen Saloon (Wild Turkey Saloon), ein Hotel (The Red Locust Hotel), ein Warenhaus (Whitley's General Store), einen Hufschmied (Jonathan Cruikshank, Horseshoer and Stable) und einige Wohnhäuser gab, herrschte in der Main Street Hochbetrieb. Auch wenn der Goldrausch in Kalifornien längst vorbei war, deckten sich hier unverbesserliche Optimisten noch rasch mit den nötigen Arbeitsgeräten ein. Es konnte ja sein, dass ein riesiger Goldnugget nur darauf wartete, ausgerechnet von einem von ihnen gefunden zu werden.

Die Preise für Spitzhacken, Schaufeln, Waschrinnen und Sickertröge waren hier zwar erheblich höher als in New York, aber immer noch niedriger als in Kalifornien. Dort kostete das alles das Vier- oder Fünffache.

Rossini stellte seinen Conestoga Wagon vor Whitley's General Store ab und bat seine Begleiter, auf ihn zu warten. Er betrat den Laden, der sich bei genauerem Hinsehen als eine Art Lagerraum entpuppte. Neben Arbeitsgeräten, Arbeitskleidung und Waffen gab es zwar auch ein paar Grundnahrungsmittel, allerdings nur wenige, doch die dafür in großen Mengen. Dem Geruch nach zu schließen, schien Einiges davon aber bereits verdorben zu sein, was die Mäuse, die sich an den Mehl- und Maissäcken zu schaffen machten, nicht weiter kümmerte. Ein dürrer Mann mit Schirmkappe, der hinter dem Ladentisch stand, begrüßte Rossini mit den Worten: »Mehl und Mais gibt es ausschließlich in Gunny-Säcken. Lebende Hühner können Sie stückweise haben. Konservendosen gibt es frühestens in einer Woche, und Whisky wird nur im Wild Turkey Saloon ausgeschenkt. Wenn Sie eine Waschrinne oder einen Sickertrog kaufen möchten, müssen Sie sich gedulden, Frank kommt erst in einer Stunde zurück.«

»Äh, und was gibt es sonst? Haben Sie wenigstens Zwieback? Ich brauche eine Dreitagesration Zwieback.«

»Zwieback, geht in Ordnung.«

»Ich bräuchte dringend Bohnen oder –«

»Keine Chance, Mister«, sagte der Mann. »Die Fortyniners haben in den letzten Tagen sämtliche Vorräte aufgekauft. Irgendwo am Sacramento River ist angeblich wieder eine neue Goldader entdeckt worden. Mir soll's recht sein.« Der Verkäufer sah sich verschwörerisch um. »Aber Stockfisch habe ich noch, kostet allerdings fünf Dollar das Stück.«

Rossini dachte an den grauenhaften Stockfisch, den er während der Überfahrt immer freitags vorgesetzt bekommen hatte. »Nein, darauf kann ich gerne verzichten. Wie sieht es mit den Hühnern aus?«

»Ein Stück habe ich noch. Kostet zehn Dollar.«

»Zehn Dollar?« Rossini fiel aus allen Wolken. »In Breezewood habe ich –«

»Tja, Mister, aber wir sind hier nicht in Breezewood, sondern in Cynthiana. Und anders als in Breezewood kreuzen sich hier viele Wege: Der eine führt nach Kalifornien, der andere nach Texas und wieder ein anderer nach Oregon. Wohin fahren Sie?«

»Missouri«, antwortete Rossini. »Ich nehme das Huhn und den Zwieback. Wo finde ich den Brunnen? Ich brauche frisches Wasser.«

»Der Brunnen ist hinten im Hof. Fünf Gallonen kosten zehn Dollar.«

Rossini verschlug es fast die Sprache. »Was? Sie verlangen für Brunnenwasser Geld? Das ist doch –«

»Es hat seit Monaten nicht mehr geregnet, Mister. Die Brunnen sind fast leer.«

»Aber was ist mit dem Wasser für meine Maultiere.«

»Die können doch aus dem Little River trinken.«

»Diese verdreckte Brühe?«

»Das sind die Spielregeln, Mister. In Kalifornien verlangt man fünfzig Dollar für fünf Gallonen. Und in der Wüste haben Siedler dafür sogar schon hundert Dollar bezahlt.« Der Mann ging nach hinten und kam mit drei Packungen Zwieback und einem zerrupften Huhn zurück, das sich kaum mehr bewegte.

»Aber das Huhn ist ja halb tot«, sagte Rossini.

»Na ja, Sie werden es ja ohnehin bald essen, nehme ich an.«

»Ja, aber dafür können Sie doch keine zehn Dollar verlangen.«

»In Ordnung, Mister, geben Sie mir sieben Dollar für das Huhn. Mit den drei Dollar für den Zwieback wären das zehn Dollar. Wie viele Gallonen Wasser nehmen Sie?«

»Zweieinhalb.«

»Das macht dann fünfzehn Dollar.«

Rossini schluckte und legte widerwillig drei Fünf-Dollar-Münzen auf den Tisch.

»Wo ist Ihr Fass?«

»Draußen beim Wagen.«

Rossini betrachtete das abgemagerte Huhn und fragte sich, wie er und Soulman davon satt werden sollten. Wahrscheinlich würde Soulman wieder Heuschrecken fangen müssen. Mit dem Zwieback in der einen und dem Huhn in der anderen Hand verließ Rossini den Laden und ging zum Wagen. »Mister Soulman, bringen Sie das Fass hinein. Wir bekommen zweieinhalb Gallonen Wasser. Wo ist Kamalesh?«

»Da drüben.« Soulman deutete auf die gegenüberliegende Straßenseite. »Hat gesagt, dass er Geld braucht für eine Show.«

»Geld für eine Show?«

Soulman zuckte bloß mit den Schultern und stieg vom Kutschbock. Er nahm das Fass aus der Halterung und ging damit in den Laden. Rossini verstaute den Zwieback und das Huhn im Wagen, dann überquerte er die Straße, wo sich Kamalesh angeregt mit jemandem unterhielt. Dabei deutete er immer wieder auf seine Decke, die er auf dem Boden ausgebreitet hatte.

»Kamalesh, was machst du da?«

»Kamalesh will verkaufen Decke, damit wir können gehen in Show.«

Kamaleshs Gesprächspartner reichte Rossini die Hand. »Josef Wallmann. Ich bin auf dem Weg nach New York und fahre von dort zurück nach Österreich. Durch Zufall bin ich mit Ihrem Freund ins Gespräch gekommen, und dabei hat er mir diese wunderschöne Decke gezeigt.«

Rossini warf einen Blick in das Wageninnere, wo stapelweise Decken lagen.

»Ich gebe Ihnen dreißig Dollar – ein sehr guter Preis.

Ihr Freund hat mir erzählt, dass dieses Swastika-Motiv ursprünglich aus Indien stammt.«

Rossini wusste nicht, was er darauf antworten sollte. Auf der einen Seite gehörte ihm die Decke nicht, auf der anderen Seite fütterte er Kamalesh seit drei Wochen durch, ohne vom Inder auch nur einen Cent gesehen zu haben. Außerdem hatte er keine Ahnung, was für eine Show das war, die Kamalesh unbedingt sehen wollte. »Und? Was willst du machen?«, fragte Rossini.

»Kamalesh verkaufen Decke, dann ich laden Sahib und Soulman ein.«

Wallmann nickte erfreut und gab Kamalesh die Hand. »Abgemacht«, sagte er und drückte dem Inder drei Münzen in die Hand. Kamalesh freute sich wie ein Kind und steckte das Geld ein.

Beim Planwagen zog Kamalesh ein Flugblatt aus seiner Hosentasche. »Hier, Sahib, das wir sehen an.«

EXTRAORDINARY:

GRAND EXHIBITION OF THE EFFECTS
PRODUCED BY INHALING
NITROUS OXIDE, EXHILARATING OF LAUGHING GAS.

SHOW STARTS TONIGHT AT 5 PM
AT THE WILD TURKEY SALOON.

TICKETS 5 DOLLARS!

Rossini schüttelte den Kopf. »Kamalesh, kannst du mir bitte erklären, was das soll?«

»Sahib, ich haben gesprochen mit Mann, der mir hat gegeben Zettel. Kamalesh nehmen Lachgas auf Bühne und zahlen keinen Eintritt. Aber ich laden Sahib und Soulman zu Show ein.«

»Lachgas?«, fragte Rossini. »Was heißt das, du nimmst Lachgas? Kamalesh, bist du verrückt geworden?«

Kamalesh trat aufgeregt von einem Fuß auf den anderen. »Sahib kennen Charas?«

»Charas?«

»In Mewar Männer rauchen Charas. Ist gut für Spiritualität. Und Lachgas sein vielleicht wie Charas.«

Während Rossini überlegte, was Kamalesh damit meinen könnte, kam Soulman mit dem vollen Fass zurück und fixierte es an der Seitenwand des Wagens. Rossini sah Kamalesh forschend an. »Meinst du am Ende Haschisch? Wird dieses Charas aus der Hanfpflanze gewonnen?«

»Ja, Sahib«, sagte Kamalesh erfreut. »Sahib kennen Charas?«

Rossini dachte zurück an die Zeit, als er in Paris mit Honoré de Balzac, Gustave Flaubert, Charles Baudelaire und Théophile Gautier dem Club des Hachichins angehört hatte. In diesem Club war ausgiebig Dawamesk konsumiert worden, ein aus Zimt, Zucker, Muskatnuss, Kardamom und Cannabis bestehendes Backwerk, das eine starke halluzinogene Wirkung hatte. Die monatlichen Treffen im Hôtel Pimodan am Quai d'Anjou dienten in erster Linie der Bewusstseinserweiterung und sollten den Schriftstellern, Malern und Musikern zu neuen Inspirationen verhelfen. Nachdem es im Club aber immer wieder zu besorgniserregenden Zwischenfällen kam, hatte Rossini beschlossen, nicht mehr länger an diesen Treffen teilzunehmen. Und jetzt, Jahre später, fragte ihn mitten in Amerika ein Inder, ob er Haschisch kenne.

»Ja, ich kenne es«, antwortete Rossini. »Aber es ist schon spät, und wir sollten zusehen, dass wir so schnell wie möglich von hier wegkommen.«

Kamalesh machte ein unglückliches Gesicht. »Sahib, aber Kamalesh möchten besuchen Show. Ist vielleicht wichtig für Land Mewar. Kamalesh haben Geld für Karten für Sahib und Soulman.« Er holte die Münzen aus seiner Hosentasche. »Sahib, das sein Geld für zwei Tickets und Unterbringung von Hansel und Bretzel in Stall, wenn wir sein in Show.«

Rossini gab sich geschlagen und griff nach dem Geld. »In Ordnung, von mir aus, aber ich hoffe, dass du weißt, was du tust.«

»Ja, Kamalesh werden sein vorsichtig.« Vergnügt überquerte der Inder die Straße und verschwand zwischen den Pferdefuhrwerken.

Irgendwie hatte Rossini bei dem Gedanken, mit Soulman diese Lachgas-Show zu besuchen, ein ungutes Gefühl. Er hatte Soulman zwar einen Schutzbrief ausgestellt, aber auch wenn Ohio kein Sklavenstaat war, konnten jederzeit Sklavenjäger auftauchen, denen Soulman verdächtig vorkam.

»Hören Sie zu, Soulman«, sagte Rossini. »Wir setzen uns im Saloon in die Nähe des Ausgangs. Wir müssen vorsichtig sein.«

Soulman sah Rossini mit einem stolzen Gesichtsausdruck an: »Habe keine Angst. Bin kein Sklave mehr.« Dann nahm er die Mulis an den Zügeln und führte sie zum Mietstall.

Vor dem Wild Turkey Saloon hatte sich bereits eine lange Schlange gebildet, und die vielen Pferde an den Hitchrails deuteten darauf hin, dass sich auch Cowboys von den nahe gelegenen Farmen diese Show nicht entgehen lassen wollten. Als Rossini unter den Wartenden einige Schwarze erblickte, stieß er Soulman erleichtert an: »Schauen Sie, Soulman, Sie sind hier nicht alleine.«

Soulman tat so, als hätte er Rossini gar nicht gehört.

Nachdem Rossini für zwei Karten zehn Dollar bezahlt hatte, wurden sie von einem Mann in einer fadenscheinigen Livree zum Dancing Saloon nach hinten geführt. »Hier geht's lang, Gentlemen«, sagte der Mann aufgeräumt.

Rossini und Soulman blieben hinter der letzten Sitzreihe stehen, von wo sie nicht nur eine bessere Sicht auf die Bühne hatten, sondern Rossini auch den Ausgang im Auge behalten konnte. Neben ihnen lehnten ein paar Weidereiter, die Kautabak in die Spucknäpfe spien. Beruhigt stellte Rossini fest, dass auch die anderen Schwarzen bereits auf ihren Stühlen Platz genommen hatten.

Als hinter der Bühne ein kräftiger Klavierakkord angeschlagen wurde, verstummte das Gemurmel im Saal. Der rote Vorhang öffnete sich und gab den Blick frei auf eine Konstruktion aus Kisten, Flaschen und Schläuchen, die wohl an ein Laboratorium erinnern sollte. Am Ende eines der Schläuche war ein birnenförmiger Ballon aus vulkanisiertem Gummi angebracht, der schlaff herunterhing. Nach einem zweiten Akkord erschien ein etwa vierzigjähriger Mann in einem eleganten Anzug auf der Bühne, der sich tänzelnd hin und her bewegte und jeden seiner Sätze mit entsprechenden Gesten begleitete.

»Willkommen an diesem wunderschönen Nachmittag im wunderschönen Cynthiana, Ladies and Gentlemen. Mein Name ist Gardner Quincy Colton, und ich verspreche Ihnen, dass Sie heute Zeugen eines außergewöhnlichen Spektakels sein werden. Vielen Dank.« Er gab ein Zeichen, woraufhin wieder Klaviermusik einsetzte.

»Ladies and Gentlemen, Sie werden jetzt hautnah die beglückende Wirkung einer Substanz erleben, die in wissenschaftlichen Kreisen als Stickoxydul bekannt ist, deren wahrer Charakter mit der Bezeichnung Lachgas aber wohl besser beschrieben wird.«

Gardner Quincy Colton ging zu der Konstruktion im Hintergrund und griff nach dem Ballon. »In diesen Ballon werde ich jetzt eine Mischung aus Ammoniumsulfat und Natriumnitrat einleiten, wobei ich darum bitte, keine brennenden Zigaretten auf die Bühne zu werfen.« Colton lachte übertrieben und hob die Hand. »Ladies and Gentlemen, ich bitte um absolute Ruhe.« Sobald das Gemurmel verstummte, drehte Colton vorsichtig an einem Hahn. Im Publikum herrschte gespannte Aufmerksamkeit, aber das Einzige, was man hörte, war ein leises Zischen. Nach und nach füllte sich der Ballon mit Gas und wurde immer größer. Einige Zuschauer in der ersten Reihe duckten sich spaßeshalber, was von anderen mit Gelächter quittiert wurde. Mit geschickten Handgriffen löste Colton den Ballon und hielt ihn wie eine Trophäe in die Höhe. »Und jetzt, Ladies and Gentlemen, darf ich unseren ersten Gast auf die Bühne bitten.«

Zu den Klängen eines schnellen Marsches betrat ein junger Mann die Bühne, der mit schwachem Applaus begrüßt wurde. Colton reichte ihm die Hand. »Willkommen, Mister, ich beglückwünsche Sie zu Ihrer Entscheidung. Sie wissen, was Sie zu tun haben?«

»Ja«, antwortete der Mann und nickte.

»Sehr gut«, sagte Colton, und reichte ihm den Ballon. »Sie atmen jetzt einfach durch diese Öffnung ein paar Mal kräftig ein, und schon kann es losgehen.«

Der Mann zögerte kurz und tat dann, was Colton ihm gesagt hatte. Zunächst passierte gar nichts, aber von einer Sekunde auf die andere begann der Mann plötzlich wie wild herumzuhüpfen und Grimassen zu schneiden. Je ekstatischer die Bewegungen des Mannes wurden, desto lauter lachte das Publikum, und als Colton merkte, dass das Lachen abebbte, führte er den Mann hinter die Bühne.

Nach zwei weiteren Versuchspersonen betrat ein Mann die Bühne, der einen breitkrempigen Hut und eine Überhose aus Ziegenfell trug. An diesen Chaps waren auch die Weidereiter im Publikum zu erkennen, die ihren Gefährten pfeifend und johlend begrüßten. Colton hob die Hände und griff in die Innentasche seines Sakkos. Mit einer theatralischen Geste holte er eine Zange heraus. »Ladies and Gentlemen, was Sie hier sehen, ist eine Zange, wie sie Zahnärzte verwenden.« Sofort ging ein Raunen durch den Saal. »Mister Jack Walsh, ein Weidereiter der Bradded H-Ranch, wird sich heute von mir einen Zahn ziehen lassen, und er wird nichts dabei spüren.«

»Das glaube ich nicht!«, rief einer aus dem Publikum.

»Überzeugen Sie sich selbst, Ladies and Gentlemen.« Gardner Quincy Colton stellte einen Stuhl in die Bühnenmitte und bat Jack Walsh, darauf Platz zu nehmen. Dann wandte er sich erneut an das Publikum. »Für unsere Zwecke genügt es, wenn Mister Walsh nur ganz wenig Lachgas einatmet.« Er reichte dem Mann den Ballon, der nur einmal kurz daran saugte. »Sind Sie bereit, Mister Walsh?«

Walsh verdrehte die Augen und nickte. Colton nahm ihm den Hut ab und stellte sich hinter ihn. Mit der einen Hand umklammerte er Walshs Kopf wie ein Schraubstock, mit der anderen werkte er so lange in Walshs Mund herum, bis ein knackendes Geräusch zu hören war und er schließlich triumphierend einen Zahn in die Höhe hielt. Aus Walshs Mund floss Blut, was den Patienten aber nicht weiter zu stören schien.

»Hier, Ladies and Gentlemen, haben Sie den Beweis, dass man Lachgas auch in der Medizin anwenden kann.«

Das Publikum starrte gebannt auf die Bühne, und während Colton interessiert den Zahn betrachtete, stand Walsh plötzlich auf und zog seinen Revolver. »Yippie-yippie-yeah!«, rief er und schoss lachend eine Kugel in die Decke. Zum Glück für alle Anwesenden ging das Geschoß knapp an einer Petroleumlampe vorbei.

»Kein Grund zur Panik«, sagte Colton, der Walsh am Arm packte. »Alles in Ordnung, Mister Walsh. Ich begleite Sie nach hinten, wo Sie sich ein bisschen ausruhen können. Hier, den Zahn können Sie sich als Andenken mitnehmen. Musik!«

Nach einem musikalischen Intermezzo, während dem sich die Zuschauer lautstark über das bisher Gezeigte unterhielten, betrat Colton mit Kamalesh die Bühne.

»Zum Abschluss unserer außergewöhnlichen Show, Ladies and Gentlemen, freuen wir uns, Mister Kaimanlush begrüßen zu dürfen. Mister Kaimanlush, darf ich fragen, woher Sie kommen?«

»Kamalesh kommen aus Mewar in Rajputana und sein unterwegs in Auftrag von Maharadscha Raghunat Madho Singh.«

Colton sah lächelnd ins Publikum und reichte Kamalesh den Ballon. »Okay, okay, Mister, bitte nur kurz einatmen.«

Kamalesh sog das Gas tief ein und hielt die Luft an. Colton deutete, er solle sofort wieder ausatmen, aber Kamalesh wartete so lange, dass Colton schon glaubte, er würde ohnmächtig werden. Schließlich ließ Kamalesh die Luft mit einem übertrieben lauten Geräusch entweichen.

Der Tanz, den Kamalesh daraufhin aufführte, schien selbst Colton zu überraschen. Kamaleshs Verrenkungen erinnerten an eine Marionette, deren Fäden von einem betrunkenen Spieler gezogen wurden. Nach einer missglückten Pirouette riss sich Kamalesh sein Hemd vom Leib und warf es auf den Boden. Wie ein tobendes Kind trampelte er darauf herum und begann plötzlich ein jahrhundertealtes Mantra zu singen:

»Hare Krishna Hare Krishna
Krishna Krishna Hare Hare
Hare Rama Hare Rama
Rama Rama Hare Hare.«

Dann drehte er sich um und streckte dem Publikum seinen Hintern entgegen. Zum Gaudium der Leute ließ Kamalesh einen lauten Furz, den man dem kleinen Inder gar nicht zugetraut hätte. Die Leute lachten und schlugen sich auf die Schenkel, woraufhin Kamalesh einen noch wilderen Tanz aufführte, der Rossini an eine Tarantella erinnerte. Kamalesh tanzte so lange, bis er am Ende sogar Schaum vor dem Mund hatte. Rossini hoffte, dass er keinen Arzt brauchte. Die Leute bogen sich vor Lachen, und während Kamaleshs Verrenkungen immer grotesker wurden, ertönten vereinzelt sogar Bravorufe.

Nachdem Colton Kamalesh unter sanfter Gewaltanwendung von der Bühne geschoben hatte, kam er mit einem breiten Lächeln wieder zurück. »Ladies and Gentlemen, wie Sie sich mit eigenen Augen überzeugen konnten, habe ich Ihnen nicht zu viel versprochen. Es war eine spektakuläre Show, und Ihre begeisterten Reaktionen haben gezeigt, dass sie jeden Cent wert war. Gardner Quincy Colton wünscht Ihnen noch einen wunderschönen Abend im wunderschönen Cynthiana. Good night and good luck.«

Eine Stunde später saßen Rossini, Soulman und Kamalesh im überfüllten Wild Turkey Saloon und aßen Maiskuchen und Ziegenfleisch, wobei Letzteres Rossini und Soulman vorbehalten blieb.

»Wie geht es dir?«, fragte Rossini den Inder, der nicht den besten Eindruck machte. Sein Hemd war verdreckt, und auch sonst sah er ziemlich mitgenommen aus.

»Gut«, antwortete er, und steckte sich umständlich ein Stück Maiskuchen in den Mund.

»Und hatte das Lachgas dieselbe Wirkung wie das Haschisch?«

Der Inder zuckte mit den Schultern. »Kamalesh müssen schlafen«, sagte er. »Ich mich legen in Wagen.«

»In Ordnung«, sagte Rossini. »Aber morgen brechen wir sehr früh auf.«

Kamalesh stand auf und verließ auf unsicheren Beinen den Saloon.

Als Rossini und Soulman eine Stunde später zum Wagen zurückkamen, schlief der Inder längst, aber das Huhn war verschwunden.

Fletchers Finte

Lucie band ihren gescheckten Wallach am Walnussbaum fest und nahm ihm die Satteltaschen ab. Boomer, der unter dem Baum gelegen war, streckte sich und folgte ihr zum Haus, wo er sich auf der Veranda unter der Holzbank verkroch.

»Myra, ich bin wieder zurück!«, rief Lucie.

Myra stand am Küchentisch und knetete Brotteig. »Hallo Sweetheart«, sagte sie und hielt Lucie die Wange hin. »Ich habe dich nicht so früh zurückerwartet.«

Lucie gab Myra einen flüchtigen Kuss und stellte die Satteltaschen mit den Lebensmitteln ab. »Myra, ich habe im Laden von Matt Dempsey gehört, dass Marshal Bowman schon morgen Poplar Bluff verlassen wird. In Greenville ist der Sheriff bei einem Schusswechsel schwer verletzt worden, und Bowman soll ihn dort vorübergehend vertreten.«

»Was sagst du da?« Myra warf Lucie einen ungläubigen Blick zu. »Bowman verlässt Poplar Bluff? Aber das ist ja –«

»Ich weiß, Myra, deshalb bin ich ja sofort zurückgekommen.«

Während Lucie die Lebensmittel in der Vorratskammer verstaute, wischte sich Myra die Hände an der Schürze ab und setzte sich auf die Küchenbank. »Wenn Whip Fletcher erfährt, dass Bowman nicht mehr Marshal ist, wird er alles daransetzen, dass jemand als Deputy eingesetzt wird, der nach seiner Pfeife tanzt. Ich muss sofort nach Poplar Bluff reiten und mit Bowman sprechen.«

Lucie setzte sich neben Myra und griff nach ihrer Hand. »Myra, ich fürchte, dass Fletcher längst Bescheid weiß. Ich habe ihn heute nämlich gemeinsam mit Edward Catlin gesehen.«

»Und das sagst du mir erst jetzt?« Myra stand auf, nahm die Schürze ab und griff nach ihrem Hut. Dann schnallte sie sich den Revolvergurt um und zog ihre Stiefel an.

Lucie ging mit ihr nach draußen und blieb auf der Veranda stehen. »Myra, soll ich nicht doch lieber –«

»Nein, Lucie, du bleibst hier. Ich hoffe, dass ich mit guten Nachrichten zurückkomme.«

Mit einem unangenehmen Gefühl im Bauch sah Lucie, wie Myra ihrem Hengst die Sporen gab und wenig später verschwunden war. Sie setzte sich auf die Bank und betrachtete nachdenklich den Stall und die Nebengebäude der Farm. Boomer kroch unter der Bank hervor und legte seinen Kopf in ihren Schoß.

Myra stürzte in das Büro des Marshals und war erleichtert, als sie aus dem Nebenzimmer Stimmen hörte. Sie schob ihren Hut zurück und stieß mit einem energischen Schwung die Tür auf. Was sie dann sah, raubte ihr fast den Atem. »Mister Bowman, Marshal«, stotterte sie, »ich muss sofort mit Ihnen sprechen. Es geht um das Testament –«

»Was geht Sie dieses Testament an?«, fuhr sie Whip Fletcher an, der wie zur Warnung nach seiner Peitsche griff.

»Was mich dieses Testament angeht?«, fragte Myra aufgebracht zurück. »Ich werde Ihnen sagen, was mich dieses Testament angeht: Wenn Sie die Weide samt Devil's Well in Besitz nehmen, muss ich meine Farm aufgeben. Und das weiß auch Marshal Bowman.« Myra sah hilfesuchend zum Marshal, der ihrem Blick auswich und sich zerstreut über sein frisch rasiertes Kinn strich. Erst jetzt fiel Myra auf, dass Bowman einen Reiseanzug trug und in einer Ecke ein Koffer und eine kleine Transportkiste standen.

»Hören Sie, Miss Henderson«, sagte Bowman ausweichend, »ich habe mit dieser Sache nichts mehr zu tun. Ich bin auf dem Weg nach Greenville, wo ich für ein paar Monate den Sheriff vertreten werde. Und vielleicht komme ich auch gar nicht mehr zurück nach Poplar Bluff.«

»Aber, Mister Bowman, Sie haben das Testament doch eigenhändig geschrieben.« Myra hatte plötzlich stechende Kopfschmerzen.

»Das müssen Sie mit dem neuen Deputy Marshal besprechen«, antwortete Bowman, der sich demonstrativ den Papieren zuwandte, die vor ihm auf dem Tisch lagen.

»Was gibt es da zu besprechen?«, fragte Myra empört. »Im Testament ist eindeutig geregelt, dass der Saloon und die Weide samt Devil's Well an diesen Mister Rossini gehen. Das haben Sie mir doch selbst gesagt.«

»Das kann schon sein, aber so genau weiß ich das jetzt auch nicht mehr«, antwortete Bowman und öffnete seinen Koffer, in dem er die Papiere verstaute.

»Der neue Deputy Marshal Heck Parker wird sich der Sache schon annehmen«, sagte Whip Fletcher mit einem süffisanten Lächeln. Dabei schenkte er sich aus einer Kristallkaraffe ein Glas Whisky ein. Das halb volle Glas daneben füllte er ebenfalls auf.

»Was sagen Sie da?«, platzte Myra heraus. »Ihr Vorarbeiter Heck Parker wird der neue Marshal von Poplar Bluff. Aber, das ist ja …« Myra fiel aus allen Wolken.

»Heck Parker ist Deputy Marshal, Miss Henderson, nicht Marshal«, sagte Fletcher und nahm einen Schluck. »Der neue Marshal wird erst in ein paar Wochen ernannt. Wir halten uns hier in Poplar Bluff streng an die Gesetze.«

Für den Bruchteil einer Sekunde überlegte Myra, die beiden Männer einfach abzuknallen, schlug stattdessen aber nur mit der Faust auf den Tisch und schrie: »Das werdet ihr noch bereuen, ihr verdammten Bastarde!«

Dann drehte sie sich um und verließ das Zimmer.

Nachdem Myra völlig aufgelöst aus Poplar Bluff zurückgekommen war, schlief Lucie mit ihr, weil sie wusste, dass sie Myra dadurch zumindest für kurze Zeit aus ihrer trübsinnigen Stimmung herausholen konnte. Nur mit einem Hemd bekleidet, lehnte Myra ihren Kopf an Lucies Schulter und schwieg. Lucie liebte den Geruch von Myras verschwitztem Körper und hätte am liebsten gleich noch einmal mit ihr geschlafen.

»Wie lange brauchen wir nach Paducah?«, fragte Lucie in die Stille hinein.

Myra hob den Kopf und sah Lucie an. »Zwei Tage, wenn wir Bronco und Donny nicht zu sehr anstrengen.«

»Dann lass uns morgen losreiten«, sagte Lucie entschlossen.

»Bist du sicher, dass du das willst?« Myra griff nach Lucies Hand.

»Ja, weil wir gar keine andere Wahl haben. Vielleicht kommen wir zu spät, aber vielleicht gelingt es uns auch, diesen Mister Rossini zu finden und mit ihm zu sprechen. Es ist zwar ein aberwitziger Plan, aber hier zu warten, ist auch keine Lösung.«

Myra lächelte unsicher. »Lucie, vor ein paar Tagen hast du noch gesagt, dass dieser Plan gefährlich ist. Und jetzt –«

»Ich weiß«, antwortete Lucie, »aber es ist zu viel passiert in den letzten Tagen. Los, packen wir alles Nötige zusammen. Und lass uns früh ins Bett gehen.« Beim letzten Satz sah sie Myra tief in die Augen.

»In Ordnung«, antwortete Myra und stand auf. Lucie schob Myras Hemd nach oben und gab ihr einen Klaps auf den nackten Hintern.

Big Thunder

Kamalesh und Soulman saßen hinten im Planwagen und unterhielten sich über die ominöse Cotton Gin Machine. Soweit Rossini verstand, versuchte Soulman dem Inder die Funktionsweise dieser Maschine zu erklären, was offenbar kein leichtes Unterfangen war. Rossini hörte Worte wie »Drahthaken«, »Sieb« und »Bürsten«, konnte sich darunter aber nichts vorstellen. Auch bezweifelte er, dass Kamalesh mit Soulmans Informationen überhaupt etwas anfangen konnte. Außerdem hatte er in letzter Zeit den Eindruck gewonnen, dass Kamaleshs Interesse an dem Thema merklich nachgelassen hatte.

Wie ausgestorben lag das Land vor ihnen, und Rossini hoffte, dass sie am nächsten Tag Jasper erreichen würden. Während er beim Gedanken an die bevorstehende Übernahme des Saloons in Poplar Bluff ziemlich nervös wurde und überlegte, was er mit Soulman und Kamalesh anfangen sollte, hörte er plötzlich Schreie. Es waren eigenartige Töne, die offenbar aus der Luft kamen. Auch Soulman und Kamalesh mussten die Schreie gehört haben, denn noch bevor Rossini etwas sagen konnte, waren sie schon auf den Kutschbock geklettert.

Gerade als Rossini aufstand, um sich einen besseren Überblick zu verschaffen, tauchte hinter einem Felsen etwas auf, das Soulman und Kamalesh in Angst und Schrecken versetzte. Auch Rossini brauchte einige Augenblicke, um zu begreifen, was er soeben gesehen hatte. Es war ein riesiger Ballon, der ins Trudeln geraten war und irgendwo im Wald links von ihnen mit einem lauten Knall abstürzte.

Wie ein kleines Kind klammerte sich Kamalesh an Rossini und winselte: »O Shiva, o Shiva, verschone Kamalesh vor Vernichtung.«

Soulman starrte Rossini an und fragte entgeistert: »Was war das?«

»Brrrr, ruhig, ruhig!«, rief Rossini den Maultieren zu, die nervös mit den Hufen scharrten.

»Was war das?«, wiederholte Soulman seine Frage.

»Das war ein Ballon, der abgestürzt ist«, antwortete Rossini, dem im selben Augenblick klar wurde, dass wahrscheinlich weder Soulman noch Kamalesh je einen Ballon zu Gesicht bekommen hatten.

»Mister Soulman, Sie kommen mit. Kamalesh, du bleibst hier, jemand muss auf den Wagen aufpassen.«

»Sahib, Sahib, Kamalesh haben Angst, alleine bleiben. Vielleicht Shiva kommen zurück und bestrafen Kamalesh wegen Heuschrecken.«

»Ich habe keine Ahnung, wer Shiva ist, aber das war ein Ballon, der abgestürzt ist, und wir müssen nachsehen, was mit den Menschen geschehen ist, die sich im Korb befunden haben.«

»Aber wie kommen Menschen in Luft?«, fragte Kamalesh verängstigt.

»Das erkläre ich dir später. Aber du brauchst keine Angst zu haben, Kamalesh, der Ballon kann nicht mehr zurückkommen, weil er abgestürzt ist. Verstehst du?«

»Nein, Kamalesh nicht verstehen«, sagte der Inder, der mit seinem Blick den Himmel absuchte.

Rossini schüttelte den Kopf und gab dem Schwarzen ein Zeichen. »Los, Mister Soulman, beeilen Sie sich.«

Zögernd stieg Soulman vom Kutschbock und folgte Rossini in einem Sicherheitsabstand von ein paar Schritten. Er drehte sich noch einmal um und sah, wie sich Kamalesh verzweifelt an den Zügeln festhielt. Soulman hoffte, dass die Mulis nicht mitsamt dem Inder durchgingen.

Nach etwa zwanzig Minuten hatten sie die Stelle erreicht, wo der Ballon abgestürzt war. Wegen des aufsteigenden Rauchs und des Brandgeruchs war es trotz des unwegsamen Geländes nicht schwer gewesen, die Absturzstelle zu finden. Das Bild, das sich ihnen bot, war schaurig. Die verbrannte Ballonhülle hatte sich in den Ästen eines großen Ahornbaums verfangen, und der noch glosende Weidenkorb lag zerschmettert am Boden. Zum Glück hatte das Feuer nicht die Bäume in Brand gesetzt, sonst hätten Rossini und Soulman keine Chance gehabt, bis hierher vorzudringen.

In der Nähe des Korbs entdeckte Rossini zwei Leichen, die teilweise verbrannt waren und in grotesken Verrenkungen auf dem Waldboden lagen. Ein beißender Geruch nach verbranntem Fleisch lag in der Luft, und Rossini musste sich die Nase zuhalten, um sich nicht zu übergeben. Soweit er am Gesicht des am Rücken liegenden Mannes erkennen konnte, war dieser nicht älter als dreißig Jahre. Er drehte den anderen Mann um, machte aber sofort ein paar Schritte zurück, weil sein Gesicht arg verunstaltet war.

»Was ist hier geschehen?«, fragte Soulman entgeistert.

»Ein Gasballon ist abgestürzt. Mehr weiß ich auch nicht.«

Während Rossini überlegte, was sie tun sollten, tippte ihm Soulman vorsichtig auf die Schulter. Er drehte sich um und sah in die Richtung, in die der Schwarze deutete. Rossini schluckte, er spürte, wie sein Mund trocken wurde.

Im Baum hing ein Mann, der offenbar aus dem Korb herausgeschleudert worden war, den Absturz aber überlebt hatte. Das Erste, was Rossini an ihm auffiel, waren seine versengten Haare, die in der Mitte in einem schmalen Streifen wild nach oben standen. Darin steckten zwei lange schwarze Federn, die halb verbrannt waren und schlaff herunterhingen. Sein gestreiftes Hemd war mit Stachelschweinborsten verziert und um seinen Hals hing eine Kette aus Bisonknochen. Obwohl seine Kleidung verdreckt und an einigen Stellen zerrissen war, sah der Mann furchteinflößend aus. Langsam hob er seinen Kopf und murmelte ein paar Worte in einer Sprache, die Rossini nicht verstand. Dann blinzelte er verwirrt und suchte an einem Ast Halt, um das Gleichgewicht nicht zu verlieren. Erst nachdem er vom Baum geklettert war, bemerkte er, dass er sich an einem Bein verletzt hatte. Er schob die dunkelbraunen Leggings nach oben und tastete die stark blutende Wunde ab. Mit zusammengebissenen Zähnen zog er einen spitzen Ast heraus, der sich in sein Fleisch gebohrt hatte. Humpelnd suchte er nach seinen Mokassins, die verbrannt zwischen einem Fernrohr und einer verkohlten Landkarte lagen. Er starrte auf die beiden Männer und schien über irgendetwas nachzudenken.

Rossini hatte keine Ahnung, was das alles zu bedeuten hatte. Sein erster Gedanke war, so schnell wie möglich von hier zu verschwinden. Als er einen Schritt nach hinten machte, drehte sich der Indianer blitzartig um und hatte plötzlich ein Messer in der Hand. Rossini hob beschwichtigend die Hände und sagte so ruhig wie möglich: »Wir sind nur zufällig hier vorbeigekommen. Sie brauchen keine Angst zu haben.« Er hoffte, dass ihn der Mann überhaupt verstand.

Der Indianer verengte die Augen zu schmalen Schlitzen. »Andi wendjiban?«, fragte er. Nach einer kurzen Pause fügte er hinzu: »Woher kommen Sie? Wer sind Sie?«

»Mein Name ist Rossini, und das ist Mister Soulman«, antwortete Rossini, dem das Herz vor Angst bis zum Hals schlug. »Wir sind mit unserem Planwagen nach Jasper unterwegs und haben gesehen, wie der Ballon abgestürzt ist.«

»Jasper?«, fragte der Indianer. »Was wollen Sie in Jasper? Und für wen arbeiten Sie?«

»Wir brauchen dringend neuen Proviant und frisches Wasser. Wir arbeiten für niemanden. Wir sind auf dem Weg nach Missouri. Was ist hier eigentlich passiert? Und wer sind diese beiden Männer?«

»Das ist eine lange Geschichte«, antwortete der Indianer und machte ein nachdenkliches Gesicht. »Wo steht Ihr Planwagen?«

»Etwa eine Meile von hier an der Straße.«

Nachdem der Indianer erkannt hatte, dass von Rossini und Soulman offenbar keine Gefahr ausging, setzte er sich auf den Boden und schnitt einen Streifen Stoff von seiner Hose. Mit schmerzverzerrtem Gesicht verband er seine Wunde und humpelte dann zu einem der Toten, dessen Taschen er durchsuchte. Er öffnete ein Portemonnaie aus Kuhfell und entnahm ihm ein gefaltetes Blatt Papier, das er in seinen Tabaksbeutel steckte. Er stöberte weiter, fand aber offenbar nicht das, wonach er suchte. »Sie haben mir Geld versprochen«, sagte er enttäuscht, »aber wieder einmal haben sie Nasheakusk betrogen.«

Der Indianer ging auf Rossini zu und sah ihn eindringlich an. »Nehmen Sie mich mit?«, fragte er.

»Und was ist mit den Toten?«, fragte Rossini. »Wir müssen sie begraben und ihre Angehörigen verständigen.«

»Hier gibt es Bären, Wölfe und Pumas«, antwortete der Indianer.

Rossini wusste nicht, was er tun sollte. Auf der einen Seite hatten sie wegen des Zwischenfalls bereits viel Zeit verloren, auf der anderen Seite konnte er die Toten doch nicht einfach im Wald liegen lassen. »Aber müssen Sie den Absturz und den Tod der beiden Männer nicht melden? Ihr Verschwinden kann doch nicht unbemerkt bleiben.«

Ohne auf Rossinis Bemerkung einzugehen, sagte der Indianer: »Wenn Sie Nasheakusk mitnehmen, kann er

Sie zu einer Wasserquelle führen und er kann Ihnen auch frische Lebensmittel besorgen.«

Noch bevor Rossini etwas sagen konnte, hörte er von Weitem Kamaleshs Rufe. »Sahib, Sahib!«, rief der Inder, der sich vom Planwagen entfernt haben musste, weil Rossini ihn sonst unmöglich hätte hören können.

»Porca Madonna«, fluchte der, »wenn wir jetzt auch noch Kamalesh suchen müssen, verliere ich bald den Verstand.«

»Was sind das für Rufe?«, fragte der Indianer beunruhigt. »Gehört die Frau zu Ihnen?«

»Ja«, antwortete Rossini verärgert. »Los, kommen Sie, wir müssen sofort zurück zum Wagen.«

Rossini und Soulman warteten, bis sich der Indianer bei ihnen untergehakt hatte. Noch einmal drehte sich Rossini, den beim Anblick der Toten Schuldgefühle überkamen, um, aber als er neuerlich Kamalesh nach ihnen rufen hörte, machte er sich mit Soulman und dem Indianer auf den Weg. »Mister Soulman, wissen Sie, wohin wir gehen müssen?«

Soulman schüttelte den Kopf.

»Folgen Sie mir«, sagte der Indianer, »ich führe Sie zur Straße.«

Kamaleshs Rufe wurden immer lauter, und nach etwa zehn Minuten sahen sie den Inder im Unterholz stehen.

»Kamalesh, bist du verrückt geworden«, schimpfte Rossini, »du kannst doch nicht einfach den Planwagen mitten auf der Straße stehen lassen.«

»Sahib, Sahib, wer sein dieser Mann?«, fragte Kamalesh mit zitternder Stimme.

»Das weiß ich selber nicht. Komm, wir müssen sofort zurück. Ich hoffe für dich, dass der Wagen noch da ist.«

Der Indianer beäugte Kamalesh misstrauisch.

Als sie beim Wagen ankamen, stellte Rossini zu seiner Beruhigung fest, dass nichts fehlte und dass auch das

Flap-a-doodle-Geheimfach nicht aufgebrochen worden war. »Du hast Glück gehabt, Kamalesh«, sagte er schroff.

Kamalesh machte ein beleidigtes Gesicht und entfernte sich demonstrativ von der Gruppe. Rossini nahm einen Schluck aus der Flasche und reichte sie dann dem auf dem Boden sitzenden Indianer. Der schüttelte sie und drehte sie um. »Leer«, sagte er.

»Wir haben noch etwas Wasser im Fass, das reicht aber höchstens noch für einen halben Tag«, sagte Rossini besorgt.

»Haben Sie Whisky?«, fragte der Indianer.

»Whisky? Wozu brauchen Sie Whisky?«

»Zum Reinigen der Wunde.«

Da Rossini den Whisky in der Flap-a-doodle-Lade versteckt hatte, schüttelte er den Kopf.

»Dann geben Sie mir Nibi.«

»Nibi?«

»Wasser.«

Widerwillig leerte Rossini Wasser aus dem Fass in einen Becher und reichte ihn dem Indianer.

»Leeren Sie Salz hinein.«

»Salz? Ich soll Salz in das Wasser leeren?«

»Ja«, antwortete der Indianer. »Das hilft bei Blutverlust.«

Rossini holte den Salzbeutel. Der Indianer schüttete eine Handvoll Salz in das Wasser, dann rührte er mit dem Finger um und trank es in einem Zug aus. Er verzog sein Gesicht und löste den blutigen Verband von der Wunde. »Haben Sie ein sauberes Tuch?«

»In Ordnung«, sagte Rossini, »ich hole Ihnen auch noch ein Tuch. Aber dann sagen Sie uns endlich, was es mit diesem Ballon auf sich hat.« Rossini kletterte in den Wagen und kam mit einem seiner Halstücher zurück.

Nachdem der Indianer seine Wunde verbunden hatte, wandte er sich an Rossini. »Nasheakusk kann Sie an einen

Ort führen, wo früher die Thakiwaki gelebt haben. Dort gibt es frisches Wasser und genug zu essen. Dann erzähle ich Ihnen auch, warum ich mit diesem Ballon geflogen bin.«

Kamalesh hatte sich langsam herangeschlichen, es aber vorgezogen, hinter Soulman Schutz zu suchen. »Kamalesh nicht wollen zu Thakiwaki«, sagte er trotzig. »Thakiwaki sein böse.«

Der Indianer zeigte mit dem Finger auf Kamalesh und sagte mit getragener Stimme: »Alles, was du in deinem Leben an Lügen über andere Menschen verbreitest, kommt zu dir zurück in sieben Jahren.«

Kamalesh lugte hinter Soulmans mächtigem Rücken hervor und sah den Indianer kampflustig an. »Sieben Jahre? Sieben Jahre sein lange Zeit.«

»Was soll dieser unsinnige Streit?«, schimpfte Rossini. »Es ist jetzt fast drei Uhr und wenn wir uns nicht beeilen, werden wir Jasper nie erreichen.«

»Nehmen Sie Nasheakusk mit und Sie werden noch vor Sonnenuntergang genug zu essen und zu trinken haben.« Der Indianer deutete auf sein verletztes Bein. »Ich brauche etwas Ruhe, bis sich mein Nikàd wieder erholt hat.«

»Was ist das für ein Ort, zu dem Sie uns führen wollen?«, fragte Rossini.

»Es ist die verlassene Wintersiedlung des Bären-Clans der Thakiwaki. Sie liegt etwa zwei Stunden von hier entfernt im Wald. Aber zunächst folgen wir der Straße.«

Rossini dachte kurz nach und sagte dann: »Los, wir fahren, die Zeit drängt. Mister Soulman, bitte helfen Sie Mister Naschi – äh, wie war noch einmal Ihr Name?«

»Mein Name ist Nasheakusk, was so viel wie Big Thunder heißt.«

»Aha, in Ordnung. Also, Mister Soulman, helfen Sie Mister Big Thunder in den Wagen.«

Etwa eine Stunde später hatten sie eine Stelle erreicht, an der ein schmaler Weg in den Wald abzweigte. »Halt!«, rief Big Thunder. »Wenn wir diesem Weg folgen, finden wir in einer Entfernung von etwa vier Meilen Wasser. Und Nasheakusk kann einen Peleewa fangen, der uns alle satt macht.«

»Einen *was* können Sie fangen?«, fragte Rossini.

»Einen Peleewa, einen wilden Truthahn. Nasheakusk weiß, wo man sie findet.«

»Habe großen Hunger«, sagte Soulman, während Kamalesh energisch den Kopf schüttelte. »Kamalesh nicht wollen gehen mit Thakiwaki.«

Rossini überlegte. Da er nicht genau wusste, wann sie Jasper erreichen würden, sprach einiges dafür, Big Thunders Vorschlag anzunehmen. Dass sie der Indianer in einen Hinterhalt lockte, hielt er nach dem Absturz für nicht sehr wahrscheinlich. Trotzdem blieb er misstrauisch. »Und wer gibt uns die Garantie, dass Sie uns nicht in einen Hinterhalt locken?«

Big Thunder sah Rossini mit einem sarkastischen Gesichtsausdruck an. »Nasheakusk gehört keinem Stamm mehr an, der Sie in einen Hinterhalt locken könnte. Mein Volk wurde von den Weißen fast vollständig ausgerottet. Ich bin einer der letzten Angehörigen der Thakiwaki. Zuerst wurden wir von den Fox, den Mohawk und den Seneca überfallen, und dann kamen die französischen Trapper mit ihrem Brandy. Aber die Franzosen versorgten meine Vorfahren nicht nur mit Alkohol, sondern auch mit Feuerwaffen, um sie gegen die Engländer und die mit ihnen verbündeten Irokesen aufzuhetzen. Das war lange, bevor ich geboren wurde, aber der Niedergang der Thakiwaki war damit besiegelt.«

»Bin dafür, dass wir Big Thunder folgen«, sagte Soulman entschieden.

Wild Turkey

Rossini, Kamalesh und Soulman saßen schweigend um eine Feuerstelle, von der nur noch ein paar Überreste zu sehen waren. Seit Big Thunders Aufbruch waren mehr als drei Stunden vergangen, und mit einem mulmigen Gefühl im Bauch fragte sich Rossini, ob sie der Indianer möglicherweise doch in einen Hinterhalt gelockt hatte. Er versuchte, seine Unruhe vor Kamalesh und Soulman zu verbergen, wusste aber nicht, wie er sich ihnen gegenüber verhalten sollte.

Natürlich hätten sie umdrehen und den Spuren des Planwagens folgen können, aber da es bald dunkel wurde, hatte Rossini Angst, sich zu verirren. Kamalesh stocherte mit einem Ast in der kalten Asche und murmelte etwas vor sich hin. Er warf Rossini einen spöttischen Blick zu und sagte: »Auf gerader Straße sein noch niemand verloren gegangen.«

»Was soll das denn wieder heißen?«, fragte Rossini gereizt. »Willst du mir etwa vorwerfen, dass wir Big Thunder geholfen haben?«

»Kamalesh nur haben wiederholt indisches Sprichwort.«

»Immer diese Sprichwörter. Vielleicht sollten wir uns lieber überlegen, was wir machen?«

»Was ist mit Mulis?«, fragte Soulman. »Wenn sie Durst haben, werden sie Wasser suchen. Und wenn sie Wasser finden, können wir dem Fluss folgen. Big Thunder hat gesagt, dass in der Nähe ein Fluss ist.«

»Ach, Unsinn«, sagte Rossini. »Warum sollten die Mulis

mitten im Wald einen Fluss finden?« Er stand auf und kletterte in den Planwagen. Man hörte, wie er die Proviantkiste öffnete. »Der Zwieback und die Bohnen reichen gerade noch für das heutige Abendessen. Aber das größere Problem ist das Wasser, das geht spätestens morgen zu Ende.«

Ein leichter Wind kam auf und bewegte die Wipfel der Hickory- und Walnussbäume. Obwohl alles ruhig war, spürte Rossini eine unbestimmte Beklemmung in sich aufsteigen. Ich hätte dem Indianer nicht blind folgen sollen, dachte er verdrossen, und er war plötzlich sicher, von Big Thunder in eine Falle gelockt worden zu sein.

»Vielleicht hat Big Thunder einen Unfall gehabt«, mutmaßte Soulman, der mit Fortdauer der Reise immer gesprächiger wurde.

»Wann haben Thakiwaki gesagt, dass kommen zurück?«, fragte Kamalesh.

»Ich weiß nicht, er hat nur gesagt, dass er einen wilden Truthahn für uns fangen wird.«

Als die Mulis ihre Köpfe hoben und die Ohren spitzten, hielt Rossini den Atem an. Auch Soulman und Kamalesh sahen gespannt in die Richtung, aus der sie Äste knacken hörten. Aber noch bevor Rossini sein Gewehr holen konnte, humpelte Big Thunder schon aus dem Gebüsch und hielt triumphierend einen riesigen Truthahn in die Höhe. Das Bild erinnerte Rossini an Soulman, der wenige Tage zuvor ebenso unvermittelt mit den Heuschrecken aufgetaucht war.

Soulman erhob sich und lief freudestrahlend auf Big Thunder zu.

Mit einer gehörigen Wut im Bauch hielt Rossini dem Indianer seine Taschenuhr entgegen. »Was soll das?«, schimpfte er. »Sie haben gesagt, dass Sie kurz in den Wald gehen, um einen Truthahn zu fangen, und dann kommen Sie erst nach mehr als drei Stunden zurück. Wissen Sie, dass wir vor Angst fast gestorben wären? Und wo sind meine Stiefel, die ich Ihnen geliehen habe.«

Big Thunder warf Rossini einen amüsierten Blick zu: »Der weiße Mann hat die Uhr, aber wir haben die Zeit. Nasheakusk hat versprochen, einen Peleewa zu fangen, und was hat Nasheakusk getan? Er hat einen Peleewa gefangen.« Dann reichte er Rossini die beiden vollen Wasserflaschen, die er sich um die Schulter gehängt hatte. »Und Ihre Stiefel waren viel zu eng und haben viel zu viel Lärm gemacht.«

Rossini wollte noch etwas sagen, aber Big Thunder achtete gar nicht mehr auf ihn. Er hielt den bunt gefiederten Vogel in die Höhe, und erst jetzt sah Rossini, dass er noch lebte. Der Truthahn wog sicherlich an die zehn Pfund. Sein Gefieder war rotbraun und schwarz und hatte einen metallischen Schimmer. Mit der freien Hand zog Big Thunder sein Messer aus der Scheide, und mit einer schnellen, kräftigen Bewegung schnitt er den nackten, blassroten Kopf des Truthahns ab. Der kopflose Vogel schlug wild um sich und das Blut spritzte in mächtigen Fontänen auf den Waldboden. Es dauerte einige Minuten, bis der Flügelschlag schwächer wurde und schließlich ganz aufhörte.

Big Thunder nickte zufrieden. »Nasheakusk wird den Peleewa jetzt häuten und ausnehmen, und dann können wir ihn braten. Aber dazu muss erst einmal ein Feuer brennen.«

Kamalesh, der das Spektakel mit einem unglücklichen Gesichtsausdruck verfolgt hatte, hob abwehrend die Hände. »Kamalesh essen kein Chinai Murghi.«

Big Thunder warf dem Inder einen abfälligen Blick zu. »Der Peleewa war für unser Volk viele Generationen lang ein wichtiger Teil unserer Ernährung. Nasheakusk kann nicht verstehen, wie jemand das köstliche Fleisch eines Peleewa verschmähen kann. Die Erde ist unsere Mutter, sie trägt und nährt uns.«

Kamalesh sah hilfesuchend zu Rossini, der aber bloß mit den Schultern zuckte und Richtung Planwagen deutete. »In der Proviantkiste gibt es noch Zwieback.«

Während Soulman trockene Äste sammelte, beobachtete Rossini den Indianer, der den Truthahn auf den Boden legte und sich mit geschlossenen Augen davor verbeugte. Er verharrte kurz in dieser Stellung und hob dann die Hände theatralisch zum Himmel:

»Kchi-Mìgwech Gzheminido mìnwà ngoding.
Kchi-Mìgwech gì mìzhyàng iw sa Bimàdziwin.
Kchi-Mìgwech gì mìzhyàng Nigigòg.
Wìdòkwishnàng ji namàyang gwayak Jimoseyàng.
Kchi-Mìgwech Gzheminido Kinagegò.«

Nachdem er die Zeremonie beendet hatte, zog er dem Truthahn mit routinierten Handgriffen die Haut ab und rupfte zwei lange, schwarze Federn aus, die er in die Erde steckte. Fasziniert beobachtete Rossini den Indianer und fragte: »War das ein Gebet, das Sie vorhin gesprochen haben?«

Ohne Rossini anzusehen, antwortete Big Thunder:

»Schöpfer, wir danken dir für den heutigen Tag.
Wir danken dir, dass du uns allen das Leben geschenkt hast.
Wir danken dir, dass du uns Eltern geschenkt hast.
Führe uns auf einen guten Pfad.
Schöpfer, wir danken dir für alles.«

»Hm«, murmelte Rossini, der nicht wirklich verstand, was dieser Spruch mit dem toten Tier zu tun hatte.

Big Thunder legte den abgezogenen Truthahn auf den Rücken und vergrößerte mit einem Schnitt die hintere Öffnung, damit er leichter an die Innereien herankam. Lange wühlte er in den Eingeweiden herum, bis er das übelriechende Gekröse herauszog und auf den Boden legte. Die blutverschmierten Hände wischte er sich mit trockenen Blättern ab, bevor er die Leber und die Nieren auf einem spitzen Ast aufspießte. Die restlichen Innereien trug er zu einem mächtigen Hickorybaum, wo er sie auf den Boden legte. Er hielt kurz inne, berührte den Stamm und murmelte ein paar Worte. Als er zurückkam, sagte er: »Auch Mahìngan, Makwa und Wàgosh sollen ihren Teil von unserem Peleewa bekommen.« Auf Rossinis fragenden Blick antwortete er: »Wolf, Bär und Fuchs.«

»Aber ist es eine gute Idee, Wölfe und Bären anzulocken?«, fragte Rossini mit einem mulmigen Gefühl.

»Schenke das, was du selbst gern empfangen würdest, und der Geist der Natur wird dich mit seinen Wohltaten überschütten«, antwortete der Indianer, bevor er sich wieder dem Truthahn zuwandte.

Zwei Stunden später saßen Rossini, Soulman und Big Thunder um das Lagerfeuer und machten sich über die auf dem Rost liegenden Truthahnstücke her. Kamalesh saß abseits und unbequem auf einem Baumstumpf, wo er lustlos Bohnen aus einer Konservendose löffelte. Der Duft des gebratenen Truthahns ließ ihm das Wasser im Mund zusammenlaufen, und er überlegte fieberhaft, wie er es anstellen könnte, doch noch in den Genuss des Fleisches zu kommen, ohne im nächsten Leben als Wurm geboren zu werden. Er ließ einige hinduistische Gottheiten Revue passieren und hielt inne, als ihm Kali einfiel, die Göttin der Zerstörung und der Erneuerung. Kamalesh stellte die Dose ab und rief sich das sechste Kapitel der *Mahabharata* in Erinnerung. Leise begann er zu memorieren, bis er immer lauter wurde:

»Prasannā me surashreshthe dayām kuru shivā bhava
jayā tvam vijayā caiva samgrāme ca jayapradā
mam'āpi vijayam dahi varadā tcam ca sāmpratam
vindhye caiva nagashreshthe tava sthānam hi shāshvatam
kāli kāli mahākāli sīdhumāmsapashupriye
kṛt'anuyātrā bhūtais tvam varadā kāmacārini.«

Rossini, Soulman und Big Thunder sahen Kamalesh an. »Kamalesh, ist alles in Ordnung?«, fragte Rossini mit einem Truthahnflügel in der Hand.

»Sahib, alles sein gut«, antwortete der kleine Inder aufgeräumt, und begann zu rezitieren:

»O erste Gottheit, erfüllen uns mit Gnade,

uns zeigen Erbarmen, auch sein ein Quell von Segen.

Du sein Jaya und Vijaya.

Du gewähren Sieg im Kampf.

O Göttin, gewähren Sieg und geben Segen, auch in Stunde von Qual.

Deine Wohnung sein auf Vindhya-Gipfel, ist bester Berg.

O Kali, o Kali, o Mahakali, du lieben Wein,

Fleisch, Tier.

Kannst schenken Verehrern Segen.«

Rossini hatte erstaunt zugehört und sich gefragt, weshalb Kamalesh ganze Passagen dieses Buches auswendig konnte.

Kamalesh setzte sich zu den anderen ans Lagerfeuer und wiederholte: »Du lieben Wein, Fleisch, Tier. Kamalesh haben herausgefunden, dass ich dürfen essen Fleisch, ohne Strafe von Brahma, Shiva oder Vishnu.«

Während sich Soulman und Big Thunder wieder ihrem Essen zuwandten, deutete Rossini auf die am Rost liegenden Fleischstücke. »Wie du siehst, ist noch genug da, und ich bin mir sicher, dass dich deine Götter verstehen werden.«

Kamalesh griff zuerst nach dem Spieß mit der Leber und den Nieren. Er zögerte kurz und biss dann ein ganz kleines Stück davon ab, bis er sich sicher sein konnte, dass nichts mit ihm geschah. Nachdem er die restlichen Innereien aufgegessen hatte, griff er nach einem riesigen Truthahnschenkel und nagte ihn auf sehr umständliche Weise bis auf den Knochen ab. Während des Essens lächelte er immer wieder vergnügt vor sich hin, so als könnte er nicht glauben, was er gerade machte.

»Der Truthahn schmeckt übrigens ausgezeichnet«, sagte Rossini und warf ein paar Knochenreste ins Feuer.

»Früher war der Wald voll mit wilden Truthähnen, Hirschen und Elchen«, begann Big Thunder zu erzählen. »Unser Volk hatte immer genug zu essen, aber nur, solange wir in Frieden lebten. Als die Weißen begannen, unsere Stämme gegeneinander aufzuhetzen und sie uns unser Land wegnahmen, wurde es von Jahr zu Jahr schwieriger, Plätze zu finden, wo es genug Nahrung gab.«

»Was passierte mit den Menschen, die hier lebten?«, fragte Rossini. »Warum sind sie nicht geblieben?«

Big Thunder warf einen Blick in die Runde und machte ein feierliches Gesicht. Er genoss es, wieder einmal jene Geschichten erzählen zu können, von denen er wusste, dass sie bei seinen Zuhörern gut ankamen: »Vor einigen Jahren zogen Siedlertrecks auch durch das Land der Thakiwaki. Unser Stamm verhielt sich den Weißen gegenüber neutral, weil wir keinen Krieg wollten. Aber das war ein Fehler, weil die Weißen gleich mehrere Kriege gegen uns führten. Einer davon war lautlos, indem sie Blattern, Pocken oder Masern einschleppten. Diesen Krankheiten waren wir hilflos ausgeliefert, und wir merkten viel zu spät, dass die Weißen diese Krankheiten ganz gezielt eingeschleppt hatten. In einem anderen Krieg wurde uns die Lebensgrundlage entzogen, indem man die Tiere tötete, von denen wir uns ernährten.«

Rossini, Kamalesh und Soulman hörten gespannt zu, wobei Rossini den Eindruck hatte, dass sich Soulmans Gesichtszüge verhärteten. Aber vielleicht lag das auch nur am Schein des Lagerfeuers, der das Gesicht des Schwarzen besonders grimmig erscheinen ließ.

»Das war – neben den viel zu engen Stiefeln – auch der Grund, weshalb Big Thunder heute so lange gebraucht hat, um einen Peleewa zu fangen. Sie sind fast alle verschwunden. Und jetzt beginnen sie, die Wälder zu roden.«

Rossini fiel der Feldstecher und die halb verbrannte Landkarte ein, die er an der Absturzstelle gesehen hatte. »Waren Sie deshalb mit diesen beiden Männern im Ballon unterwegs?«

Big Thunder hatte seinen Blick auf das Feuer gerichtet. »In unseren Wäldern wachsen Hickory- und Walnussbäume. Wir machten aus dem Holz des Hickorybaums unsere Bögen. Es gibt kein besseres Holz für einen Bogen. Und aus den gepressten Hickorynüssen gewannen wir ein Getränk, das wir Pocohiquara nannten. Die Weißen aber verwenden das Hickoryholz für die Griffe und die Stiele ihrer Hämmer, Spitzhacken und Äxte, und seitdem man überall nach Gold sucht, ist der Hunger nach diesem Holz so groß, dass sie jetzt auch unsere Wälder roden. Und da Walnussholz das beste Holz für Gewehrschäfte ist und die Weißen immer mehr Waffen benötigen, werden auch diese Bäume gefällt.«

»Aber wem gehören diese Wälder?«, fragte Rossini.

»Früher gehörten die Wälder niemandem. Genauso wenig wie die Prärie, die Flüsse oder die Berge. Aber nachdem 1830 ein Gesetz verabschiedet wurde, das die Umsiedlung und Ausweisung der Indianer auf eine legale Grundlage stellte, wurden viele Stämme aus ihren alten Territorien vertrieben. Die Cherokee bezeichneten diese Vertreibung als Nunna daul Tsuny, was so viel wie Pfad der Tränen heißt. Wenn heute ein Weißer Anspruch auf ein Stück Land erhebt, müssen die Indianer weichen.«

»Und wer hat Anspruch auf diesen Wald erhoben? Waren es die beiden Männer, die mit Ihnen im Ballon geflogen sind?«

»Nein«, antwortete Big Thunder. »Die beiden Männer haben im Auftrag eines großen Holzhändlers in Jasper gehandelt. Und sie haben mich als Scout engagiert, damit ich ihnen zeige, wo die verschiedenen Bäume wachsen. Ich bin hier aufgewachsen, ich kenne die Wälder.«

Soulman schüttelte den Kopf und warf Big Thunder einen enttäuschten Blick zu: »Deshalb macht man gemeinsame Sache mit den Weißen?«

Rossini, der keinen Streit wollte, versuchte das Gespräch in eine andere Richtung zu lenken: »Und warum ist der Ballon abgestürzt?«

»Sie sind zu tief geflogen und haben einen Baum gestreift. Ich wollte nicht mit ihnen fliegen, aber sie haben mir viel Geld geboten, also bin ich mitgekommen.«

Kamalesh folgte den Ausführungen Big Thunders mit ungläubigem Staunen, obwohl er wahrscheinlich nur die Hälfte verstand.

»Aber weshalb haben sie überhaupt einen Ballon genommen? Wäre es nicht einfacher gewesen, das Gebiet zu Fuß zu erkunden?«

»Vielleicht«, sagte Big Thunder. »Ich habe nur gehört, dass die beiden Männer herausfinden sollten, wie man einen solchen Ballon bei der Landvermessung einsetzen könnte. Sie haben ja schon viele Flüge gemacht, aber ich war vorher nie dabei.« Big Thunder holte aus dem Tabaksbeutel das Blatt Papier, das er an sich genommen hatte. »Hier.«

Rossini sah, dass es sich dabei um die amtliche Bestätigung eines Notars aus Jasper handelte. »Hier steht, dass Bill Fletcher und Pat Robertson berechtigt sind, im Auftrag des Waldbesitzers Brady Robertson Ballonflüge durchzuführen.« Rossini warf Big Thunder einen fragenden Blick zu. »Dieser Pat Robertson war der Sohn des Waldbesitzers?«

Big Thunder nickte.

»Aber ich verstehe das nicht«, sagte Rossini. »Wozu braucht man für Ballonflüge eine Genehmigung? Und müssen Sie diesen Brady Robertson nicht informieren, dass sein Sohn tot ist?«

Big Thunder lachte sarkastisch. »Wenn ich das mache, bin ich ein toter Mann. Die Weißen würden mir die Schuld am Absturz geben und mich am nächsten Baum aufhängen.« Big Thunder sah einen nach dem anderen an. »Niemand darf erfahren, dass ich im Ballon war und den Absturz überlebt habe. Sie haben nie einen Ballon gesehen, und mich haben Sie mitgenommen, weil ich mich im Wald beim Jagen verletzt habe.«

Soulman und Kamalesh hörten gespannt zu. »Wie viele Leute wissen, dass Sie mit dem Ballon unterwegs waren?«, fragte Rossini.

»Keine Ahnung. Aber vielleicht ist es besser, wenn Sie mich ab sofort nicht mehr Big Thunder nennen.«

»Und wie sollen wir Sie nennen?«, fragte Rossini.

»Slow Turtle«, antwortete der Indianer, ohne lange zu überlegen.

»Slow Turtle?« Soulman war sichtlich irritiert.

»Ja, Slow Turtle. In der Sprache unseres Stammes heißt das Cjegktoonupa.«

»Also, Soulman statt Ringgold und Slow Turtle statt Big Thunder.« Rossini schüttelte den Kopf.

»Ringgold?«, fragte der Indianer erstaunt.

»Ach, nichts«, antwortete Rossini, der hoffte, dass sich nicht auch noch Kamalesh einen anderen Namen zulegte.

»Slow Turtle, Sie haben uns aber noch immer nicht erzählt, wo die Menschen hingekommen sind, die hier gelebt haben?«

Slow Turtle legte ein paar Äste in die Glut und wartete, bis sie Feuer gefangen hatten, dann sprach er mit fester Stimme: »Mein Großvater war der große Häuptling Makataimeshekiakiak, was so viel wie Black Hawk heißt. Black Hawk hat viele Verhandlungen mit den Weißen geführt, und er hat mich oft zu diesen Beratungen mitgenommen. Ich war vierzehn, als mein Großvater nach vielen Gesprächen einen Vertrag mit dem Gouverneur von Indiana, Noah Noble, abgeschlossen hat. Nach dem Ansturm weißer Siedler hatte Black Hawk gar keine andere Wahl gehabt, als diesen Vertrag zu unterzeichnen. Darin wurde den Thakiwaki Mais zugesichert, wenn sie sich im Gegenzug in das Gebiet jenseits des Patoka River zurückzogen. Als wegen der vielen Siedler aber auch dort die Lage immer unerträglicher wurde und man entgegen den Vereinbarungen viel zu wenig Mais lieferte, versammelte Black Hawk zweitausend halb verhungerte Stammesmitglieder um sich, um mit ihnen von ihren eigenen Feldern Mais zu stehlen. Aber die Siedler waren gewarnt worden, und so kam es 1832 zum Krieg zwischen den Thakiwaki und den amerikanischen Truppen. Ich habe an diesem Krieg als junger Kämpfer teilgenommen und gesehen, wie einhundertfünfzig unserer Leute von Soldaten getötet wurden. Mein Großvater konnte fliehen, wurde später aber gefangen genommen und als Häuptling abgesetzt. Ich habe ihn nie wieder gesehen, erinnere mich aber an die Worte, die später von ihm verbreitet wurden: ›Die Weißen skalpieren nicht den Kopf, sie tun Schlimmeres: Sie vergiften das Herz.‹« Slow Turtle machte eine Pause und starrte ins Feuer. Dann fuhr er fort: »Ich gehörte zu einer kleinen Gruppe von Thakiwaki, die nach der Umsiedlung unseres Stammes wieder hierher zurückgekehrt sind. Als Angehöriger des Bären-Clans war ich für die Sicherheit unseres Stamms verantwortlich und musste daher die Verhandlungen mit den weißen Siedlern und der Armee führen.«

»Deshalb sprechen Sie also so gut Englisch.«

Slow Turtle erzählte weiter. »Es war vor zwei Jahren, als sich zurzeit der fallenden Blätter die Kuh eines Mormonen in unser Lager verirrte. Der Besitzer der Kuh war in der Nähe mit einem Treck Richtung Westen unterwegs. Wegen des großen Hungers, der hier herrschte, hat ein junger Mann namens Enkoodabaoo die Kuh kurzerhand geschlachtet. Noch während des Festmahls tauchte ihr Besitzer mit fünf Soldaten auf und verlangte Enkoodabaoos Auslieferung. Ich versuchte zu vermitteln und bot als Ausgleich ein Pferd an, aber sowohl der Mormone als auch die Soldaten lehnten das Angebot kategorisch ab. Als Enkoodabaoo von einem betrunkenen Soldaten beleidigt wurde, kam es zu einem heftigen Wortgefecht, in dessen Verlauf der Krieger Sunukkuhkau von hinten erschossen wurde. Kurze Zeit später waren die fünf Soldaten und der Mormone tot. Nach diesem Zwischenfall blieb uns gar nichts anderes übrig, als unsere Zelte abzubrechen und weiterzuziehen.« Slow Turtle deutete auf die Krone des Hickorybaums, vor dem er die Innereien abgelegt hatte. »Nachdem wir Sunukkuhkau in diesem Hochgrab bestattet hatten, versuchten wir, uns an einem Ort in Sicherheit zu bringen, von dem wir hofften, dass ihn die Armee nicht kannte. Wir verbrachten dort den Winter und wiegten uns bereits in Sicherheit, als wir eines Tages von etwa zweihundert Kavalleristen aus Rache überfallen wurden. Wir verloren siebenunddreißig Stammesangehörige, darunter viele Frauen und Kinder. Einige Frauen und Kinder wurden auch verschleppt, wir haben sie nie wieder gesehen.«

Nachdem Slow Turtle geendet hatte, sagte keiner ein Wort. Man hörte nur das Prasseln des Feuers und irgendwo im Wald den Schrei einer Eule. Rossini war verstört und wusste nicht, wie er auf die Schilderungen Slow Turtles reagieren sollte. Es war noch keine drei Monate her, dass er Florenz verlassen hatte, und trotzdem waren die Erinnerungen an sein früheres Leben bereits so weit verblasst, dass er Schwierigkeiten hatte, sich bestimmte Gesichter oder Ereignisse ins Gedächtnis zu rufen. Seine bisherigen Erlebnisse und die Gesellschaft dieser drei merkwürdigen Männer hatten sein Weltbild gehörig ins Wanken gebracht. Rossini war sich nicht sicher, ob er sich darüber freuen sollte.

Während sie schweigend am Feuer saßen, stand Slow Turtle auf und betrachtete den Mond. Er griff nach einem Stein, ging ein paar Schritte Richtung Wald und legte den Stein auf den Boden. Dann sammelte er weitere Steine und begann, um den ersten Stein herum einen Kreis zu bilden. Mit seinem Messer schnitt er sich eine Haarsträhne ab und seinem Beutel entnahm er eine Prise Tabak. Er schloss die Augen, hob die Opfergaben zum Himmel und murmelte etwas von »Mutter Erde«, »Vater Sonne« und »Großmutter Mond«. Er kniete nieder und legte die Haarsträhne und den Tabak auf den Stein in der Mitte. Dann holte er die beiden Truthahnfedern, die er in den Boden gesteckt hatte, und stellte sich in die Mitte des Kreises. Mit geschlossenen Augen hielt er die Federn in die Höhe. Nachdem er sie auf den Stein gelegt hatte, begann er zu tanzen und zu singen:

»Ho yanga hi yanga hey yang yang
Ho yanga hi yanga hey yang yang
Wo yaa yaayaa yaayaa yaayaa
Yaa wo wowo wowo wowo
Wo yaa yaayaa yaayaa yaayaa.«

Nach der Zeremonie kniete er noch einmal nieder und steckte sich die schwarzen Federn ins Haar. Er trat aus dem Kreis heraus und wandte sich an seine drei Begleiter. »Jetzt hat Big Thunder wieder Flügel aus Licht«, sagte er und setzte sich ans Feuer.

»Slow Turtle, nicht Big Thunder«, korrigierte ihn Soulman.

Der Auftrag

Whip Fletcher saß an seinem mächtigen Schreibtisch und wiederholte, was er kurz zuvor gesagt hatte: »Der Mann heißt Rossini und muss irgendwo zwischen Marion und Paducah unterwegs sein. Der Expressreiter von Wells & Fargo hat mir allerdings erzählt, dass er von einem Nigger und einer Rothaut begleitet wird. Keine Ahnung, was das zu bedeuten hat. Aber ich will keine Toten. Ich möchte nur, dass ihr das Testament besorgt und ihm eine ordentliche Abreibung verpasst.«

Liam Buckley fuhr sich durch sein struppiges Haar, das an vertrocknetes Präriegras erinnerte. »Nichts lieber als das, Boss«, sagte er mit einem dreckigen Grinser.

»Und in Notwehr? Ich meine, was ist, wenn wir bedroht werden?« Jeff Collister holte sein Hufeisen aus der Hemdtasche und betrachtete es wehmütig.

»Wenn ihr bedroht werdet, müsst ihr euch natürlich wehren. Aber noch einmal: Von mir aus kann er nach Poplar Bluff kommen und den alten Saloon übernehmen. Nur auf die Wasserstelle darf er keinen Zugriff haben. Das muss ein für alle Mal geklärt werden. Sobald ich sein Testament in Händen habe, kann er nicht beweisen, dass ihm Tom Guidarini auch die Wasserrechte übertragen hat.«

»Das heißt also, dass er uns nicht erkennen darf?«, fragte Buckley.

Fletcher hob verzweifelt die Hände. »Natürlich darf er euch nicht erkennen. Verdammt, Buckley, du als Brandfälscher solltest das eigentlich wissen.«

»Und ob ich das weiß«, erwiderte Buckley wild entschlossen.

Es klopfte an der Tür. »Was gibt es denn?«, fragte Fletcher ungehalten. »Señor Fletcher, möchten Sie etwas essen?«, fragte Juanita durch die geschlossene Tür.

»Lass mich in Ruhe und mach, dass du in die Küche kommst«, blaffte Fletcher.

Collister kratzte sich am Kopf und schien über etwas nachzudenken. »Boss, aber woher wissen wir, wo er das Testament versteckt hat? Ich habe nicht die geringste Ahnung, wie so ein Ding überhaupt aussieht.« Und nach einer kurzen Pause fügte er hinzu. »Außerdem kann ich gar nicht lesen.«

Whip Fletcher warf einen flehenden Blick zur Decke und fragte sich, ob er die Aktion nicht doch lieber abblasen sollte. Am Ende vermasselten Buckley und Collister die ganze Sache noch und er steckte noch tiefer im Dreck, als er es ohnehin schon tat. Auf der anderen Seite musste er etwas unternehmen, wenn er nicht wie das Kaninchen vor der Schlange sitzen wollte. Nein, Whip Fletcher war ein Mann der Tat. »Ihr besorgt mir das Testament. Oder wollt ihr lieber zu Hause herumsitzen und darauf warten, dass euch Juanita eine Maissuppe kocht?«

Fletcher wusste, womit er seine Leute provozieren konnte, und wie auf ein Kommando hin eilte Buckley zur Tür. »Los, Jeff, lass uns keine Zeit verlieren.«

Wild entschlossen streifte sich Collister seine schwarze Augenklappe über. »Schon bereit«, antwortete er.

»Collister«, presste Fletcher zwischen den Zähnen hervor, »gib sofort die verdammte Augenklappe runter.«

Devil's Weed

Rossini, Kamalesh, Soulman und Slow Turtle saßen am Ufer des Ohio River und warfen die letzten Reste ihrer Fischmahlzeit in die Glut. Der Indianer hatte mit bloßen Händen ein paar Neunaugen gefangen und sie über dem Feuer gebraten. Kamalesh war beim Anblick der aalähnlichen Fische anfangs zwar ein wenig erschrocken, hatte dann aber gleich drei Stück davon gegessen. Wie beim Truthahn wenige Tage zuvor, wunderte sich Rossini auch dieses Mal über den erstaunlichen Appetit des kleinen Inders.

Die kühle Brise, die vom Fluss herüberwehte, und das gleichmäßige Zirpen der Grillen verliehen der Szenerie etwas Beschauliches, und Rossini hätte das auch genossen, wenn er wegen der bevorstehenden Ankunft in Poplar Bluff nicht so nervös gewesen wäre.

»Heute ist ein guter Tag, um *Wysoccan* zu rauchen«, unterbrach Slow Turtle die Stille. Aus seinem Tabaksbeutel holte er eine Maiskolbenpfeife, die er mit einer Mischung aus zerbröselten Stechapfelsamen, Salbei-, Minz- und Bilsenkrautblättern stopfte. Er hielt einen bohnengroßen Samen zwischen Daumen und Zeigefinger. »Das ist das Samenkorn einer Pflanze, die die Weißen Devil's Weed oder Angel's Trumpet nennen. Bei uns heißt sie *Wysoccan*. Der Stechapfel spielte bei rituellen Handlungen vieler Stämme eine große Rolle. Indianer vertragen pflanzliche Drogen nämlich wesentlich besser als Alkohol. Aus diesem Grund haben die Weißen Alkohol schon sehr früh als Kampfmittel gegen uns eingesetzt. Viele Indianer wurden nicht durch Gewehrkugeln, sondern durch Feuerwasser getötet.« Slow Turtle machte eine kurze Pause, bevor er einen dürren Ast in die Glut hielt und damit seine Pfeife anzündete. Er nahm einen tiefen Zug und beobachtete den Rauch, der langsam aufstieg.

Kamalesh schnupperte und machte ein erstauntes Gesicht. »Kamalesh kennen diesen Geruch«, sagte er. »Er stammen von Samen einer Pflanze, die Unmatta heißt. Wir vermischen sie mit Bhang, damit wir kommen unseren Göttern näher. Unmatta sein dem Gott Shiva heilig.«

Slow Turtle reichte Kamalesh die Pfeife, der kurz zögerte, dann aber doch danach griff und ein paar tiefe Züge nahm. Er hielt die Luft so lange wie möglich an und stieß den Rauch mit einem wohligen Grunzen aus. Nach wenigen Augenblicken begann er wie ein kleines Kind zu kichern und fröhlich mit dem Kopf zu wackeln. »Maya saha nartitumicchasi kim?«, fragte er Soulman, der ihn mit großen Augen ansah. »Sie wollen tanzen mit mir?«, säuselte der Inder, um erneut laut loszuprusten. Kamaleshs Verhalten erinnerte Rossini an die Lachgas-Show, und er hoffte, dass er sich nicht noch einmal so verrückt aufführte wie in Cynthiana.

Kamalesh reichte die Pfeife weiter an Soulman, der sich nicht sicher war, ob er rauchen sollte. Erst Slow Turtles zustimmendes Kopfnicken ermunterte ihn, daran zu ziehen.

Als Nächstes war Rossini an der Reihe, der kräftig an der Pfeife zog und bereits nach wenigen Sekunden das Gefühl hatte, dass um ihn herum etwas Merkwürdiges vor sich ging. Alles drehte sich und plötzlich befand sich Rossini in der Wolfsschlucht, wie er sie aus dem *Freischütz* kannte. Eulen mit leuchtenden Augen saßen auf Ästen, flankiert von Raben, die ihre Köpfe bedrohlich hin und her bewegten, und am Boden lag ein Totenkopf, daneben ein abgehauener Adlerflügel. Rossini hielt den Atem an, als er aus dem Wald den Chor der unsichtbaren Geister hörte:

»Milch des Mondes fiel aufs Kraut!
Uhui! Uhui!
Spinnweb' ist mit Blut betaut!
Uhui! Uhui!
Eh' noch wieder Abend graut –
Uhui! Uhui!
Ist sie tot, die zarte Braut!
Uhui! Uhui!
Eh' noch wieder sinkt die Nacht,
ist das Opfer dargebracht!
Uhui! Uhui! Uhui!«

Plötzlich erblickte Rossini am Waldrand eine weiß verschleierte Gestalt, die wie seine Mutter aussah. Zitternd vor Angst begann Rossini zu singen:

»Was dort sich weist,
ist meiner Mutter Geist!
So lag sie im Sarg, so ruht sie im Grab!
Sie fleht mit warnendem Blick!
Sie winkt mir zurück!«

Von Furien gejagt, riss sich Rossini die Kleider vom Leib und wälzte sich auf dem Boden. Er hob die Hände zum Himmel, wo die Wilde Jagd unter Rasseln, Wiehern und Hundegebell vorbeizog. Rossini schrie: »Joho! Wauwau! Ho ho ho ho ho ho ho ho!«, dann wurde es schwarz um ihn herum.

Gebannt starrte Kamalesh auf zwei Frauen, die auf ihn zukamen und deren Kleidung sie als Angehörige der Brahmanen-Kaste auswies. In der Mitte der Lichtung begannen sie sich gegenseitig auszuziehen, wobei der Vollmond die Szene in ein geheimnisvolles Licht tauchte. Kamalesh saß mit offenem Mund da und wusste nicht, was er tun sollte. Als die Frauen nackt waren und ihn mit Handzeichen aufforderten, zu ihnen zu kommen, erhob er sich und ging wie in Trance auf sie zu. Eine der Frauen knöpfte Kamaleshs Hemd auf und sagte lachend:

»Ciranna drishtam.« Kamalesh verstand nicht, was sie damit meinte: »Lange nicht gesehen?« Er war sich sicher, keine der beiden Frauen je gesehen zu haben. Die andere Frau zog ihm die Hose aus und begann, seinen *Lingam* zu streicheln. Sie legte sich auf den Boden und deutete ihm, in ihre *Yoni* einzudringen. Als Kamalesh das magische Wort *Chakrapuja* hörte, konnte er sein Glück nicht fassen, Teil einer tantrischen Orgie zu sein. Aber noch bevor es so weit kam, begann sich alles um ihn herum zu drehen, und er stürzte in ein tiefes, schwarzes Loch. Als Letztes hörte er noch, wie ihm eine der Frauen »Saubhagyam« – »Viel Glück« – zurief.

Soulman breitete die Arme aus und begrüßte freudig drei Sklavinnen, mit denen er aus Maryland geflüchtet war. Gut gelaunt begann er jenes Lied zu singen, das sie während ihrer Flucht daran erinnern sollte, stets dem Großen Wagen zu folgen. Zur Tarnung hatten sie den Großen Wagen als *drinking gourd,* also als Flaschenkürbis, bezeichnet, weil seine Form an dieses Sternzeichen erinnerte.

»Follow the drinking gourd, follow the drinking gourd,
for the old man is awaiting for to take you to freedom,
if you follow the drinking gourd.
The riverbank will make a very good road, the dead trees show you the way,
left foot, peg foot, traveling on, follow the drinking gourd.
The river ends between two hills, follow the drinking gourd,
there's another river on the other side, follow the drinking gourd.
Where the great big river meets the little river, follow the drinking gourd.
The old man is awaiting for to take you to freedom,
if you follow the drinking gourd.«

Soulman zog sich aus und legte sich auf den Waldboden. Er spürte neben sich einen nackten Körper und hoffte, dass es Ikuseghan war, die er liebte und die als Kind von Sklavenjägern aus Benin nach Maryland verschleppt worden war. Als er Ikuseghan besteigen wollte, schlug ein Blitz ein, und um Soulman breitete sich tiefe Finsternis aus.

Slow Turtle empfing in seiner wahren Identität als Big Thunder den Geist des Donnervogels, der ihm zuflüsterte, wachsam zu sein und sich die Kraft für die anstehenden Aufgaben aus der Natur zu holen. Er forderte Big Thunder auf, eine Baumzeremonie durchzuführen, um vom Baumgeist eine Antwort auf die Frage zu bekommen, ob er Rossini nach Poplar Bluff folgen solle. Der Geist des Donnervogels erinnerte Big Thunder auch daran, dass Bäume heilige Denkmäler seien, die das Wissen und die Lehren von Vergangenheit, Gegenwart und Zukunft in sich trügen. Wie in Trance ging Big Thunder auf einen Hickorybaum zu und versuchte seinen dicken Stamm zu umarmen, was ihm aber nicht gelang. Er schloss die Augen und presste sein Ohr an die raue Rinde, verstand aber nicht, was ihm der Baum sagen wollte. Was er hörte, klang eher wie ein tiefes Brummen und nicht wie eine Antwort auf die Frage, ob er Rossini folgen solle. Big Thunder drückte seinen Körper fester an den Stamm und spürte plötzlich, dass er eine heftige Erektion bekam. Er wusste zwar, dass der Stechapfelsamen bei einigen Stämmen als Liebesdroge verwendet wurde, wunderte sich aber, dass sein *Necenakew* ausgerechnet während einer Baumzeremonie hart wurde. Als Big Thunder merkte, dass sich sein Samen mit Mutter Erde verbinden wollte, zog er seine Hose aus und tat, was die Natur von ihm verlangte. Aber noch während er ejakulierte, fuhr der Geist des Donnervogels in ihn und warf ihn zu Boden, wo er ohnmächtig liegen blieb.

Die Abreibung

Lange hatte es nicht gedauert, bis Liam Buckley und Jeff Collister jene vier Männer gefunden hatten, denen sie im Auftrag Whip Fletchers ein Dokument stehlen und eine ordentliche Abreibung verpassen sollten. Ein Viehtreiber am Ohio River hatte ihnen erzählt, dass sich stromaufwärts, auf der anderen Seite des Flusses, einige Reisende niedergelassen hätten, auf die ihre Beschreibung zutraf.

Als sich Buckley und Collister etwa eine Stunde später dem geschilderten Ort näherten, waren sie sich wegen des Lärms, der ihnen entgegenschlug, nicht sicher, ob das tatsächlich die Männer waren, nach denen sie suchen sollten. Buckley und Collister hatten ihre Gesichter mit Tüchern bedeckt und robbten vorsichtig in die Richtung, aus der der Krach kam. Die Cowboys warfen einander immer wieder fragende Blicke zu, wobei Collisters totes Auge noch nervöser zuckte als sonst. Je näher sie kamen, desto merkwürdiger klangen die Geräusche, und Buckley fragte sich, was die Männer da wohl trieben. Die Antwort ließ nicht lange auf sich warten.

Mit offenen Mündern knieten Buckley und Collister im Gebüsch und trauten ihren drei Augen nicht. Instinktiv griff Collister nach seinem Hufeisen, steckte es aber gleich wieder ein, weil er nicht wusste, was er damit machen sollte. »Verdammte Scheiße, Liam, was treiben die da?«, fragte er.

Vier nackte Männer wälzten sich auf dem Boden und gaben Laute von sich, die Buckley und Collister nur von betrunkenen Viehtreibern kannten. Bei den vieren handelte es sich um einen korpulenten Weißen, einen muskulösen Schwarzen, einen mageren Inder und einen Indianer, der offenbar gerade ejakuliert hatte.

Collister verzog angewidert das Gesicht und schob sein Tuch nach unten. Er spuckte aus und sah Buckley an. Der schüttelte bloß den Kopf und zückte kommentarlos sein Schießeisen. Slow Turtle hatte aber ein so gutes Gehör, dass sein Unbewusstes selbst im Drogenrausch noch erkannte, dass das Klicken eines Hammers Gefahr bedeutete.

»Los, lass uns das Testament suchen, solange diese Idioten noch ihren Rausch ausschlafen«, flüsterte Buckley. Obwohl die beiden Cowboys sicher waren, dass die Männer sie nicht hören würden, schlichen sie leise zum Planwagen. Sie leerten Rossinis Koffer aus, durchwühlten die Vorratskisten und durchsuchten die Kleider nach einem bestimmten Blatt Papier. Gerade als Buckley vorschlagen wollte, die Betrunkenen aufzuwecken, stand plötzlich der nackte Indianer hinter ihnen. Noch bevor Collister nach seinem Hufeisen greifen konnte, hatte ihn Slow Turtle schon am Arm gepackt und diesen so weit nach hinten gebogen, dass der Cowboy das Eisen schreiend fallen ließ. Im selben Augenblick drehte sich Slow Turtle um die eigene Achse und stieß mit dem gestreckten Fuß Buckley seinen Revolver aus der Hand, wobei sich ein Schuss löste, der allerdings ins Leere ging. Während Buckley und Collister versuchten, wieder auf die Beine zu kommen, versetzte Slow Turtle jedem von ihnen einen so heftigen Faustschlag, dass sie ohnmächtig zu Boden fielen. Der Indianer nahm den Cowboys ihre Waffen ab und fesselte sie mit ihren Gürteln. Dann schleifte er sie über die Lichtung und lehnte sie an den Stamm eines Ahornbaums.

Der Indianer suchte seine Kleider zusammen und zog sich an. Dass ihn die beiden Bleichgesichter nackt gesehen hatten, war ihm äußerst unangenehm. Allerdings tröstete er sich damit, dass sie während ihres kurzen Kampfes wahrscheinlich kaum Zeit gehabt hatten, ihn genauer zu betrachten.

»Makwa, aufwachen«, sagte Slow Turtle. Er nannte Rossini *Makwa*, was in der Sprache der Thakiwaki Bär heißt, weil Rossini aussah wie ein betrunkener Bär. Rossini murmelte ein paar unverständliche Worte und rieb sich die Augen. Als er Slow Turtle über sich gebeugt sah, erschrak er, aber noch mehr erschrak er, als ihm bewusst wurde, dass er nackt auf der Erde lag und voll Dreck war. »Madonna putana, was ist hier passiert?«, fragte er verwirrt. Kamalesh und Soulman waren ebenfalls unbekleidet, und Soulman schnarchte so laut, dass sich Rossini wunderte, dass er davon nicht aufgewacht war.

»Wir haben die Samen des Stechapfels geraucht«, antwortete Slow Turtle, der so tat, als wäre das nichts Besonderes.

Jetzt erinnerte sich Rossini wieder, dass sie Devil's Weed geraucht hatten und er sich im Drogenrausch in der Wolfsschlucht wiedergefunden hatte. Slow Turtle hatte das Kraut auch Angel's Trumpet genannt, aber ob einer von ihnen heute tatsächlich Engelstrompeten gehört hatte, wagte Rossini angesichts des Zustands, in dem sie sich befanden, zu bezweifeln. Rossini zog sich notdürftig an und wankte zum Fluss hinunter, wo er seinen Kopf in das Wasser tauchte. Er fühlte sich ein bisschen besser und ging zurück zu den anderen.

In der Zwischenzeit war es Slow Turtle gelungen, auch Kamalesh und Soulman aufzuwecken. Der Inder stieß unablässig Flüche aus, während sich Soulman hochrappelte und sich ungeniert an seinem Gemächt kratzte. Peinlich berührt suchte Kamalesh seine weit verstreuten Kleider zusammen, als er plötzlich innehielt.

»Sahib, Sahib, wer sein diese Männer?« Er deutete in Richtung des Ahornbaums, an dessen Stamm Buckley und Collister lehnten.

»Madonna mia«, fluchte Rossini und suchte verwirrt die Gegend ab.

»Die beiden Bleichgesichter haben versucht, uns auszurauben«, antwortete Slow Turtle. »Ich habe sie erwischt, als sie den Wagen durchwühlten.«

Sofort lief Rossini zum Wagen, um nachzusehen, ob etwas fehlte.

»Keine Angst«, beruhigte ihn der Indianer, »Slow Turtle hat die beiden ertappt, noch bevor sie etwas stehlen konnten.«

»Etwas stehlen? Aber –?« Rossini hatte nicht die geringste Ahnung, was hier vor sich ging.

Nachdem sich auch Soulman angezogen und notdürftig am Fluss gewaschen hatte, standen sie zu viert um die Cowboys herum, die langsam wieder zu sich kamen.

»Verdammt, habe ich höllische Kopfschmerzen«, jammerte Collister. Er blinzelte mit seinem intakten Auge und brauchte ein paar Sekunden, um zu begreifen, wo er sich befand. Er zerrte an seinen Fesseln und warf den vier Männern einen wütenden Blick zu. »Ihr Idioten, bindet mich sofort los!«, schrie er.

In der Zwischenzeit war auch Buckley aufgewacht. »Was habt ihr vor?«, fluchte er. »Lasst uns sofort frei.«

»Nicht bevor ihr uns sagt, was ihr stehlen wolltet«, sagte Slow Turtle.

Buckley sah Collister an und dachte kurz nach. »Wir haben gesehen, dass ihr betrunken wart, und da dachten wir, ihr habt vielleicht Whisky dabei. Wir wollten uns wieder einmal ordentlich besaufen. So wie ihr auch.« Buckley versuchte einen versöhnlichen Ton anzuschlagen. »Wir sind keine Banditen, wir waren auf dem Weg nach Paducah, wo wir als Cowpuncher anheuern wollen.«

»Und wo sind eure Pferde?«, fragte Slow Turtle.

»Unsere Pferde? Äh, die stehen ganz in der Nähe«, antwortete Collister.

»Soweit ich sehe, haben sie nichts gestohlen«, sagte Rossini. »Wir sollten sie wieder gehen lassen.«

Ohne ein Wort zu sagen, zog Slow Turtle sein Messer aus der Scheide und kniete sich vor Collister nieder. »Ihr wolltet also Whisky stehlen?«, fragte er. »Und sonst nichts?«

»Nein, nur Whisky«, antwortete Collister verunsichert. »Wir sind keine Banditen.«

Slow Turtle packte die rechte Hand Collisters und griff nach dessen Zeigefinger. Dann steckte er die Spitze seines Messers unter den schmutzigen Nagel und bohrte sie ein wenig hinein. Instinktiv versuchte Collister, den Finger zurückzuziehen, was ihm aber nicht gelang.

»Ihr wolltet also nur Whisky stehlen?«, wiederholte Slow Turtle seine Frage.

»Was soll das?«, fragte Rossini verwirrt. »Sie haben nichts gestohlen.«

Slow Turtle drückte die Messerspitze tief unter Collisters Fingernagel.

Collister riss den Mund auf, in dem eine Reihe verfaulter Zähne sichtbar wurde. »Ahhhh«, krächzte er, »wir wollten nur Whisky stehlen.«

Slow Turtle hielt kurz inne und sah Collister tief in die Augen. »Das ist deine letzte Chance. Wenn du mir nicht sagst, wonach ihr gesucht habt, schiebe ich mein Messer so tief unter deinen Fingernagel, dass er sich ablöst. Vergiss nicht: Das ist der Finger, mit dem du den Abzugshahn betätigst. Ich zähle bis drei. Pejig, nìj –«

»Warte!«, schrie Collister und warf Buckley einen hilfesuchenden Blick zu.

Buckley schluckte, und da er wusste, dass ihn dasselbe Schicksal wie Collister ereilen würde, begann er etwas zu murmeln.

»Ich verstehe dich nicht«, sagte Slow Turtle und drückte die Messerspitze so tief unter Collisters Fingernagel, bis Blut herausrann. Kamalesh wandte sich ab und hielt sich die Ohren zu.

»In Ordnung«, wimmerte Collister, »ich sage es dir, wenn du aufhörst.«

Slow Turtle wartete einen Augenblick, dann zog er das Messer heraus und wischte die blutige Spitze an Collisters Hose ab.

»Wir sollten im Auftrag von Whip Fletcher nach einem Stück Papier suchen«, sagte Collister, und warf einen besorgten Blick auf seinen blutenden Fingernagel.

Bei der Erwähnung des Namens zuckte Slow Turtle zusammen. Hatte nicht Bill Fletcher, mit dem er im Ballon unterwegs gewesen war, einmal erzählt, dass sein Vater Viehzüchter sei? Womöglich waren die beiden Cowboys im Auftrag Whip Fletchers unterwegs, um nach seinem Sohn zu suchen. Vorausgesetzt, dass sie ihn nicht schon längst gefunden hatten. Für Slow Turtle war klar, dass der Absturz des Ballons unter keinen Umständen erwähnt werden durfte. Nur gut, dass er seinen Namen geändert hatte.

»Whip Fletcher? Wer ist Whip Fletcher?«, fragte Rossini entgeistert.

»Fletcher ist Rinderzüchter am Devil's Creek«, erwiderte Buckley, der sich in seiner Rolle als Verräter genauso unwohl fühlte wie Collister.

Slow Turtle spürte, wie sich sein Magen verkrampfte. Jetzt gab es keinen Zweifel mehr, dass es sich bei diesem Whip Fletcher um Bills Vater handelte. Unter Umständen musste er sofort von hier verschwinden.

»Und ihr solltet im Auftrag dieses Rinderzüchters ein Papier stehlen?«, mischte sich Slow Turtle wieder in das Gespräch ein. Er versuchte, einen möglichst ruhigen Ton anzuschlagen.

»Ein Testament, verdammt noch mal«, antwortete Buckley ungehalten.

Slow Turtle war erleichtert, auch wenn ihm immer noch nicht klar war, was das alles zu bedeuten hatte.

Rossini stand mit offenem Mund da und starrte Buckley an. »Was? Ein Testament? Aber woher weiß dieser Fletcher überhaupt, dass es hier ein Testament gibt?« Er wischte sich den Schweiß von der Stirn und schüttelte den Kopf. Hatte ihm dieses Devil's Weed den Verstand geraubt? Vergeblich versuchte er, einen klaren Gedanken zu fassen.

»Soviel ich weiß, geht es um Devil's Well, diese Wasserstelle, die Fletcher dringend für seine Rinder benötigt«, erzählte Buckley widerwillig. »Und anscheinend ist in diesem Testament geregelt, wer diese Wasserstelle bekommen soll.«

Rossini fiel aus allen Wolken. »Und woher wusste dieser Fletcher überhaupt, dass wir hier sind?«

»Keine Ahnung«, antwortete Buckley gereizt. »Er hat nur gesagt, dass wir uns in der Gegend um Paducah nach ein paar Männern umsehen sollen, unter denen sich eine Rothaut und ein Nigger befinden.«

»Aber Fletcher hat ausdrücklich gesagt, dass wir euch kein Haar krümmen sollen«, ergänzte Collister in der Hoffnung, bald von hier wegzukommen. »Es geht ihm nur um das Testament.«

»Und was will er mit dem Testament machen? Das Testament ist doch für ihn vollkommen wertlos.«

»Ich weiß es nicht, verflucht noch mal«, sagte Collister.

»Was sollen wir jetzt tun?«, fragte Rossini und blickte ratlos in die Runde.

»Bindet uns endlich los«, gab Buckley die Antwort.

Kamalesh hob Collisters Revolver auf und betrachtete ihn interessiert.

»Du Idiot, leg die Waffe weg, der Revolver ist geladen«, schrie der Einäugige und trampelte mit den Füßen auf den Boden. Im selben Augenblick löste sich ein Schuss, der allerdings nur den Stamm jenes Hickorybaums traf, in dessen Krone sich das Hochgrab des Kriegers Sunukkuhkau befand. Sofort ließ Kamalesh die Waffe wieder fallen.

Slow Turtle warf dem Inder einen vernichtenden Blick zu und ging zum Hickorybaum, um das Einschussloch zu untersuchen. Dann kam er zurück und sagte feierlich:

»Wisst ihr, dass Bäume reden.
Sie sprechen miteinander,
und sie sprechen zu euch, wenn ihr zuhört.
Aber der weiße Mann hört nicht zu.
Er hat es nie der Mühe wert gefunden,
uns Indianern zuzuhören, und ich fürchte,
er wird auch auf die anderen Stimmen
in der Natur nicht hören.
Ich selbst habe
viel von den Bäumen erfahren:
Manchmal etwas über das Wetter,
manchmal über Tiere,
manchmal über den Großen Geist.«

»Kamalesh sein kein weißer Mann«, sagte der Inder schnippisch.

»Ich verspreche euch, dass wir sofort verschwinden, wenn ihr uns losbindet. Die Waffen könnt ihr behalten, aber nehmt uns endlich die Fesseln ab«, bettelte Buckley.

»Das könnte euch so passen!«, rief plötzlich eine Frauenstimme.

Rossini wirbelte herum und sah am Waldrand zwei junge Frauen mit gezogenen Revolvern stehen.

»Wer von Ihnen ist Mister Rossini?«, fragte die mit den langen roten Haaren.

Rossini hob verzweifelt die Hände. »Ich bin Rossini. Aber wer um alles in der Welt sind Sie?«

»Ich heiße Myra Henderson«, sagte die Rothaarige. »Und das ist meine Partnerin Lucie Pearl. Wir haben Sie gesucht, Mister Rossini, weil wir etwas Wichtiges mit Ihnen zu besprechen haben. Es geht um das Testament von Tommaso Guidarini.«

Rossini sah sich hilfesuchend um. »Aber warum interessiert sich plötzlich alle Welt für dieses Testament? Was ist los mit diesem Testament?«

»Das werden wir Ihnen erklären, wenn Sie uns die Möglichkeit dazu geben. Ich muss Sie aber bitten, Buckley und Collister nicht freizulassen.«

»Glauben Sie diesem Miststück kein Wort!«, rief Collister wütend. »Dieses Flittchen will Sie doch nur –« Weiter kam er nicht, weil ihm Soulman einen Tritt in die Magengrube versetzte.

»Wie? Sie kennen diese beiden Herren?«, stammelte Rossini.

»Ja, natürlich. Und wir kennen auch Whip Fletcher, den Auftraggeber dieser Schurken. Wir stecken jetzt unsere Waffen weg und kommen zu Ihnen.«

Myra stieß einen Pfiff aus, und wenige Augenblicke später tauchten Bronco und Donny zwischen den Bäumen auf. Die Pferde waren verschwitzt und abgekämpft. »Ich kümmere mich um sie«, sagte Lucie und tätschelte den Hals ihres Wallachs.

Wenig später saßen Myra, Lucie, Rossini, Soulman, Slow Turtle und Kamalesh im Kreis und besprachen die Lage. »Sie wissen also noch nicht, was Sie mit Devil's Well machen werden?«, fragte Myra, die ihre Aufregung kaum verbergen konnte.

»Nein«, antwortete Rossini, »weil ich keine Ahnung habe, worum es hier überhaupt geht. Und was Sie mit all dem zu tun haben.«

Myra nahm einen Schluck Wasser. »Etwa eine halbe Stunde von Poplar Bluff entfernt betreiben Lucie und ich eine kleine Farm mit zweihundert Schafen. Wie meine Eltern liegen auch wir seit Jahren mit dem Viehzüchter Whip Fletcher im Streit, der sich einfach illegal Land aneignet und kleine Farmer so lange drangsaliert, bis sie aufgeben. Weil mein Vater seinen Besitz aber sofort ins

Grundbuch eintragen ließ, konnte Fletcher an unser Land nicht heran. Sein Interesse gilt aber ohnehin nicht unseren Weiden, sondern dem Grundstück, auf dem sich Devil's Well befindet. Und dieses Grundstück, das Sie ja geerbt haben, grenzt direkt an eine unserer Weiden, die –«

Rossini sah Myra verwirrt an. »Also, ich verstehe kein Wort. Warum hat dieser Fletcher die Wasserstelle nicht schon längst gekauft? Und was ist das Besondere daran?«

»Devil's Well ist eine artesische Quelle, die keinen natürlichen Zufluss hat«, erläuterte Lucie. »Das Wasser wird unterirdisch gestaut und durch den Druck an die Oberfläche befördert. Normalerweise liefert der Devil's Creek genügend Wasser, aber in Zeiten der Dürre ist eine Quelle wie Devil's Well Gold wert, weil sie das Überleben tausender Rinder und Schafe sichert.«

»Na gut, das verstehe ich, aber was hat Fletcher davon, wenn er das Testament in seinen Besitz bringt? Beim Notar in Poplar Bluff wurde doch eine Abschrift des Testaments hinterlegt. Das hat mir der Notar selbst geschrieben.«

»Das ist ja der springende Punkt«, fuhr Myra fort. »Ihr Onkel wollte offenbar nicht, dass Fletcher Zugang zur Wasserstelle bekommt. Deshalb hat er das Testament gemacht und Sie als Erben eingesetzt. Anders kann ich mir das alles nicht erklären. Und was die Abschrift des Testaments betrifft: Der Notar von Poplar Bluff wird von Fletcher bezahlt. Außerdem hat Fletcher vor ein paar Tagen seinen Vorarbeiter als Deputy Marshal eingesetzt.«

Je länger das Gespräch dauerte, desto verwirrter wurde Rossini. Weder wusste er, wie diese ominöse Wasserstelle überhaupt aussah, noch, was hinter den Auseinandersetzungen zwischen den beiden Frauen und Whip Fletcher steckte. »Wo sind eigentlich Ihre Männer?«, fragte Rossini plötzlich. »Warum sind sie nicht mitgekommen?«

»Wir haben keine Männer«, antwortete Lucie selbstbewusst. »Myra und ich führen die Farm alleine, sieht man einmal vom alten Pete ab, der draußen bei den Schafen ist.«

Rossini sah seine Begleiter der Reihe nach an und stellte fest, dass auch sie nicht die geringste Ahnung hatten, was hier eigentlich gespielt wurde. Es ging zu wie in einer Oper, deren Libretto keinen Sinn ergab. »Gut«, versuchte er den Gesprächsfaden wieder aufzunehmen, »im Testament meines Onkels ist festgelegt, dass ich Erbe einer Wasserstelle bin, die dieser Whip Fletcher in seinen Besitz bringen möchte. Aber was um alles in der Welt haben Sie mit dieser Sache zu tun?«

Myra räusperte sich. »Mister Rossini, wir haben Sie gesucht, weil wir unbedingt noch vor Ihrer Ankunft in Poplar Bluff mit Ihnen reden wollten. Und wie sich herausgestellt hat, sind wir gerade noch rechtzeitig gekommen. Dass Whip Fletcher seine Leute auf Sie ansetzen würde, haben wir zwar nicht gewusst, auch wenn es uns nicht weiter überrascht. Das war auch der Grund, weshalb Lucie und ich uns entschlossen haben, Ihnen entgegenzureiten. Wäre Marshal Bowman nicht von Fletcher bestochen worden –«

»Marshal Bowman? Wer ist Marshal Bowman?« Rossinis Kopf schmerzte und ihm war von dem Stechapfelkraut noch immer speiübel. Am liebsten hätte er sich hingelegt, um ein paar Stunden zu schlafen.

»Bowman war bis vor zwei Tagen Marshal von Poplar Bluff, und er war es auch, der damals Guidarinis Testament geschrieben hat. Allerdings wurde Bowman nach Greenville versetzt, um den dortigen Sheriff zu vertreten. Außerdem wurde er von Fletcher bestochen, seinen Vorarbeiter Heck Parker als Deputy Marshal einzusetzen. Das heißt also, dass sich die Abschrift des Testaments jetzt in Wirklichkeit in Fletchers Besitz befindet.«

Rossini sah Myra lange an. »Schön langsam verstehe ich.« Er deutete in die Richtung von Buckley und Collister. »Und wenn die beiden mein Testament gestohlen hätten, gäbe es kein Dokument mehr, mit dem ich meine Ansprüche geltend machen könnte.«

»Genau so ist es«, sagte Myra erleichtert.

»Wenn Sahib brauchen Hilfe, Kamalesh helfen«, mischte sich Kamalesh in das Gespräch ein.

Lucie ignorierte den Einwurf des Inders und versuchte, die Unterhaltung auf den für sie entscheidenden Punkt zu lenken. »Mister Rossini, wie Myra ja bereits erwähnt hat, grenzt Ihr Grundstück mit der Wasserstelle direkt an eine unserer Weiden. Da wir die Schafzucht auch in Zukunft betreiben möchten, wäre es für uns sehr wichtig, wenn wir einen Zugang zu dieser Wasserstelle hätten. Fletcher treibt seine Rinder ja ständig über unsere Weiden, und da Guidarini nie etwas dagegen unternommen hat, waren auch uns die Hände gebunden. Aber jetzt, wo die Karten neu gemischt werden, sieht die Sache anders aus. Wir haben nicht viel Geld, aber vielleicht gibt es eine Möglichkeit, uns zu einigen.« Und aus einer Laune heraus fügte sie hinzu: »Ja, und falls Sie im Blind Pig Saloon eine Pianistin brauchen, ich spiele sehr gut Klavier.«

Myra warf Lucie einen überraschten Blick zu, sagte aber nichts.

»Blind Pig Saloon?« Jetzt erst fiel Rossini ein, dass der Name des Saloons im Testament gar nicht erwähnt wurde. »Also, ich weiß nicht, was ich dazu sagen soll. Ich fahre jedenfalls nicht nach Poplar Bluff, um Krieg zu führen.«

»Ja, das ist uns schon klar«, sagte Myra und wandte sich hilfesuchend an die anderen Männer. »Aber vielleicht betrachten Sie die Sache einmal so: Wir sind zwei Frauen, die von einem mächtigen Viehzüchter in ihrer Existenz bedroht werden und die Ihre Hilfe brauchen.«

Noch bevor Myras Worte verklungen waren, erklärte Kamalesh im Brustton der Überzeugung: »Kamalesh gehen mit, wenn Sie brauchen Hilfe.«

Und Slow Turtle legte die rechte Hand auf sein Herz und sagte: »Kurustuwes nir!«

Bad News

Zusammmengesunken saß Whip Fletcher an seinem Schreibtisch und starrte auf das Blatt Papier, das vor ihm lag. Nur das heftige Pochen seines Herzens erinnerte ihn daran, dass er wach war und nicht träumte. Er rieb sich die Augen und las zum wiederholten Mal den Satz, der ihn wie ein Schlag ins Gesicht getroffen hatte: »Da es wegen der gestiegenen Nachfrage nach Durham-Rindern immer schwieriger wird, Longhorns zu verkaufen, muss ich Ihnen leider mitteilen, dass ich von meinem Angebot zurücktrete.«

Eine Stunde zuvor hatte ihm einer seiner Männer einen Brief gebracht, der im Post Office in Poplar Bluff hinterlegt worden war. Der Brief stammte von Jason MacDonald, der es nicht einmal der Mühe wert befunden hatte, einen Expressreiter zur Devil's Creek Ranch zu schicken. Stattdessen hatte er den Brief mit einer 8-Pence-Marke frankiert und ihn nach Poplar Bluff gesendet.

Fletcher raufte sich die Haare. Wie hatte es überhaupt so weit kommen können? Aber auch wenn er verwirrt war, wusste er tief in seinem Inneren, dass er sofort etwas unternehmen musste, wenn er seine Farm retten wollte. Mühsam stand er auf und goss sich ein Glas Whisky ein. Dabei merkte er, dass seine Hand leicht zitterte. Er leerte das Glas in einem Zug. Durch die beruhigende Wirkung des Alkohols gelang es ihm, allmählich seine Gedanken wieder zu ordnen.

Er ging zur Wand und betrachtete die Landkarte mit den Weidegebieten im Butler County. Je länger er sie betrachtete, desto klarer wurde ihm, was als Erstes zu tun war. Die Umsetzung dieses Plans würde ihm bis zum Frühjahr genug Zeit zur Neuordnung seiner Geschäfte verschaffen.

Zunächst einmal musste sichergestellt werden, dass alle seine Longhorns den Winter überstanden. Dazu brauchte er nicht nur neue Weideflächen, sondern auch ungehinderten Zugang zu Devil's Well, koste es, was es wolle. Als Nächstes musste er sich um neue Absatzmärkte im Süden kümmern, wo neben der Armee auch die Indianerreservate einen enormen Fleischbedarf hatten. Natürlich waren die Trecks in den Süden kostspieliger und risikoreicher als die nach St. Louis, aber angesichts der Tatsache, dass im Norden zurzeit offenbar nur Shorthorns gefragt waren, blieb ihm gar nichts anderes übrig. Fletcher goss sich ein weiteres Glas ein, und der Alkohol bestärkte ihn in seinem Plan, Myra Henderson vor vollendete Tatsachen zu stellen. Mit dem Notar Edward Catlin und dem Deputy Marshal Heck Parker im Hintergrund konnte eigentlich nichts schiefgehen.

Fletcher sah auf die Uhr. Buckley und Collister hätten mit dem verdammten Testament längst hier sein müssen. Mit diesem Dokument wäre eine weitere große Hürde aus dem Weg geräumt, und Fletcher würde weiter an seinem Plan arbeiten können, größter Viehzüchter im Butler County zu werden. In seiner Hochstimmung schenkte er sich gleich noch ein Glas ein, und gerade als er sich zuprosten wollte, hörte er im Hof lautes Stimmengewirr. Er ging zum Fenster und sah, dass sich Buckley und Collister angeregt mit anderen Viehtreibern unterhielten. Fletcher öffnete das Fenster und schrie: »Buckley, Collister, verdammt noch mal, macht sofort, dass ihr reinkommt!«

Keine zwei Minuten später standen die beiden Cowboys vor Fletcher und versuchten, ihn nicht noch mehr gegen sich aufzubringen. »Ehrlich, Boss, wir hatten keine Chance. Sie waren zu viert und schwer bewaffnet. Wir haben ihnen, so gut es ging, einen harten Kampf geliefert, aber als dann auch noch diese Henderson-Schlampe mit ihrem Flittchen auftauchte, mussten wir unverrichteter Dinge wieder abziehen. Wenn wir nicht geflohen wären, hätten sie uns erkannt und sicher sofort umgebracht. Aber immerhin haben wir mitbekommen, dass die beiden Weiber mit dem Erben über Devil's Well gesprochen haben.«

Fletcher bebte vor Wut, weil diese Idioten alles vermasselt hatten. Höchste Zeit, dass ich mir neue Leute suche, dachte er. »Was genau habt ihr gehört?«

»Na ja, die Henderson-Tochter wollte diesem Italiener einreden, dass er ihnen die Weide und die Wasserstelle überlässt. Viel mehr habe ich auch nicht gehört. Oder, Collister?«

»Nein.« Der Einäugige schüttelte den Kopf.

»Wo sind eigentlich eure Waffen?«, fragte Fletcher, der die beiden scharf ansah.

»Äh«, stammelte Collister, der erst jetzt zu merken schien, dass er gar keinen Revolver mehr trug. »Äh, Boss, den müssen wir wohl auf unserem Rückzug verloren haben.«

»Und warum hast du ein blaues Auge, Buckley?«

»Ja, also, Boss, wie ich schon gesagt habe, wir haben denen einen harten Kampf geliefert, aber sie waren in der Überzahl.«

»Und ihr seid sicher, dass sie euch nicht gesehen haben?«

»Ganz sicher«, antwortete Buckley wenig überzeugend.

»Macht, dass ihr verschwindet«, sagte Fletcher und drehte sich um.

Kaum hatten Buckley und Collister das Zimmer verlassen, griff Fletcher nach seiner Peitsche. Er ließ seine Finger über die scharfen Kanten des Metallsterns gleiten, der an der Peitschenspitze befestigt war. Es war höchste Zeit, Myra Henderson einen blutigen Denkzettel zu verpassen.

The Blind Pig Saloon

Obwohl Rossini in den vergangenen fünfundvierzig Tagen mehr erlebt hatte, als er sich je hätte träumen lassen, war er bei seiner Ankunft in Poplar Bluff fast so nervös wie bei der Aufführung seiner ersten Oper. Dabei war die Aufgabe, die er in Poplar Bluff zu erledigen hatte, ein Kinderspiel verglichen mit der Komposition von *La cambiale di matrimonio*. Allerdings nur bei oberflächlicher Betrachtung, denn wenn er einen Blick auf seine drei Begleiter warf, die links und rechts von ihm auf dem Kutschbock saßen, dann wurde ihm mit aller Deutlichkeit bewusst, dass die Dinge oft komplizierter waren, als man dachte.

Zu Rossinis großer Enttäuschung unterschied sich Poplar Bluff kaum von anderen Orten, die er auf seiner Reise gesehen hatte. Einzig ein mit Pappeln bewachsener Hügel, an dessen Fuß sich ein paar Gräber befanden, stach aus der eintönigen Umgebung hervor. Rossinis Blick streifte über diese Gräber und er nahm sich vor, sofort nach seiner Ankunft der letzten Ruhestätte seines Onkels einen Besuch abzustatten.

Die wenigen Menschen, denen sie auf der Straße begegneten, musterten die vier Männer auf dem Kutschbock mit einer Mischung aus Neugier und Misstrauen. Rossini konnte ihr Verhalten sogar nachvollziehen, weil es in Poplar Bluff sicher nicht häufig vorkam, dass ein Weißer, ein Inder, ein Indianer und ein Schwarzer gemeinsam auf einem Wagen saßen.

Soweit man an den Gesichtern von Rossinis Begleitern ablesen konnte, hielt sich auch deren Begeisterung über den Zielort, den sie nach so vielen Strapazen endlich erreicht hatten, in Grenzen. Besonders angespannt war Slow Turtle, der ja noch immer nicht wusste, ob man die Absturzstelle des Ballons bereits gefunden hatte. Aber weil seine Mokassins zurückgeblieben waren und er sicher sein konnte, dass sich wilde Tiere bereits an den Leichen zu schaffen gemacht hatten, war es sehr wahrscheinlich, dass man auch ihn für tot hielt.

Sie fuhren am Büro des Public Notary und am Marshal's Office vorbei, und Rossini hatte das Gefühl, dass jemand hinter den Fenstern stand und sie beobachtete. Den Notar würde er bald kennenlernen, und nach allem, was er von den beiden Frauen gehört hatte, war klar, dass er auf der Hut sein musste. Als sie an Matt Dempsey's General Store vorbeifuhren, stieß ihn Soulman an und zeigte auf ein Schild, das auf der gegenüberliegenden Straßenseite von einem Verandadach hing: The Blind Pig Saloon. Deswegen habe ich also diese Reise gemacht, dachte Rossini ernüchtert.

Seine drei Begleiter sahen ihn gespannt an, und um keine schlechte Stimmung aufkommen zu lassen, sagte er mit einem gequälten Lächeln: »Oh, The Blind Pig Saloon, wie reizend.«

Er lenkte den Wagen über die Straße und hielt direkt vor der windschiefen Hütte. Als Erstes hüpfte Kamalesh vom Kutschbock und klopfte sich mit übertriebenen Gesten den Staub von seinen Kleidern. Diese Angewohnheit hatte er seit ihrem ersten Zusammentreffen beibehalten. Kamalesh drückte sein Gesicht gegen die verdreckte Scheibe und wandte sich angeekelt um. »Sahib, Saloon sein sehr schmutzig. Sie hier wollen wirklich eröffnen Restaurant?«

»Lass das meine Sorge sein«, sagte Rossini gereizt.

Als Zweites stieg Soulman vom Wagen und begutachtete mit dem geschulten Auge des Zimmermanns den

Zustand des Gebäudes. Er rüttelte an den Stützpfeilern der Veranda, klopfte auf die Balken des Türstocks und drückte gegen die Fensterrahmen, die sofort ein wenig nachgaben. »Viel Arbeit«, sagte er mehr zu sich.

»Mister Soulman und Mister Slow Turtle, Sie kommen mit. Kamalesh, du bleibst beim Wagen.« Kamalesh wollte protestieren, aber Rossini ließ sich nicht umstimmen. »Und ich möchte kein zweites Mal erleben, dass du dich vom Wagen entfernst, ist das klar?«

»Ja, in Ordnung«, antwortete Kamalesh beleidigt.

Rossini, Soulman und Slow Turtle überquerten die Straße und betraten Catlins Büro, wo der Notar bereits hinter seinem Schreibtisch Platz genommen hatte. Natürlich hatte Catlin nach Buckleys und Collisters fehlgeschlagenem Versuch damit gerechnet, dass Rossini bald hier aufkreuzen würde, aber dass ihn ein Nigger und eine Rothaut begleiteten, überraschte ihn dann doch ein wenig.

»Sind Sie Edward Catlin?«, fragte Rossini der Form halber.

»Ja, der bin ich«, sagte Catlin, dem der Schweiß in Strömen über das Gesicht lief.

»Mister Catlin, mein Name ist Gioachino Rossini, und ich bin gekommen, um das Erbe von Tommaso Guidarini anzutreten.« Rossini legte das Testament auf den Tisch. »Sie haben mir geschrieben, dass ich die Schlüssel für den Saloon von Ihnen bekomme. Außerdem ersuche ich Sie, mich zu meiner Weide zu bringen.«

Catlin schluckte und betrachtete das Testament. »Ja, also, Mister Rossini. So einfach ist das leider nicht. Bevor Sie das Erbe antreten können, sind ja noch einige Formalitäten zu erledigen. Warum ruhen Sie sich nicht erst einmal aus, dann können wir morgen alles Weitere klären.« Catlin nahm das Dokument und legte es in die Schublade, die er gleich absperrte.

Ohne ein Wort zu sagen, ging Soulman zu Catlins Schreibtisch, schob den Notar samt Stuhl zur Seite und brach die Lade auf. Dann legte er das Papier vor Catlin auf den Tisch und stellte sich hinter ihn.

»Sie stempeln das jetzt ab und geben mir die Schlüssel zum Saloon«, sagte Rossini ruhig. »Wir wissen, welche Rolle Sie spielen, und wenn Sie versuchen sollten, uns Schwierigkeiten zu machen, bekommen Sie es mit Mister Soulman und Mister Slow Turtle zu tun. Haben Sie verstanden?«

Catlin biss sich auf die Lippen, aber da auch ihm das Hemd näher war als der Rock, griff er nach dem Stempel und drückte ihn auf das Testament.

»Mit Unterschrift und heutigem Datum«, sagte Rossini scharf.

Widerwillig setzte Catlin auch seine Unterschrift und das Datum unter das Testament und reichte es Rossini.

»Danke, und jetzt die Schlüssel.«

Der Notar stand auf und nahm einen Schlüssel von einem Haken, neben dem sein Revolvergurt hing. Für den Bruchteil einer Sekunde dachte er daran, von seiner Waffe Gebrauch zu machen, überlegte es sich aber gleich wieder anders.

»Wir sehen uns jetzt den Saloon an«, sagte Rossini, »und dann werden Sie mich zu meiner Weide führen.«

»In Ordnung«, antwortete Catlin kaum hörbar.

Wieder auf der Straße, stellte sich ihnen ein Mann in den Weg, dessen eleganter Anzug in auffallendem Widerspruch zu seiner groben Erscheinung stand. Auf seiner linken Brust blitzte ein Stern. »Mein Name ist Heck Parker«, sagte er kühl, »ich bin Deputy Marshal von Poplar Bluff und ich möchte hier keine Schwierigkeiten haben.« Dann verengte er die Augen zu schmalen Schlitzen und musterte Soulman. »Ich möchte die Papiere von diesem Nigger sehen, sonst lasse ich ihn sofort einsperren.«

Rossini war von Parkers Attacke zwar überrascht, aber da er wusste, dass Soulmans Papiere jeder Prüfung standhalten würden, ließ er sich nicht weiter provozieren. »Bleiben Sie ruhig, Mister Soulman«, sagte er mit einer beschwichtigenden Geste. »Mister Slow Turtle, holen Sie bitte die Papiere vom Wagen. Kamalesh weiß, wo sie sind.«

»Slow Turtle«, spottete Parker mit einem dreckigen Grinser, »was für ein passender Name für eine Rothaut.«

Slow Turtle machte einen Schritt nach vorne, stoppte dann aber mitten in der Bewegung. Er fixierte den Deputy Marshal mit einem eiskalten Blick und ging zurück zum Wagen.

»Mister Parker«, sagte Rossini, »ich bin seit heute Erbe des Blind Pig Saloon und einer Weide, und ich möchte, dass Sie das zur Kenntnis nehmen. Haben Sie mich verstanden?«

Parker schluckte. Er überlegte fieberhaft, was er tun sollte, aber das Einzige, was ihm einfiel, war, sich von Whip Fletcher so schnell wie möglich neue Anweisungen zu holen.

Slow Turtle kam zurück und reichte Rossini den Schutzbrief. »Hier«, sagte Rossini zu Parker, »das ist ein amtliches Dokument, das bestätigt, dass Mister Henry West unter meinem Schutz steht. Ich bürge für Mister West, und Sie haben kein Recht, ihn wegen seiner Hautfarbe festzunehmen.«

Parker starrte auf das Schriftstück. Rossini war sich nicht einmal sicher, ob Parker überhaupt lesen konnte, schließlich hatte er bis vor einigen Tagen noch als Fletchers *Foreman* gearbeitet. Kommentarlos gab ihm der Deputy Marshal das Papier zurück und versuchte, seine Verunsicherung mit einem entschlossenen Gesichtsausdruck zu überspielen.

»Wir sehen uns«, sagte Slow Turtle im Weggehen.

Rossini und Soulman drehten sich um, ohne ein Wort zu sagen. Die Begegnungen mit Catlin und Parker hatten Rossini auf drastische Weise vor Augen geführt, dass sie sich vorsehen mussten. Als sie beim Saloon ankamen, merkte er, dass Kamalesh immer noch beleidigt auf dem Kutschbock saß. »Kamalesh, was soll das? Los, komm herunter, wir brauchen dich.« Widerwillig kletterte der Inder vom Wagen. Slow Turtle schüttelte den Kopf, zog es aber vor, zu schweigen.

Mit gemischten Gefühlen schloss Rossini die Tür zum Saloon auf und prallte gleich einmal zurück. »Los, reißt alle Fenster auf, hier stinkt es ja, dass einem übel wird.« Kamalesh hielt sich die Nase zu und drehte auf der Schwelle wieder um.

Kurz nachdem Soulman und Slow Turtle die Fenster geöffnet hatten, betrat Rossini den Saloon. Rasch wurde ihm bewusst, dass er eine Bruchbude geerbt hatte. Der Holzboden war verdreckt. Am Tresen standen Gläser, in denen der Schimmel wucherte. Der große Spiegel hinter der Schank hatte jede Menge blinde Flecken. In den Spucknäpfen hatten Mäuse ihre Nester gebaut, und die italienische Flagge an der Wand war von Motten zerfressen. Wenn Rossini gedacht hatte, dass sie im Saloon übernachten könnten, dann hatte er sich getäuscht. »Mister Soulman und Mister Slow Turtle, ich werde jetzt mit dem Notar zu meiner Weide reiten. Sie warten so lange hier, und bitte werfen Sie ein Auge auf Kamalesh, damit er keinen Unsinn macht.«

»Kamalesh reiten mit Sahib!«, rief der Inder von draußen durch das offene Fenster. »Sahib brauchen Hilfe.«

Rossini verdrehte die Augen, aber noch bevor er etwas sagen konnte, meldete sich schon Slow Turtle zu Wort: »Ich reite mit. Sie kennen den weißen Mann nicht.«

»Moment, ich bin ja selbst ein –«, wollte Rossini einwerfen, wurde aber von Soulman unterbrochen. »Auch ich komme mit«, sagte der Schwarze.

»Aber wir haben gar keine Pferde. Mit dem Wagen dauert das alles ja viel zu lang«, wandte Rossini ein.

»Kein Problem«, sagte Soulman. »Neben dem General Store ist ein Mietstall. Ich kann die Pferde besorgen. Kamalesh, gib mir das Geld!«

Der Inder machte ein unglückliches Gesicht, aber da er unbedingt mitkommen wollte, hatte er gar keine andere Wahl, als das restliche Geld aus seiner Hosentasche zu holen, das ihm vom Deckenverkauf in Cynthiana geblieben war.

Wenig später tauchte Soulman mit zwei alten Kleppern auf, von denen einer wie ein Zwergpony aussah.

»Was soll das, Mister Soulman?«, fragte Rossini verblüfft. »Sollen wir zu viert auf zwei Pferden reiten? Und wo sind die Sättel?«

Soulman zuckte mit den Schultern. »Mehr gab es nicht.«

»Slow Turtle braucht keinen Sattel«, sagte der Indianer stolz und schwang sich aus dem Stand auf das größere der beiden Pferde. Er lenkte es parallel zur Veranda und bedeutete Rossini, aufzusteigen. Da dieser sich vor den anderen Männern nicht blamieren wollte, kletterte er irgendwie auf das Pferd und klammerte sich mit beiden Händen an Slow Turtle fest. Soulman stieg auf das Pony, wobei seine Füße den Boden streiften. Er half dem Inder beim Aufsitzen, und unter den Augen von dutzenden Schaulustigen bewegte sich der seltsame Trupp in Richtung des Büros von Edward Catlin. Rossini wusste, dass er den Besuch am Grab seines Onkels verschieben musste.

Der Ritt zur Wasserstelle war die Hölle und das Pony, auf dem Soulman und Kamalesh saßen, machte bereits auf halbem Weg schlapp. Also blieb ihnen gar nichts anderes übrig, als sich zu viert auf ein Pferd zu setzen. Das Pony trottete müde neben ihnen her. Catlin beobachtete das Geschehen mit einer gewissen Schadenfreude, zog es aber vor, sich mit Kommentaren zurückzuhalten. Dazu hatte er vor Soulman und Slow Turtle zu viel Angst. Von einem Hügel aus konnten sie dann endlich einen Blick auf jene Wasserstelle werfen, die die Ursache für so viele Konflikte war. Wie von Myra Henderson prophezeit, hatten Fletchers Leute tatsächlich die Longhorns zu Devil's Well getrieben. Eine riesige Herde von nicht besonders gut genährten Rindern hatte sich um die Wasserstelle gedrängt, und als Rossini dem Notar einen fragenden Blick zuwarf, wich dieser ihm aus, ohne ein Wort zu sagen. Das war auch nicht nötig, weil die Bilder für sich sprachen.

Nachdem sie von Devil's Well zurückgekehrt waren, hatten es die vier gerade noch geschafft, in den Wagen zu kriechen, um dort die Nacht zu verbringen.

Tote Schafe blöken nicht

Myra ritt schweigend neben Lucie her. Je näher sie ihren Weidegründen kamen, desto unruhiger wurden sie. Auf einer kleinen Anhöhe blieb Myra stehen und ihre Augen verengten sich. Bronco schnaubte und scharrte mit den Hufen im trockenen Gras. Lucie zog Donnys Zügel an und warf Myra einen fragenden Blick zu.

»Irgendetwas stimmt hier nicht«, sagte Myra und steckte zwei Finger in den Mund. Sie stieß einen lauten Pfiff aus und horchte. Aber es rührte sich nichts. Spätestens jetzt hätte sich Protector, der Kaukasische Hirtenhund, bemerkbar machen müssen. Der Hund kannte Myras Pfiffe und reagierte üblicherweise selbst aus größter Entfernung auf sie.

Lucie holte ihren Feldstecher aus der Satteltasche und suchte die Gegend ab.

»Kannst du etwas sehen?«, fragte Myra sichtlich beunruhigt.

Lucie schüttelte den Kopf und reichte Myra den Feldstecher. Auch Myra konnte nichts erkennen, hielt aber den Atem an, als sie am Himmel mehrere schwarze Punkte entdeckte. »Siehst du das?«, fragte sie.

»Verdammt, sind das Adler?«, fragte Lucie und legte instinktiv die Hand auf ihr Gewehr, das griffbereit im Satfutteral steckte.

Myra nickte besorgt. »Ich hoffe nur, dass dem alten Pete nichts passiert ist. Reiten wir los. Aber sei auf der Hut, Lucie, diesem Fletcher und seinen Männern ist alles zuzutrauen.«

Myra gab Bronco die Sporen und trieb ihn zu einem scharfen Galopp an. Lucie folgte ihr mit einer bösen Vorahnung.

Je näher sie den Weidegründen kamen, desto deutlicher waren die Adler zu erkennen, deren Kreise immer kleiner wurden und die offenbar bereits ein Ziel ausgemacht hatten. Myra spürte, wie ihr das Herz bis zum Hals schlug.

»Myra, siehst du das?«, rief Lucie plötzlich und riss ihr Pferd herum. Sie deutete auf ein Schaf, das tot zwischen zwei Büschen lag.

Myra griff nach ihrem Revolver und ritt mit gezogener Waffe in die Richtung des Kadavers. »Diese Verbrecher«, sagte sie mit vor Wut zitternder Stimme. »Sie haben ihm die Kehle durchgeschnitten.« Angespannt blickte sich Myra um, weil sie Angst hatte, von Fletchers Leuten in einen Hinterhalt gelockt zu werden. Aber außer einem Kaninchen, das gerade in seinem Bau verschwand, konnte sie nichts Auffälliges entdecken.

Lucie holte ihr Gewehr aus dem Halfter und lud es durch. »Los, wir reiten zur Weide«, sagte sie und gab Donny die Sporen. Myra folgte ihr mit schussbereitem Revolver.

Wenig später hatten sie die Weidegründe erreicht und erstarrten. Die Wiese war mit Schafskadavern übersät, an denen sich bereits die ersten Weißkopfadler zu schaffen machten. Der Gestank war so widerlich, dass selbst die Pferde scheuten.

Myra schob ihren Hut zurück und atmete stoßweise. Ihr Magen verkrampfte sich und ihre Schläfen pochten. Lucie rieb sich die Augen, weil sie nicht glauben konnte, was sie sah. Ohne ein Wort zu sagen, stieg Myra vom Pferd und bewegte sich wie in Trance zwischen den Kadavern. »Sie haben ihnen einfach die Kehle durchgeschnitten. Und einigen haben sie den Schädel eingeschlagen. Jetzt verstehe ich auch, weshalb wir keine Schüsse gehört haben.« Myras Stiefel waren rot vom Blut, das in großen Mengen in den trockenen Boden gesickert war. Geschockt stand Myra auf der blutgetränkten Weide, die jahrzehntelang die Schafe der Hendersons ernährt hatte. Mit einem Schlag war alles aus. Myra dachte an ihre Eltern und an den alten Pete. Aber sie musste auch an Lucie denken, und plötzlich hatte sie Angst, auch sie zu verlieren.

»Wo sind eigentlich die Jungtiere?«, fragte Lucie kaum hörbar.

Myra sah sich um und begriff erst jetzt, was passiert war. »Diese Banditen haben sie einfach mitgenommen«, sagte sie mit tränenerstickter Stimme.

Lucies Wallach schnaubte und machte immer wieder ein paar Schritte weg von der Weide. »Ruhig, Donny«, sagte sie und tätschelte seinen Hals. Da von Pete jede Spur fehlte, formte Lucie die Hände zu einem Trichter. »Pete! Pete, kannst du mich hören?« Aber es kam keine Antwort. Auch Protector meldete sich nicht, und Lucie wusste instinktiv, dass den beiden etwas Schlimmes zugestoßen war. Man hörte nichts außer die aufgeregten Schreie der Adler und das Summen der endlos vielen Fliegen, die um die Kadaver kreisten.

Lucies Rufe rissen Myra aus ihren Gedanken. Sie ging zurück zu Bronco, den die Witterung des Blutes ebenfalls ängstlich zurückweichen ließ. Müde strich ihm Myra über seine Mähne und stieg in den Sattel. »Lucie, wir reiten um den Hügel, möglicherweise hat sich Pete ja dort versteckt. Und sei wachsam, es kann sein, dass sich Fletchers Bande noch immer hier aufhält.« Myra betete zu Gott, dass es Fletchers Leute tatsächlich nur auf die Schafe abgesehen hatten, aber bereits kurze Zeit später wurde ihre Hoffnung grausam enttäuscht.

Beim Anblick von Petes Leiche begann Myra zu schluchzen. Lucie stieß einen heiseren Schrei aus und musste sich übergeben. Myra stieg vom Pferd und half Lucie aus dem Sattel. »Komm, setz dich«, sagte sie mit zitternder Stimme. Lucie setzte sich auf den Boden und starrte auf das verdorrte Gras.

Vorsichtig näherte sich Myra dem toten Pete. Sie schob sich ihr Halstuch vor den Mund. Der Gestank war fürchterlich, und überall schwirrten fette Fleischfliegen herum. Als sie vor Petes Leichnam stand, schwor sich Myra, Whip Fletcher zu töten, koste es, was es wolle.

Fletchers Leute hatten Pete nackt ausgezogen und ihn lebendig in eine frisch abgezogene Rinderhaut gesteckt, wobei sie Kopf und Füße herausschauen ließen. Sie hatten ihn dann einfach in der prallen Sonne liegen lassen und gewartet, bis sich die Kuhhaut durch die Hitze langsam zusammenzog. Pete musste fürchterlich gelitten haben. Die Zigarettenstummel neben der Leiche ließen darauf schließen, dass sich seine Mörder das grausame Spektakel aus nächster Nähe angesehen hatten.

Myra band sich das Tuch fester um den Mund und zwang sich, planmäßig vorzugehen. Sie verscheuchte die Fliegen und schnitt mit dem Messer die steif gewordene Kuhhaut auf. Sie schwitzte, und ihr wurde immer wieder schwarz vor den Augen. Aber sie hielt durch.

Es dauerte eine halbe Stunde, bis Myra die Haut entfernt hatte und Petes grausam entstellte Leiche im Gras liegen sah. Sie trug seine herumliegenden Kleidungsstücke zusammen und entdeckte dabei Protector, der mit durchgeschnittener Kehle zwischen zwei Schafen lag. Wahrscheinlich hatte er bis zuletzt versucht, Pete zu beschützen. Myra schnitt ein Stück der Kuhhaut herunter, auf dem Fletchers Brandzeichen deutlich zu erkennen war, und steckte es ein. Dann ging sie zu Lucie, die immer noch apathisch auf dem Boden saß. »Wir müssen Pete mitnehmen und ihn begraben«, sagte sie, während sie ihre blutverschmierten Hände betrachtete. Sie nahm einen Schluck aus der Flasche und reichte sie Lucie. »Hier, trink etwas.«

Lucie trank kommentarlos, dann sah sie Myra mit leeren Augen an. »Myra, ich glaube, ich schaffe es nicht mehr.«

Wie ein Stich bohrte sich Lucies Satz in Myras Herz. Aber im selben Augenblick wusste sie auch, dass sie eine Mission zu erfüllen hatte. Fletchers Verbrechen durften nicht ungesühnt bleiben.

»Lucie, kannst du mir helfen, Petes Leiche auf das Pferd zu legen? Ich schaffe das nicht alleine.«

Myra reichte Lucie die Hand und half ihr beim Aufstehen. Unter großen Anstrengungen gelang es ihnen, Petes Leiche in eine Decke zu wickeln und quer über Broncos Rücken zu legen. Der Hengst schnaubte und drehte seinen Kopf nach hinten, so als wollte er sehen, was hier gerade passierte. Mit ihrem Lasso band Myra die Hände und Füße der Leiche so zusammen, dass sie nicht vom Pferd fallen konnte. Die Arbeit war bedrückend, und Myra fürchtete, ohnmächtig zu werden. Sie stand auf, und als sie Lucie heulend auf ihrem Wallach sitzen sah, musste sie ihre letzten Reserven mobilisieren, um zu tun, was getan werden musste. Sie stieg in den Sattel und suchte mit den Augen noch einmal die Umgebung ab, weil sie Petes Pferd noch immer nicht gefunden hatte. Myra vermutete, dass es von Fletchers Leuten einfach mitgenommen worden war, genauso wie die jungen Lämmer. Bevor sie losritten, drehte sich Myra noch einmal um. Sie wusste nicht, ob sie jemals wieder hierher zurückkommen würde.

Etwas abseits von der Farm befanden sich unter einer Birke die Gräber von Myras Eltern. Der Baum war nicht sehr groß, weil ihn Myra erst nach dem Tod ihrer Eltern gepflanzt hatte. Die beiden Holzkreuze standen schief und die Namen von Matthew und Ava Henderson waren kaum mehr zu lesen. Myra war schon lange nicht mehr hier gewesen. Schweigend standen Myra und Lucie mit Spaten und Spitzhacke jetzt an diesem Platz, um Petes Grab auszuheben. Seine in die Decke gewickelte Leiche lag immer noch auf Broncos Rücken, und der Hengst konnte es offenbar kaum erwarten, dass er endlich von seiner ungewöhnlichen Last befreit wurde. Boomer, der aufgeregt hin und her lief, schien zu spüren, dass hier etwas Seltsames vor sich ging.

Myra schob ihren Hut in den Nacken und begann, mit der Hacke die trockene Erde aufzulockern. Es dauerte lange, bis die beiden Frauen die ersten Schichten freigelegt hatten und sie mussten immer wieder Pausen einlegen, weil sie die Ereignisse der letzten Stunden zu sehr mitgenommen hatten. Dazu kam die große Hitze, die die Arbeit doppelt anstrengend machte. Als die Grube tief genug war, setzten sich Myra und Lucie auf den Erdhügel und starrten ins Leere. Erst Broncos nervöses Schnauben erinnerte sie daran, dass sie eine Aufgabe zu erledigen hatten. »Komm, Lucie«, sagte Myra, »lass uns das zu Ende bringen.« Ohne ein Wort zu sagen, stand Lucie auf, und nachdem Myra das Lasso durchgeschnitten hatte, hoben sie Petes Leiche vom Pferd. Mit letzter Kraft gelang es ihnen, den toten Körper in die Grube zu legen. »Wir haben nicht einmal Zeit, ihn in einem Sarg zu begraben«, sagte Myra traurig und streute mit den Händen Erde auf die Leiche. Erst, als diese zur Gänze bedeckt war, schütteten sie das Grab zu. Boomer stellte sich daneben und bellte, als würde er sich vom alten Pete verabschieden wollen.

Myra nahm ihren Hut ab und sagte mit fester Stimme: »Pete, ich verspreche dir, dass ich deinen Tod rächen werde. Und den meiner Eltern.«

Lucie drehte langsam ihren Kopf und sah Myra entgeistert an. »Wie meinst du das? Du willst doch nicht –?«

»Doch, Lucie«, antwortete Myra entschlossen. »Komm, gehen wir zurück.« Sie führte Bronco an den Zügeln, und Lucie, die ihren Wallach auf der Farm gelassen hatte, ging wortlos neben ihr her. Boomer lief voraus und schien froh zu sein, diesen traurigen Ort endlich verlassen zu können.

»Myra, kommst du?«, rief Lucie, nachdem sie mit zwei Tassen Kaffee auf der Bank neben der Haustür Platz genommen hatte. Sie fühlte sich hundeelend und fragte sich, wie das alles überhaupt passieren konnte. Von einem Tag auf den anderen war ihr Leben aus den Fugen geraten, und sie musste sich zu ihrer eigenen Bestürzung eingestehen, dass sie die Katastrophe vorausgesehen hatte. Lucie nahm einen Schluck und hoffte, dass der Kaffee sie stärken würde. In ihrer gegenwärtigen Situation war sie jedenfalls unfähig, einen halbwegs klaren Gedanken zu fassen.

Endlich tauchte Myra auf und blieb neben Lucie stehen. »Danke«, sagte sie, ohne den Kaffee anzurühren.

»Was ist das?«, fragte Lucie und deutete auf den Revolver und den Patronengurt in Myras Hand.

»Das ist ein Five Shot Dragoon Revolver, Kaliber .50«, antwortete sie. »Ein Double Action Revolver, der von meinem Vater stammt. Und mit diesem Revolver werde ich Whip Fletcher erschießen.«

Lucie saß mit offenem Mund da und brachte kein Wort heraus. Myra hielt die zweieinhalb Pfund schwere Waffe in die Höhe und blies den Staub vom Kolben. Dieser war mit Aalhaut überzogen, die an einigen Stellen schon brüchig war.

Lucie stand auf und machte eine hilflose Geste. »Myra, du machst alles nur noch schlimmer. Lass uns weggehen von hier und irgendwo anders neu beginnen.«

»Lucie, du weißt genau, dass ich das nicht kann. Ich liebe dich, aber ich werde vor Whip Fletcher nicht zurückweichen. Ich bin noch nie vor jemandem weggelaufen. Ich werde Whip Fletcher zum Duell herausfordern.«

»Zum Duell herausfordern«, wiederholte Lucie wie in Trance. Myra war sich nicht sicher, ob Lucie die Bedeutung ihrer Worte überhaupt verstanden hatte. »Kann ich dich für zehn Minuten alleine lassen?«, fragte Myra und strich ihrer Freundin über das Haar.

Lucie nickte abwesend und setzte sich wieder auf die Bank.

Myra nahm einen Schluck Kaffee und sah Lucie an. Sie wollte schon sagen, dass alles gut werde, ließ es aber sein, weil sie wusste, dass das nur leeres Gerede war. Sie sagte: »Ich gehe hinter die Scheune und mache ein paar Schießübungen.«

Myras Vater hatte ihr das Prinzip des Double Action Revolvers erklärt, das sie sofort verstanden hatte. Da sie immer schon eine gute Schützin gewesen war, konnte Myra mit dieser Waffe genauso gut umgehen wie mit einem Single Action Revolver. Sie besaß ein Dragoon Model 1848, Kaliber .44, das sie aber kaum benutzte. Myra stellte in einer Entfernung von etwa fünfzig Yards eine alte Konservendose auf einen Baumstumpf und konzentrierte sich. So, wie sie es von ihrem Vater gelernt hatte. Sie atmete ein paar Mal tief ein und aus und dachte an Whip Fletcher. Sie zog und gab kurz hintereinander zwei Schüsse ab. Beide trafen ihr Ziel. Der Vorteil des Double Action Revolvers lag auf der Hand: Während man bei der Single Action den Hahn erneut spannen musste, um schießen zu können, konnte man bei der Double Action nach dem ersten Schuss sofort wieder abziehen. Das ersparte einem etwa zehn Sekunden, die im Ernstfall lebensrettend sein konnten.

La Fiesta

Whip Fletcher stand am Fenster und beobachtete ein paar Cowboys, die in einem Corral etwa zwei Dutzend Lämmer zusammentrieben, um sie anschließend hinter der Scheune zu schlachten. Die Nachricht, dass der Treck nach St. Louis nicht stattfinden würde, hatte seine Männer hart getroffen, und um ihre Stimmung ein wenig zu heben, hatte ihnen Fletcher für den Abend ein kleines Fest versprochen. Er hatte Buckley eigens nach Otter Slough geschickt, um eine mexikanische Musikkapelle zu engagieren.

Dass seine Cowboys nach dem Ausfall des Zusammentriebs die Möglichkeit bekamen, sich auf Myra Hendersons Weide ein wenig auszutoben, war Fletcher gerade recht gekommen. Wenn dieses Biest jetzt nicht aufgab, dann verstand er die Welt nicht mehr. Wahrscheinlich hatten Myra und Lucie aber ohnehin längst das Weite gesucht. Der Deputy Marshal Heck Parker war über die Aktion informiert worden. Er würde der Form halber nach ein paar Banditen suchen, aber natürlich nichts finden. Und diesen Rossini würde er einfach vor vollendete Tatsachen stellen. Was konnte dieser schon unternehmen, wenn Fletcher seine Rinder weiterhin zu Devil's Well trieb? Nichts. Rossini war machtlos. Und Myras Weide –

»Señor Fletcher, möchten Sie etwas essen?«, unterbrach Juanita seine Gedanken.

Fletcher drehte sich um und presste hervor: »Lass mich in Ruhe und mach, dass du in die Küche kommst.«

Kurz nach Einbruch der Dunkelheit hatte das Fest begonnen. Über offenem Feuer wurden Lämmer gebraten und Juanita servierte gekochte Maiskolben und frisch gebackenes Fladenbrot. Fletcher hatte ein Dutzend Flaschen Whisky aus seinem Keller geholt, seinen Leuten aber nur ein paar davon gegeben. Der Rest konnte noch warten. Fletcher hatte sich zurückgezogen, weil er in Ruhe über seine nächsten Schritte nachdenken wollte.

Unter einem Baum hatte die mexikanische Kapelle Aufstellung genommen und spielte Lieder aus ihrer Heimat. Man hörte Trommeln und Trompeten sowie Gitarren und das Klappern von Kastagnetten. Gerade als die Musiker mit dem Volkslied *Malagueña Salerosa* begannen und der Sänger von den schönen Augen seiner Angebeteten schwärmte, tauchte wie aus dem Nichts Myra Henderson auf ihrem flammendroten Hengst auf. Sofort brachen die Cowboys ihre Unterhaltung ab und starrten die Frau ungläubig an. Einige griffen instinktiv nach ihren Revolvern. Als die Musiker mitbekamen, dass etwas Ungewöhnliches geschah, hörte sie zu spielen auf. Die plötzliche Stille veranlasste Fletcher, zum Fenster zu gehen. Myra deutete auf die Lämmer am Spieß und rief den Cowboys zu: »Ihr Hunde sollt an diesem Essen verrecken. Wo ist Whip Fletcher, dieser Feigling?«

Noch bevor die Männer reagieren konnten, hallte Fletchers Antwort über den Hof. »Was willst du hier?!«, schrie er mit sich vor Wut überschlagender Stimme. »Hast du noch immer nicht genug?«

»Nein, Mister Fletcher, ich habe noch immer nicht genug.« Myra machte eine kurze Pause. »Ich fordere Sie zum Duell heraus, Mister Fletcher. Ich sehe Sie morgen um zwölf Uhr mittags auf der Main Street von Poplar Bluff. Und Petes Pferd nehme ich mit.« Ohne eine Antwort abzuwarten, ritt sie zu einem Hitchrail, wo Petes Pferd stand. Sie nahm den Wallach an den Zügeln und führte ihn hinter sich her. Dann ließ sie die Zügel los und gab Bronco die Sporen. Petes Pferd folgte ihr im wilden Galopp.

Alle Augen waren jetzt auf Fletcher gerichtet, der erst nach und nach begriff, was Myra soeben gesagt hatte. Nach ein paar Schrecksekunden rief er seinen Männern zu: »Morgen bekommt dieses Drecksstück, was es verdient.« Die Cowboys johlten und schossen in die Luft. »Buckley, komm her«, rief ihm Fletcher zu, »und hol den restlichen Whisky!« Während Buckley unter dem Jubel der Männer mit dem Whisky auftauchte, setzte wieder die Musik ein:

»Malagueña salerosa
Besar tus labios quisiera, pues
Besar tus labios quisiera.
Malaguena salerosa
Y decirte nina hermosa.«

High Noon

Die Luft flirrte, und die Sonne brannte erbarmungslos auf Poplar Bluff herunter. Über dem Ort zog ein Weißkopfadler seine Kreise und stieß immer wieder durchdringende, weit hörbare Schreie aus. Sie klangen, als würde sich ein Unheil ankündigen.

Lucie und Rossini standen auf der Veranda des Saloons und waren mit ihren Nerven am Ende. Lucie war kreidebleich und musste sich am Geländer festhalten. Rossini hatte das Gefühl, als würde er jeden Moment umkippen. Kamalesh saß an die Hauswand gelehnt am Boden und hatte den Kopf auf die Knie gelegt. Die Ohren hielt er sich zu. Rossini warf einen Blick zum Himmel, wo die Sonne jetzt genau am Zenit stand. Mit klopfendem Herzen griff er nach seiner Taschenuhr, die zwei Minuten vor zwölf anzeigte. Der Sekundenzeiger bewegte sich unbarmherzig weiter.

Auf der gegenüberliegenden Straßenseite standen Soulman und Slow Turtle, die Fletchers Begleitschutz nicht aus den Augen ließen. Da die meisten von Fletchers Leuten noch ihren Rausch ausschliefen, hatten ihn nur ein paar Cowboys nach Poplar Bluff begleitet. Unter ihnen befanden sich Jeff Collister und Liam Buckley, die sich Myra Hendersons Ende natürlich nicht entgehen lassen wollten. Sie hatten sich vor dem Büro des Notars versammelt und konnten es kaum erwarten, dass die Show endlich begann.

Catlin lehnte am Türstock und beobachtete mit einem mulmigen Gefühl das Geschehen. Die Zigarre in seinem

Mund war längst ausgegangen. Als er in seinen Taschen nach Streichhölzern suchte, berührte er den Brief, den er seit Tagen bei sich trug. Er stammte vom Notar aus Jasper, der ihm im Auftrag von Brady Robertson mitteilte, dass Fletchers Sohn bei einem Ballonabsturz ums Leben gekommen war. Auch wenn man Bills Leiche nicht gefunden hatte, gab es an seinem Tod keinen Zweifel. Catlin hatte sich vorgenommen, Fletcher den Brief erst nach dem Duell auszuhändigen.

Fletcher hängte seine Peitsche über das Geländer von Catlins Veranda und warf dabei dem Notar einen Blick zu, den dieser nicht deuten konnte. Catlin lief es kalt über den Rücken. Er war froh, als er endlich seine Streichhölzer gefunden hatte. Fletcher zog seine schwarze Jacke aus, faltete sie ordentlich zusammen und drückte sie Buckley in die Hand. Juanita hatte ihm sein bestes Hemd herausgesucht, es war das Hemd, das er nur zu besonders feierlichen Anlässen trug. Unter seinen Achseln hatten sich bereits große Schweißflecken gebildet.

Nach Myras unerwartetem Auftauchen hatte Fletcher lange gebraucht, um zu begreifen, dass ihre Herausforderung ein Geschenk des Himmels war. Auf diese Weise würde er Myra auf legale Weise aus dem Weg räumen können, und dann gab es niemanden mehr, der ihn aufhalten konnte. Auch nicht dieser Rossini, den er sich als Nächstes vornehmen würde. Catlin hatte ihm den Mann gezeigt, der auf der Veranda des heruntergekommenen Saloons unter diesen merkwürdigen Gestalten gestanden war. Das also war der neue Besitzer von Devil's Well. Ein Fettwanst, der sich mit einem Nigger, einem Inder und einer Rothaut abgab. Das war das Letzte, was sie hier brauchen konnten. Der Schrei eines Raubvogels holte ihn in die Gegenwart zurück, und Fletcher sah, dass Myra Henderson bereits ihre Position eingenommen hatte. Seine Hand glitt zum Revolver, um zu prüfen, ob das

Holster richtig saß. Der Elfenbeinkolben fühlte sich angenehm kühl an.

In der Nacht hatte Fletcher seinen Whitneyville Walker Revolver, Kaliber .44, sorgfältig gereinigt und jede Patrone eingeölt, bevor er sie in die Kammer schob. Fletcher schwor auf diesen Revolver, der viereinhalb Pfund wog und einem Mann das Gefühl gab, eine richtige Waffe in der Hand zu halten. Fletcher wusste, dass Myra Henderson nicht den Funken einer Chance hatte.

Myra spürte, wie sie am ganzen Körper schwitzte. Sie wischte sich ihre feuchte Hand an der Hose ab und strich über den Kolben ihres Revolvers. Beruhigt stellte sie fest, dass das Aalleder trocken war. Myra trug ihren Revolver tief geschnallt, weil sie davon überzeugt war, dass sie dadurch schneller ziehen konnte als ihr Gegner. Mit dem rechten Fuß schob sie ein paar Steine zur Seite, um auf dem sandigen Boden den bestmöglichen Halt zu haben.

Im Sturzflug schoss der Weißkopfadler nach unten und krallte sich eine Waldklapperschlange, die sich am Fuße des Hügels zwischen zwei Gräbern verkriechen wollte. Mit einem kräftigen Hieb stieß der Raubvogel seinen Schnabel in den Schlangenkopf und das Tier war tot, noch ehe es zubeißen konnte. Mit der schlaff herunterhängenden Schlange in den Krallen erhob sich der Adler und flog zu seinem Nest, das gut geschützt in einem dichten Waldgebiet lag. Auf dem Flug dorthin stieß er einen grellen Schrei aus.

Myra blickte kurz zum Himmel und hoffte, dass es nicht der Totenvogel war, dessen Schrei sie da hörte. Sie blendete diesen Gedanken aber sofort wieder aus und konzentrierte sich auf ihren Oberkörper. Sie versuchte, sich nicht zu verkrampfen und bis zum entscheidenden Augenblick locker zu bleiben. Damit sie von der Sonne nicht geblendet werden konnte, zog sie ihren Hut tiefer ins Gesicht.

In seiner Funktion als Deputy Marshal hatte Heck Parker die undankbare Aufgabe, für den ordnungsgemäßen Ablauf des Duells zu sorgen. Um sich wenigstens den Anschein eines unparteiischen Richters zu geben, nahm er eine entschlossene Haltung ein und räusperte sich. »Miss Myra Henderson hat Mister Fletcher zum Duell herausgefordert, und Mister Fletcher hat diese Herausforderung angenommen.«

»Das wissen wir!«, rief einer der Cowboys, die es kaum erwarten konnten, dass es endlich losging.

Parker ignorierte den Zwischenruf und fuhr fort: »Der Abstand zwischen Miss Henderson und Mister Fletcher beträgt dreißig Yards, die entsprechenden Punkte wurden bereits markiert. Sobald die Kontrahenten Aufstellung genommen haben, bekommen sie von mir ein Handzeichen. Erst dann darf geschossen werden.« Ein leichter Wind kam auf, der einen Ballen Tumbleweed durch die Main Street wehte. Myra nahm das nur am Rande wahr, weil ihre ganze Aufmerksamkeit ihrem Gegner galt. Aus den Augenwinkeln beobachtete sie den Deputy Marshal, der langsam seine Hand hob. Myra wusste, dass dieser Moment entscheidend war. Jetzt herrschte absolute Stille und man hörte nur den leisen Hauch des Windes und das nervöse Schnauben einiger Pferde. Als Parkers Hand nach unten glitt, zogen Fletcher und Myra gleichzeitig. Aber Myra zog mit einer Schnelligkeit, die Fletchers Bewegungen geradezu träge erscheinen ließ. Noch bevor er seinen Revolver überhaupt auf Myra richten konnte, hatte ihn diese schon im Visier. Innerhalb des Bruchteils einer Sekunde machten sich bei Fletcher Überraschung, Ernüchterung und Angst breit. Myra blendete alles um sie herum aus und drückte zweimal ab. Ihr Double Action Revolver spuckte die Patronen in rasender Geschwindigkeit aus, und noch ehe der ohrenbetäubende Knall der Schüsse verhallt war, ließ Fletcher seinen Revolver langsam sinken. Er griff sich ans Herz, wo der Blutfleck auf seinem weißen Hemd immer größer wurde. Staunend betrachtete er seine blutverschmierte Hand, als könne er nicht glauben, was er sah.

Myra hielt ihre Waffe weiterhin auf Fletcher gerichtet und fixierte ihn mit harten Augen. Fletcher rang nach Luft und versuchte den Revolver zu heben. Aber es gelang ihm nicht, weil er zu schwer war. Mit langsamen Schritten ging Myra auf Fletcher zu, dabei sah sie, dass aus seinem Mundwinkel ein dünner Blutfaden rann. Fletcher atmete heftig, sein Blick drückte Unverständnis und Verwirrung aus. Plötzlich begann er zu röcheln und sank auf die Knie. Er ließ den Revolver fallen und presste beide Hände aufs Herz. Als Myra bei ihm angekommen war, holte sie das Stück Kuhhaut hervor, auf dem Fletchers Brandzeichen erkennbar war. Wortlos warf sie es ihm hin. Er starrte darauf und schien zu überlegen, was es zu bedeuten hatte. »Ich habe dem alten Pete versprochen, dass ich ihn rächen werde«, sagte sie kalt. »Und ich halte mein Wort.« Fletchers Atem wurde immer schwerer, er spuckte Blut und streckte seine Hände aus, die aber ins Leere griffen. Dann sackte er in sich zusammen und fiel auf die staubige Straße.

»Holy Shit«, entfuhr es Jeff Buckley, der mit offenem Mund dastand und vor lauter Schreck Fletchers schön zusammengelegte Jacke fallen ließ.

»Diese verfluchte Schlampe!«, schrie Jeff Collister. Er hob die Hand, in der er ein schweres Hufeisen hielt. Hätte er mit diesem Eisen Myra am Kopf getroffen, wäre sie auf der Stelle tot gewesen. Aber in dem Moment, in dem Collister zum Wurf ansetzen wollte, knallte eine Peitsche und Soulman schlug dem Viehtreiber das Hufeisen aus der Hand. Der scharfkantige Metallstern bohrte sich in Collisters Unterarm, Blut spritzte und der Viehtreiber schrie wie ein Ferkel auf der Schlachtbank. Buckley und die anderen wussten nicht, wie sie reagieren sollten, und als Slow Turtle auf Heck Parker zuging und vor ihm Aufstellung nahm, wichen alle ängstlich zurück. »Ich habe Ihnen ja gesagt, dass wir uns wiedersehen werden«, sagte der Indianer ruhig. Er drehte sich um die eigene Achse und verpasste dem Deputy Marshal mit dem gestreckten Fuß einen Tritt ins Gesicht, dass dieser glaubte, von einem Pferd getreten worden zu sein. Ein paar Zähne flogen durch die Luft, die Slow Turtle gemächlich aufhob, um sie als Zwischenglieder für sein Halsband aus Bisonknochen zu verwenden. Buckley schnappte Collister an seinem gesunden Arm und zog ihn mit sich. Hastig schwangen sie sich auf ihre Pferde und ergriffen die Flucht.

Nach dem Duell herrschte auf der Main Street ein großes Durcheinander. Lucie lief heulend zu Myra und hielt sie minutenlang in den Armen. Kamalesh war von den Schüssen so erschrocken, dass er sich wie ein kleines Kind an Rossini klammerte. Und Rossini selbst konnte sich an das Duell gar nicht erinnern, weil er vor lauter Angst einfach die Augen geschlossen hatte. Als er sie wieder öffnete, lag Fletcher bereits tot auf der Straße. Es dauerte einige Zeit, bis Myra im Saloon an einem Tisch Platz genommen hatte, um sich zu sammeln. Soulman und Slow Turtle stießen erst dazu, nachdem sie auch den Rest von Fletchers Bande aus Poplar Bluff verjagt hatten. Den angeschlagenen Deputy Marshal hatten die Cowboys mitgeschleppt, nicht ohne dass ihm Slow Turtle vorher noch den Stern abgenommen hätte. Diesen hatte er sich kurzerhand an die Brust geheftet, was seinem Auftreten gleich noch mehr Gewicht verlieh. Kamalesh wollte vom Brunnen hinter dem Haus Wasser holen, war aber zu schwach gewesen, den gefüllten Eimer wieder hochzuziehen. Wegen der Trockenheit musste man den Eimer fast bis zum Grund hinunterlassen, was die Arbeit entsprechend erschwerte. Zu Kamaleshs Leidwesen schaffte Soulman diese Arbeit mit nur einer Hand.

Irgendwann waren Slow Turtle und Soulman verschwunden, um Nahrungsmittel zu besorgen. Rossini hatte gedacht, sie würden in den General Store gehen, um dort einzukaufen. Stattdessen kamen sie erst Stunden später mit einem Sack voll grüner Heuschrecken und einem wilden Truthahn zurück. Kamalesh hatte es in der Zwischenzeit mit Lucies Hilfe geschafft, die Küche so weit instand zu setzen, dass darin gekocht werden konnte. Nach Einbruch der Dunkelheit war das Essen fertig und Myra, Lucie, Rossini, Kamalesh, Soulman und Slow Turtle saßen um den großen Tisch und genossen das Festmahl. Dabei erzählten sie Geschichten, die mit Fortdauer des Abends immer abenteuerlicher wurden, vor allem, wenn Kamalesh mit dem Erzählen an der Reihe war. Ab und zu gingen Bewohner von Poplar Bluff vorbei und warfen neugierige Blicke durch die offenen Fenster, ohne sich allerdings in den Saloon hineinzuwagen.

Als sie mit dem Essen fertig waren, erhob sich Rossini und bat um Aufmerksamkeit. Er erklärte, dass er wieder nach Italien zurückkehren werde, er sich aber entschlossen habe, den Saloon Kamalesh, Soulman und Slow Turtle zu überlassen, Devil's Well samt dem dazugehörigen Weideland aber Myra und Lucie zu schenken. Gleichzeitig versprach Rossini, sich beim Notar dafür einzusetzen, dass Myra und Lucie für den Verlust ihrer Schafe entschädigt würden, um sich eine neue Herde anschaffen zu können. Myra konnte ihr Glück kaum fassen und dankte Rossini überschwänglich, bei Lucie mischte sich unter die Freude eine Portion Nachdenklichkeit. Der einzige, der ein unglückliches Gesicht machte, war Kamalesh, der schluchzend verkündete, dass er Rossini nach Italien begleiten wolle. Rossini war von Kamaleshs Reaktion nicht einmal überrascht. Allerdings fragte er sich, wie Olympe wohl reagieren würde, wenn er zu Hause mit einem Inder auftauchte. Slow Turtle wiederum meinte, dass er Rossinis Angebot zu schätzen wisse, er es aber vorziehe, in sein Stammesgebiet zurückzukehren. Zum Glück für Rossini erklärte Soulman, dass er sich durchaus vorstellen könne, den Saloon zu übernehmen. Zur Feier des Tages holte Rossini seine Whiskyflasche aus dem Flapp-a-doodle-Geheimfach, da aber außer ihm nur die beiden Frauen ein wenig mittranken, hatte er am Ende den Großteil der Flasche alleine geleert.

Am nächsten Vormittag statteten sie Catlin einen Besuch ab, und dem Notar blieb gar nichts anderes übrig, als die entsprechenden Dokumente über die neuen Besitzverhältnisse auszustellen. Slow Turtles und Soulmans Anwesenheit trugen sicherlich das Ihre dazu bei, dass Catlin seine Arbeit zur Zufriedenheit aller Beteiligten erledigte. Am Ende stellte der Notar den beiden Frauen sogar in Aussicht, dass sie unabhängig von ihrer Entschädigung einen Teil von Fletchers Herde zu sehr günstigen Konditionen kaufen könnten.

Addio Poplar Bluff

Rossini stand an Tommaso Guidarinis Grab und versuchte, sich das Gesicht seines Onkels in Erinnerung zu rufen, aber es gelang ihm nicht, sosehr beherrschten die turbulenten Ereignisse der letzten Tage seine Gedanken. Er hatte höllische Kopfschmerzen und hoffte, dass er sich nicht übergeben musste. Rossini setzte sich unter eine Pappel und atmete tief durch, aber die Kopfschmerzen wurden dadurch auch nicht besser.

»Sahib, Sahib, alles sein gerichtet für Abfahrt!«, hörte er Kamalesh aufgeregt rufen. Rossini warf einen letzten Blick auf das Grab und ging dann zurück zum Saloon, wo der Wagen bereits wartete. Schweigend umarmte er Myra, Lucie, Soulman und Slow Turtle, ehe er zu Kamalesh auf den Kutschbock kletterte.

»Ich verspreche euch, dass ich im nächsten Jahr wiederkommen werde«, sagte Rossini mit zitternder Stimme. »Auch Kamalesh kommen wieder«, mischte sich der kleine Inder ein. Rossini gab Hansel und Bretzel die Zügel, und während sich sein Conestoga Wagon langsam Richtung Osten bewegte, standen Myra, Lucie, Soulman und Slow Turtle noch lange auf der Main Street von Poplar Bluff und winkten dem Wagen mit Tränen in den Augen nach.